民用飞机市场研究系列丛书

国家自然科学基金资助（课题编号：61179074）

民用飞机经济性

叶叶沛　编著

西南交通大学出版社

·成　都·

内 容 摘 要

今天的民用航空运输业已走向大众化和市场化，民用飞机的发展，也已从以技术为主要导向，转向以市场经济性为主要导向。本书阐述了在民用飞机研制、购置和运营中的飞机经济性问题，包括：经济性在民用飞机发展中的推进作用、影响飞机经济性的因素讨论、直接运行成本分析方法、运营经济性分析方法、飞机引进方式的经济性评估、飞机全寿命成本和定价、飞机残值等。

图书在版编目（CIP）数据

民用飞机经济性 / 叶叶沛编著. —成都：西南交通大学出版社，2013.11
（民用飞机市场研究系列丛书）
ISBN 978-7-5643-2709-5

Ⅰ.①民… Ⅱ.①叶… Ⅲ.①民用飞机－航空运输－经济分析 Ⅳ.①F56

中国版本图书馆 CIP 数据核字（2013）第 233827 号

民用飞机市场研究系列丛书
民用飞机经济性
Minyong Feiji Jingjixing

叶叶沛　编著

*

责任编辑　邹　蕊
助理编辑　罗小红
特邀编辑　孟秀芝
封面设计　何东琳设计工作室
西南交通大学出版社出版发行
四川省成都市金牛区交大路 146 号　邮政编码：610031
发行部电话：028-87600564
http://press.swjtu.edu.cn
成都蜀通印务有限责任公司印刷

*

成品尺寸：165 mm×230 mm　　印张：17.5
字数：297 千字
2013 年 11 月第 1 版　　2013 年 11 月第 1 次印刷
ISBN 978-7-5643-2709-5
定价：48.00 元

前　言

从"愚公移山"的远古寓言故事，到今天我们还能依稀看到的、秦始皇于公元前 212 年命蒙恬将军堑山湮谷修建的长 736 公里、最宽处约 60 米的"秦直道"（类似于现代的高速公路），人们感叹中国人对待交通问题的执着和智慧。在航空先驱者中，也不乏中国人的名字。中国人冯如在美国人莱特兄弟完成人类历史上首次重于空气的、有动力和可操纵的飞行后的 7 年，驾驶其研制的"冯如 2 号"飞机，于 1911 年 1 月在美国旧金山进行了成功试飞。

今天的中国已成为全球民航大国。从民航大国走向民航强国和民航制造强国，是中国航空人的中国梦。

民用航空业未来的发展趋势和方向，是实现中国人"民航强国和民航制造强国"梦想首先应该研究的课题。在 20 世纪 80 年代之前，民用航空业追求的目标是"更快、更大和更远"。1970 年服役的波音 747 飞机，载客达到 524 人（两舱布局），航程可达 14 000 公里，许多人在这款飞机上首次体验了跨洋旅行的快捷。英、法两国合作研制的"协和"式超音速客机于 1969 年首飞，巡航 M 数达到 2.04，载客 90～120 名，从伦敦到纽约只需 3 个小时，它在航空技术上达到的成就曾令人赞叹不已。

但是，在 20 世纪 80 年代之后，航空业追求的主要目标不再是"更快、更大和更远"，而是转向了"更省油、更环保和更经济"。从受到客户青睐的 B737-800 和 A320 飞机，到最新研发的 B787 和 A350 飞机，我们可以清楚地看到这一趋势。民用航空业发展战略的这一重大转变，有其深刻的背景。1978 年美国首先开始推行"放宽航空管制"的政策，意在引入市场竞争、压低运营成本、使得航空成为更多的人能够支付得起的大众化交通工具，飞机运营成本成为竞争的核心因素。此后，"天空开放"和低成本航空商业模式在全球风起云涌。全球经济的波动，油价的快速上升，日趋严峻的环保压力，恐怖活动对旅客安全的挑战，地面交通（高速公路和高铁）的竞争压力，种种市场和经济环境因素，都迫使航空运输业把飞机经济性放到核心位置，以保证航空运输业的繁荣和发展。

民用航空运输业和民用航空制造业是高度竞争的全球化产业。今天的民用航空运输业进入了大众化时代，飞机经济性已成为赢得市场和竞争的核心指标，民用飞机的研发，已从以技术为主要导向转向以市场经济性为主要导向。从全面分析全球和中国的民用航空运输运营的市场环境出发，探求民用飞机从设计需求的制定、研发、制造、购置到运营等全寿命过程中降低成本和提升经济性的途径和方法，是航空运输业者和航空制造业者共同的努力目标，也是本书作者编写该书的出发点。

作者依据在民用飞机设计和市场经济性方面多年的工作经历，在上海飞机设计研究院市场研究中心的协助下，编写了《民用飞机经济性》一书，期望为研究民用飞机经济性的爱好者和专业人士提供一份有实用价值的参考资料。

全书共分为七章，叶叶沛负责编写第一、二、四、五章，上海飞机设计研究院市场研究中心的李晓勇负责编写第三章，中国民航飞行学院的景崇毅和贺镜帆负责编写第六、七章，全书由叶叶沛负责统稿。

由于时间所限，本书难免存在不足之处，请同行专家批评指正！

著　者

2013 年 6 月

目　录

第一章 民用飞机经济性概述

第一节 航空运输在全球经济中的地位

"愚公移山"的寓言，讲的是先民们为解决交通问题，不惜付出数代人的努力，去搬移门前的一座山。今天我们乘飞机从上海到洛杉矶，万里之遥，只需约十个小时。在北京中午的餐桌上，可以借助空运品尝到广州清晨上市的鲜活海鲜。我们感叹，人类宛如生活在同一个"地球村"里。

今天的航空运输业，处于现代全球化经济的核心位置。1903 年美国莱特兄弟完成人类首次飞行时，全球总人口是 16 亿。一百年后的今天，每年有超过 25 亿人次旅客乘坐飞机旅行，5 000 万吨货物用飞机运输。我国航空运输业发展迅速，2001—2011 年的 10 年间，航空旅客周转量年均增长率为 15.3%，在整个运输体系中的份额由 8% 提升到 15%（见图 1.1）。2011 年有 2.9 亿人次乘坐飞机出行（人均 0.22 次），航空已成为大众化的交通工具。

虚拟的"互联网"，实现了全球亿万人的信息共享和高速传递，极大地促进了全球经济和科技的发展。全球航线所构成的航空网络，堪称"实体的互联网"，实现了人员、货物、文化和科技在国际和地区间的快速交流，通达快捷的现代航空运输服务已成为全球经济的血脉。牛津经济研究院（Oxford Economics）2009 年发表的研究报告《航空——实体的互联网》中提供了下述数据来说明现代航空运输业对全球经济的贡献。

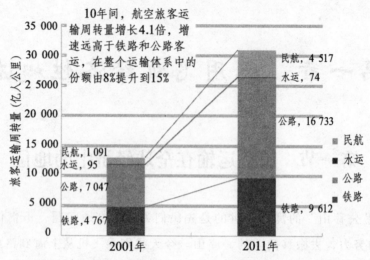

图 1.1　2010 年中国各种运输方式旅客周转量比例①

一、直接贡献

全球有 550 万人直接从事航空运输业（包括航空公司、飞机制造和维修业），营业额 1 万亿美元，创造 4 250 亿美元产值，相当于瑞士或波兰的 GDP（国民经济总产值）。航空运输业的人均产值远高于其他行业。

二、直接贡献 + 间接贡献

航空运输业及其供应链（包括机场、航空器材和航油供应等）支撑起了全球 1 500 万份工作，创造了 1.1 万亿美元的产值。如果计及依赖于航空运输的行业，则数字更大。例如，当仅仅考虑航空运输对旅游业的贡献时，上述数字就变成为 3 300 万份工作和 1.5 万亿美元的产值，GDP 的位置在意大利和西班牙之间。

三、带动作用

航空运输的突出优势在于远程旅行时的省时和准时。如同信息互联网那

① 数据来源：国家统计局。

样，实体的航空运输网络，加速了人员、货物、文化和科技在国际和地区间交流，刺激了国际贸易和投资，增进了企业的规模化和竞争力。航空业投入100万美元的研发费用，对社会产生每年70万美元的 GDP 增值贡献。

第二节　经济性在民用飞机发展中的推进作用

空中交通只有提供了不低于其他交通方式的安全性，其运行成本不断降低，才使得越来越多的人支付得起机票或运费，航线网络分布广泛而便捷，从而得到快速发展。飞机成为可替代陆路和水路交通的、安全舒适、快速便捷、网络化和大众化的交通工具，是近四五十年的事。迄今为止的民用飞机发展史，经历了时间上有所重叠的三个阶段：梦想阶段、以技术创新为主导的发展阶段和以市场经济性为主导的市场化阶段。航空技术的日臻成熟是航空运输业走向大众化和市场化的基础，在市场化阶段，经济性必将成为推动民用飞机发展的主导因素。

一、梦想阶段

人类对飞行的探索，起源于久远的梦想。希腊神话中，伊卡洛斯借助蜡和羽毛制作的翼翅逃离囚禁，但因过分飞近太阳，蜡和羽毛制作的翼翅受热融化，坠海而亡。阿拉伯人关于"飞毯"的远古童话，至今还是一些卡通片和电影的主题。

在中国，从嫦娥奔月的神话传说，到隋唐时期敦煌莫高窟仕女飞天的壁画（见图 1.2），这些对飞天的憧憬，充满中国式的智慧和浪漫色彩。中国明代人万户，是人类第一个尝试用火箭（即古时的爆竹，其原理与今天的火箭相同）飞天的人，这一壮举虽然失败，但其大胆而天才的技术构思使他名留青史。两千三百多年前中国伟大的浪漫主义诗人屈原在著名诗歌《九歌·云中君》中唱道：

> 龙驾兮帝服，聊翱游兮周章。
> 灵皇皇兮既降，焱远举兮云中。
> 览冀洲兮有余，横四海兮焉穷。

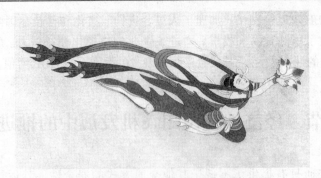

图 1.2　敦煌莫高窟壁画中的仕女飞天

　　将其翻译成现代语言是这样的:"云中君"乘坐的"龙驾"披着灿烂的天帝服饰,能轻松地遨游四方;它着陆时光彩夺目,起飞时迅捷滑跑升空;遍览九洲有余,横跨四海无限。屈原梦想的"龙驾",不正是今天的飞机吗?

二、以技术创新为主导的发展阶段

　　在这一阶段,人类实现了飞天的梦想,飞机在军事上得到广泛应用,并逐渐成为人们出行可依赖的交通工具。

　　虽然达·芬奇这位意大利文艺复兴时期的天才,在 1510 年就设计出了飞行器的草图(见图 1.3),但是,在近 400 年后,人类飞行的梦想才变成现实。1903 年 12 月 17 日,美国莱特兄弟在美国北卡罗来纳州驾驶他们经 4 年努力研制出来的"飞行者"1 号试飞成功(见图 1.4),开创了重于空

图 1.3　达·芬奇的飞行器设计草图

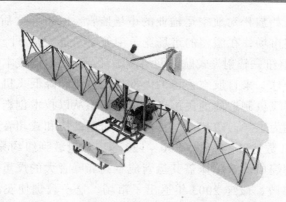

图 1.4　莱特兄弟的人类第一架动力飞机

气的、可操纵的飞行器的人类飞行的新时代。在航空先驱者中，也有中国人的名字。中国人冯如 1907 年秋在旧金山奥克兰设厂研制飞机，几经挫折研制出了"冯如 2 号"飞机，于 1911 年 1 月成功试飞。

　　20 世纪 30 年代，德国人首先在飞机结构中使用强度较高的硬铝合金来替代木材，大幅提高了飞机的速度、高度和机动能力。借助于喷气发动机的发明以及在空气动力、结构和材料等方面的技术创新，美国查克·叶格在 1947 年驾驶 Bell X1 实现了首次载人超音速飞行。1949 年，第一款真正意义上的商用喷气飞机"彗星"在英国首飞，1952 年进入航线运营，虽然设计缺陷（金属疲劳）使它损失惨重，却促成了飞机结构设计技术上的重大进步。20 世纪六七十年代，航空基础技术取得了突飞猛进的成就，例如空气动力学在高升力和跨音速阻力设计上取得突破；涡轮风扇发动机模块化设计，使得民用飞机系列化发展成为可能；材料、冶金技术和结构完整性设计的研究成果使飞机的重量和寿命极大改善。航空基础技术的成就和适航管理的不懈努力，使得飞机的安全性、性能和经济性不断改善，速度、高度和商载能力的记录被不断刷新，创造速度和高度纪录的 SR-71（黑鸟）和跨洋飞行的大型飞机 B747 就是其中的佼佼者。

三、以市场经济性为主导的市场化阶段

　　在这一阶段，虽然技术进步对民用飞机的持续发展起重要的推动作用，但市场适应性和经济性处于飞机发展战略的主导地位。

　　进入市场化阶段的标志性事件是：美国政府为推进航空运输业的市场

化，1978年开始放松对航空运输业的市场监管。1980年之后，大批新航空公司进入航空市场，在激烈的市场竞争中航空票价大幅下降，航空运输量迅速增加，"枢纽—辐射"式航线网络逐渐形成，随后低成本航空公司应运而生并风靡全球。来自航空公司的大批飞机订单和降低飞机运行成本的强烈需求，使得飞机制造商的民用飞机发展战略从以技术创新为主导转向了以市场经济性为主导。1976年，英法合作研制的协和式超音速客机投入运营，其巡航M数达2.04、载客90~120名，从伦敦到纽约只需3个小时，但技术上的辉煌成就难以掩盖其运营成本高和噪音大的严重缺陷，在商业运营中遭遇惨败，最终2003年退出了市场。这一教训使飞机制造商意识到，民用飞机研发战略必须依托于市场，充分强调市场适应性和经济性设计。采用常规成熟技术、系列化发展的B737和A320系列飞机，由于市场适应性宽和经济性良好，称霸1980年之后窄体机市场30余年，反映出航空公司价值趋向的深刻变化。

进入21世纪以来，航空运输业面临的运行成本压力不断增加，使得航空承运人对提高民用飞机经济性的期望越来越突出。首先，是来自经营环境的压力，金融危机、旅客安全、燃油价格和供应、低碳经济、放宽航空管制、消费者结构的变化等全球性问题，造成的成本压力越来越大。其次，是来自高速铁路等替代交通工具的压力，中国高铁的发展，使航空运输失去了许多高客流量、高收益率市场。此外，航空运输行业内部竞争激烈，富有活力的低成本航空公司迎合了航空运输大众化的趋势，在竞争中不断扩大市场份额，使传统航空公司面临巨大的运行成本压力。

以赢利为主要目的航空公司偏好成熟和低成本技术，因而满足当前市场经济和基础建设环境（包括航油、机场、导航和地面支持等）的现代民用飞机的构型变得十分相似。2001年波音公司推出的新概念飞机"音速巡航机"（Sonic Cruiser）（见图1.5），具有不同于常规构型的带鸭翼的三角机翼和双垂尾布局，巡航M数高达0.98。航空公司的反馈意见是：低成本优先于高速度。2002年波音决定中止开发"音速巡航机"，转向开发常规构型的B787（见图1.6），与空客公司的A380（见图1.7）进行竞争。

事实上，民用航空新技术的开发从未停止过。一旦新技术达到了低成本运行的要求，或者某些成本因素发生了重大变化（例如必须改用替代燃料），有关新技术将付诸实施。当前引人注目的新航空技术开发项目包括翼—身融合布局飞机（见图1.8）、连翼布局飞机（见图1.9）、地效客机（见图1.10）、生物燃料和液氢动力飞机等。

图 1.5　波音公司的"音速巡航机"

图 1.6　波音 787 飞机

图 1.7　空客 380 飞机

图 1.8　翼—身融合布局客机方案

图 1.9　连翼布局客机方案

图 1.10　地效客机方案

第三节　民用飞机的研发过程和经济性评估的意义

民用飞机的研发过程，通常分为下述四个阶段：

一、概念设计阶段

在概念设计阶段，设计师依据航空市场和客户需求的调研和分析、设计和制造技术基础的评估、同类机型的竞争评估、适用的适航要求、可利用的资源和经费的分析，确定飞机设计的技术要求，包括座级、航程、速度、机场适应性、不同商载和航程的飞机系列化发展概念、候选发动机、初步重量和性能估算、DOC（直接运行成本）评估、进入市场的时机以及项目研发里程碑计划等。在该阶段，要求探究最大可能的设计空间，设计多种可替代飞机方案，进行大范围的权衡迭代研究。在该阶段结束、向决策部门提出立项申请时，应选择并确定唯一的候选技术方案，并向潜在客户征求意见。

二、初步设计阶段

在初步设计阶段，对概念设计阶段提出的候选的技术方案进行细化和优化，民用飞机的优化目标通常是：在满足市场需求的前提下，追求最低直接运行成本。设计工作范围包括：利用 CFD（计算流体力学）、选型风洞试验、地面试验和结构分析等对设计方案进行技术参数优化；对关键技术进行专项评定、风险评估和性能担保分析，确定其可行性；确定总体布局、结构布局、系统构架，选择外部合作伙伴；对发动机做出选择并提出了技术性能要求，对飞机各系统提出技术性能要求，并开始招标选择系统供应商。初步设计阶段结束的标志是设计方案冻结。飞机制造商通常要向飞机潜在客户征求对设计方案的意见，在获得客户一定数量的订单后才开始详细设计。

三、详细设计阶段

在详细设计阶段，要把初步设计阶段的设计定义变成千万个可供制造的实际零部件。利用 CAD/CAM（计算机辅助设计/制造）、定型风洞试验、工程模拟器和"铁鸟"等完成气动、结构、机载系统和动力装置安装的详细设计；完成工程设计决策所需的各种结构、系统试验。系统供应商将派出工程师组成联合工程队进行系统定义和协调；完成工装和工艺设计。该阶段结束时，首架样机完成总装和首飞。

四、样机制造和合格审定阶段

在样机制造和合格审定阶段，完成用于全机静力实验和疲劳实验的样机的制造和装配，完成用于合格审定试飞的样机的制造和装配，并按合格审定要求试飞，直至取得飞机型号合格证。

表 1.1 和表 1.2 分别列出了各类民用飞机研制周期和成本参考数据[2]。这些数据适用于采用成熟技术、相对以往机型有很大继承性的新机研制情况，对于全新研制的新机型，研制周期和成本将明显增加。

表 1.1　典型飞机研制周期

机　型	概念设计	初步设计	详细设计	合格审定	备　注
通用飞机	4～6 个月	10～12 个月	12～14 个月	6～8 个月	后 3 个阶段共约 24～30 个月
公务机	6～9 个月	12～14 个月	12～16 个月	8～10 个月	后 3 个阶段共约 32～36 个月
支线机	9～12 个月	12～16 个月	12～18 个月	10～12 个月	后 3 个阶段共约 36～42 个月
窄体机	12 个月	12～16 个月	20～24 个月	12～18 个月	后 3 个阶段共约 48 个月
宽体机	24 个月	A380 约花费 5 年			

注：在项目启动之前，通常要对市场和客户需求进行约一年的探索性研究。

表 1.2　典型飞机研制成本

（单位：万美元，2000 年）

飞机座级（涡扇动力）	研制成本	单机成本
6 座通用飞机	600～1 000	100～200
10 座公务机	2 000～4 000	500～800
50 座支线机	5 000～8 000	2 000～3 000
150 座窄体机	20 000～50 000	4 000～5 000
500 座级大型机	200 000～1 000 000	14 000～20 000

注：成本中包括适航验证成本，但不包括生产启动成本。

　　飞机制造商研发新机的成本，航空公司购置或租赁飞机的成本，是昂贵的。对飞机研发成本的控制，对飞机运行成本的评估和优化，是现代民用飞机研发过程中的核心任务。图 1.11 给出了飞机研发各阶段人工和费用分布。从该图可以看出，在概念设计阶段，人工和费用的投入很低；到初步设计和详细设计阶段，人工和费用的投入达到峰值。

　　图 1.12 给出了飞机研发各阶段对飞机全寿命成本的影响[3]。该图表明，在概念设计阶段，虽然人工和费用的投入很低，但决定了飞机全寿命成本（即"飞机研制成本＋全寿命运营成本＋处置成本"）的 65%。在初步设计阶段结束时，全寿命成本的 85% 已基本确定。也就是说，概念设计和初步设计阶段，虽然研发的投入有限，但对飞机经济性产生起决定性影响；到详细设计和样机制造阶段，希望有效提高飞机的经济性恐怕已为时过晚，或将付出沉重代价。

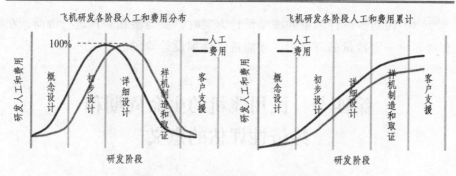

图 1.11　飞机研发各阶段人工和费用分布

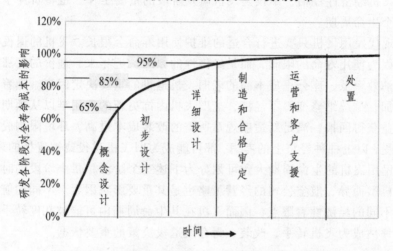

图 1.12　飞机研发各阶段对飞机全寿命成本的影响

图 1.12 给出的结论是毋庸置疑的。事实上，当概念设计和初步设计阶段确定了所采用的设计和制造技术基础、确定了飞机的商载、航程和速度能力等要素后，飞机的研发成本和直接运行成本已大致锁定。详细设计和样机制造阶段只是设法去实现概念设计提出的设计思想而已，对飞机全寿命成本只产生局部的影响。所幸的是，在初步设计阶段结束时，研发的经费和人工投入有限，因此，现代民用飞机制造商在进入详细设计阶段之前，严格执行下述三条措施：

（1）在概念设计和初步设计阶段，经济性是优化设计的唯一判据。

（2）在概念设计结束时，设置项目决策点，严格审查项目的可行性；在项目决策点，要认真向潜在客户征求对项目的意见，切忌闭门造车。

（3）在初步设计结束并冻结设计方案时，要与潜在客户进行协商，在获得客户一定数量的订单后，才能进入详细设计阶段。

第四节　民用飞机的生命周期和 经济性评估的意义

飞机经济性评估，不仅是飞机研发阶段的重要工作，也将贯穿于飞机的整个生命周期。

现代民用飞机只要进行合适的维护使用寿命会很长。飞机的退役往往不是因为使用寿命的限制，而是经济性的原因。近年来，油价的高涨已成为燃油效率低、座公里成本高的老旧飞机退役的重要决定因素。随着机龄的增加，继续维修变得不经济，老旧飞机内饰更新的费用难以从预期的市场收益获得回报，满足新适航规章所需的改装成本过高，环境限制成本难以承受，以上种种经济上的考虑，都可能成为旧飞机退役或被置换的理由。

民用飞机的生命周期大致可划分为下述三个阶段，每个阶段的时间长短因机型而异，航空公司的经营策略也是其重要影响因素。不同的航空公司有不同的经济性着眼点，因而飞机在其生命周期内可能被几度转手，经济性评估成为飞机转手、改装、封存或退役决策的重要依据。

一、第一阶段：新飞机服役阶段

新机交付后，第一个运营商通常会使用约 15 年。资金充裕的大型骨干航空公司倾向于构建庞大的新机机队，特别是远程双通道喷气客机机队。新飞机的技术先进性、高的派遣可靠性、高标准的客舱舒适性，对于大型骨干航空公司维持高品质商业运营具有重要意义。近几年来，低成本航空公司的发展趋于缩短第一阶段的时间，低成本航空公司可能会在新飞机使用 7 ~ 10 年后，在飞机大修之前更新机队，因为它们需要较高的飞机可靠性来维持其高利用率的运营，而新飞机能够使这一点得到保证。经营租赁业的兴起，使得许多小型航空公司使用新飞机成为可能，它们的租赁期通常为 5 ~ 7 年。

二、第二阶段：飞机进入二手机市场

当飞机离开其首个服役的航空公司后，进入二手机市场。对于第一个飞机运营商来说，把保值潜力高（即"残值"高）的旧飞机投入二手机市场，可以较快地出售或出租，获得可观的投资回报，它们通常会同时引进新机型以实现机型的更新换代和优化配置。许多小型航空公司购买或租赁二手飞机的原因是负担不起新飞机的购机费用，购买或租赁残值高的二手飞机（具有已服役机队庞大、备件来源充足、机务维修便利、客户服务体系完善和性能可靠等特征），是一些资金不宽裕的航空公司的理想选择；一些大型航空公司购买二手机是为了应对市场的变化，迅速增加机队运力或扩大其机队中已经停产那部分飞机的机队规模。在第二阶段，机龄在 15 年左右的飞机多数仍用于客运，而有些飞机将被改装为货机。

三、第三阶段：飞机或被改装为货机，或再流 通，直至退役

在第三阶段，一些老旧客机被改装为货机，全球大多数窄体机货机来自旧客机的"客改货"，因为"客改货"可有效降低货运成本。一些老旧客机可能流通至经济欠发达国家，继续用于旅客运输，或用于其他临时的特殊用途，例如用于湿租（一种出租人提供飞机、机组、维修及保险等全套服务的租赁方式），老旧飞机的派遣可靠性和利用率偏低，但其在这些市场运行中仍具商业价值。飞机最终将被封存或被解体。在多数情况下，航空公司更倾向于把淘汰飞机封存，这样可以保留飞机的账面价值，而且拆解飞机的成本比封存飞机要更高。长期封存的飞机实际上已退役。

从民用飞机生命周期的简单分析可以看出，进入二手机市场后，飞机经济性是以"残值"来衡量的，飞机残值主要取决于市场流动性。在役飞机数量、飞机后续订单数量、制造商生产能力、营运人数量和地理分布，是衡量市场流动性的基本指标。市场流动性强的机型，其航材备件和发动机供给有望得到长期保证、来源充足且价格稳定，客户保障体系完善，维修便利，机组获得性强，便于在运营商之间转手，因此具有较高的残值。飞机的保值潜力是租赁公司和航空公司选购飞机的重要决策依据。残值高的飞机应具备下述特点，这些特点应在项目研发之初就予以充分关注：

（1）采用具有前瞻性的最新设计制造技术和适航标准，在飞机生命周期内能保持技术性能的先进性和适航性；

（2）市场适应性宽，衍生机型少，装载灵活度高，各机型系列的使用特性、驾驶舱、主结构、发动机和系统配置有高度的共通性和兼容性，容易形成规模较大的机队和地理分布较广的客户群体；

（3）具有低成本"客改货"潜力的机型，有利于延长经济使用寿命，提升残值。

第五节　本书民用飞机经济性的讨论范围

为了便于理解民用飞机的经济性分析，表 1.3 比较了民用飞机和军用飞机的研发要求。军用飞机强调高性能，不仅研制成本高，而且飞机的使用、保养、维修和培训成本也很高。军方既是产品研制的投资者，也是产品的使用者，军方希望其采购的武器系统，在满足军方性能指标的前提下，

表 1.3　民用飞机和军用飞机研发要求比较

	民用飞机	军用飞机
设计空间	采用经证实的技术	对开发新技术有强烈需求
审定标准	民用标准	军用标准
运行环境	友善	不友善，具有全天候执行任务能力
安全性	高安全性标准，机组不弹射	强调生存性，机组有弹射能力
飞机性能	执行受空管监控的营业性飞行，低机动性，近稳态操作，发动机无加力燃烧室	按军事任务需求设计，突出高性能，高机动性，可不受监控，发动机可带有加力燃烧室
系统构架	中等复杂，高裕度	很复杂，低裕度
维修性	高可靠性，低维修成本	高可靠性，高维修成本
地面操作	大量采用标准地面设备	采用专用和复杂的地面设备
培训	规范化培训	专门和复杂的培训
经济性	制造商投资开发产品并在市场中销售。按最低 DOC 设计产品。客户通过飞机经营收益获得现金流回馈	军方既是产品研发的投资者，也是产品的使用者。强调最低 LCC（全寿命成本），没有现金流回馈

从研发、制造、服役至退役处置的全寿命总成本达到最低，使得该武器系统的总支出控制在经批准的预算之内。因此，军用飞机的经济性目标，是全寿命成本（Life Cycle Cost，LCC）最低。

民用飞机是由飞机制造商投资开发、在航空市场销售而获利的市场化产品。航空公司通过购买、经营租赁或融资租赁获得飞机的所有权或使用权，依靠飞机的运营收益获得现金流回馈。由于民用飞机是一种高价值、市场化的实物资产，许多航空租赁公司应运而生，它们从飞机制造商手中购得飞机，为市场提供各种方式的飞机租赁服务以赢取收益。航空公司在购进新飞机时，考虑到资产优化管理，也会把置换出的旧飞机投入二手机市场。各种机龄的新旧飞机在市场中流通，为各类航空公司提供了机动灵活的运力。一些旧客机可能被改装为货机，再一次进入市场。因此，民用飞机的经济性分析所涉及的范围和内容，比起军用飞机来说，似乎要复杂得多。

从本质上来看，航空公司投资、管理和运营民用客机，其核心要求是飞机的运行成本尽可能低，使得旅客机票和货运的收益扣除运行成本后的利润空间尽可能大。因此，民用飞机经济性分析的基础是分析飞机的运行成本。飞机制造商投资开发民用飞机时，以直接运行成本最低作为飞机参数优化的目标。

图 1.13 给出了常见的民用飞机运行成本分类方法。从机型成本分析的角度来看，飞机的总运行成本，可划分为直接运行成本和间接运行成本。从经营成本分析的角度来看，又把直接运行成本（Direct Operating Cost，DOC）和间接运行成本（Indirect Operating Cost，IOC）进一步划分为固定成本和变动成本。这两种分析方法各有其优势。

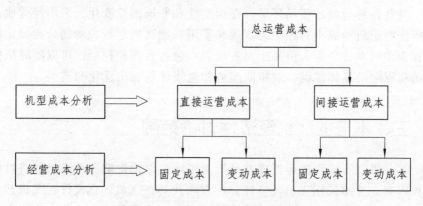

图 1.13　民用飞机运行成本分类

一、机型成本分析法

机型成本分析法相对简单，适用于单一机型（或机队）的经济性分析。对民用飞机的直接运行成本和间接运行成本的划分，航空业内并无统一的规定。一般来说，直接运行成本由财务成本、燃油成本、空勤成本、起降费、地面操作成本、导航费和维修成本等项目构成；间接运行成本包括机票预定和销售、广告和宣传、行政管理、地面资产和设备的租赁、维修和折旧等成本。

间接运行成本基本上取决于航空公司的经营，与具体的机型关系不大，而直接运行成本主要取决于飞机设计特性。因此，在飞机制造商研制民用客机时，通常以直接运行成本最低来优化各种设计参数，也把直接运行成本分析运用于同类机型的竞争分析。航空公司在购机选型时，或对不同机型进行航线经济性对比分析时，或利用"成本指数"优化巡航速度时，也会采用直接运行成本分析（或机型成本分析）模型。在利用直接运行成本分析模型时，通常要在典型（或标准）的假设前提下进行，以便获得合理可比较的分析结论。例如，对于不同的机型、或设计优化中不同的设计参数，采用相同的飞机的年利用率、平均航段距离、上座率、客舱舒适性标准和备份油标准等进行直接运行成本的对比分析。

二、经营成本分析法

机型成本分析是经营成本分析的基础。航空公司通常拥有不只一种机型，经营各种航线，市场环境存在周期性和非周期性变化，采用经营成本分析法对于机型成本管理更为直观和实用。把飞机运行成本划分为固定成本和变动成本，分析人员易于对各项成本进行管理和控制，可以随时依据市场和资源的具体情况，对机队配置和航线计划做出优化和调整。

三、本书的飞机经济性讨论范围

本书将以飞机直接运行成本分析为主线，讨论影响民用飞机经济性的各种因素，介绍民用飞机经济性分析方法及其在飞机优化设计、飞机运行优化、飞机引进和竞争分析等方面的应用，也将涉及飞机定价、飞机全寿命成本、飞机租赁和残值等方面的内容。值得注意的是，民用飞机经济性评估不时受到不断变化的市场环境、经济政策、技术进步、适航标准和运营模式等各种因素的影响，伴随着众多难以定量分析的不确定性。因此，民用飞机经济性分析具有强烈的地区性和时间性，不存在一种一劳永逸的、适合所有情况的精确定量评估模型。

参考资料

[1] Oxford Economics. Aviation-The Real World Wide Web. 2009.

[2] KUNDU，A K. Aircraft Design. Queen's University Belfast，2010.

[3] WILLCOX，KAREN. Aircraft Systems Engineering: Cost Analysis. Sep. 2004.

[4] Cost Analysis Improvement Group. Office of the Secretary of Defense. Operating and Support Cost-Estimating Guide，Oct. 2007.

[5] 中华人民共和国国家统计局. 中华人民共和国 2011 年国民经济和社会发展统计公报. 2012-02-22.

[6] 保罗·克拉克. 大飞机选购策略[M]. 邵龙，译. 北京：航空工业出版社，2009.

第二章　影响飞机经济性的因素

第一节　影响飞机经济性的四类因素

各类交通运输方式的市场地位和未来发展前景，取决于"四性"（安全性、经济性、舒适性和环保性）这组核心指标。现代航空运输与其他交通运输方式相比，在舒适性、安全性和环保性方面，具有一定的比较优势：

一、舒适性

曾经是高官和商贾的专属地、如今走向大众化的航空运输系统，在旅客候机、行李托运、客舱设施和服务等方面，为乘客提供了优于其他出行方式的舒适性。旅行时间是舒适性的关键指标之一，快速的空中旅行（尤其是远程旅行），使得航空运输具有突出的舒适性优势。

二、安全性

航空技术的进步、航空基础建设的完善和严格的适航法规，使得今天的航空运输在安全性上具有明显优势（见图 2.1）。

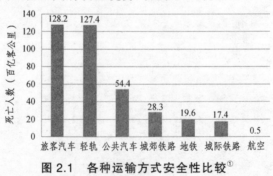

图 2.1　各种运输方式安全性比较[①]

---

① 数据来源：美国运输统计局 2002—2007 年统计数据。

三、环保性

人类对生态灾难的忧虑，使得各国政府对碳排放的限制越来越紧。表2.1比较了目前各种交通方式的每客百公里耗油量。航空运输虽然不及客运火车，但与目前占主导地位的公路交通方式（公交大巴和公共汽车）相比，在油耗和排放方面具有一定的比较优势。A380飞机的燃油效率，不超过每客百公里油耗3升。

表2.1　各种交通方式每客百公里油耗数据比较

交通方式	每客百公里平均耗油（升）	每客百公里最低耗油（升）	备　注
自行车	0.24	0.24	以16公里/小时的速度骑自行车，1小时消耗408卡路里，即25.5卡路里/公里，用于骑车净消耗20卡路里/公里，1升燃油含8 366千卡热量
行　走	0.34	0.34	20分钟行走1.6公里消耗75卡路里，其中30卡路里用于生存，45卡路里用于行走
跑　步	0.75	0.75	以16公里/小时的速度跑步，每小时消耗1 088卡路里，即68卡路里/公里，跑步净消耗62.5卡路里/公里
新能源汽车	2.13	0.67	
摩托车	3.28	2.08	
客运火车	3.29	1.24	在美国，火车上座率较低（美国数据）
飞　机	5.52	4.39	2008年美国国内航线数据显示，上座率79.6%
公交大巴	6.14	0.71	上座率差异较大
汽　车	6.59	2.08	假设平均乘客1.58名

在"四性"中，经济性是限制航空运输发展的薄弱环节，也就是说，改善经济性是现代航空运输发展的核心要求。

研究民用飞机经济性，不是简单地去计算特定条件下飞机的直接运行成本和收益，因为飞机的运行环境条件千变万化。除了航空公司自身的经营因素外，影响民用飞机经济性的客观因素可归纳为以下四类，即：市场因素、政策因素、机型因素和技术因素（见表 2.2）。这四类因素的影响并不是独立的，相互之间存在着内在联系。本章将分别讨论影响民用飞机经济性的这四类因素。

表 2.2　影响民用飞机经济性的四类因素

市场因素	政策因素	机型因素	技术因素
国民经济发展	适航条例	商载（座级）—航程	气动技术
航空市场需求量	环境保护条例	高度和速度	发动机技术
宏观市场环境特点	安全监管	机场性能	结构和材料
航空基础设施	产业政策	舒适性	航电/电气
行业竞争（低成本航空）	税收政策	维修性	机械系统/电传
替代交通的发展	票价政策	飞机利用率	制造技术
排放和噪声限制	航线经营权	购机或租赁	系列化发展
客流量、航班频率	机场和导航收费		
上座率、机票折扣率	租赁和贷款政策		
油价、劳务费率			

第二节　影响飞机经济性的市场因素

航空市场的需求，是飞机开发商推出新机型并从市场获得商业利益的立足之本。航空公司必须深入研究航空市场特点，选择适合的机型和经营模式，才能从运营中获得理想的经济效益。

一、国民经济发展和航空市场需求量

市场需求量是航空产品获得经济效益的基础。飞机制造商启动新飞机研发项目，或者航空公司制定航线规划和机队策略，必须对目标航空市场的未来需求做出合理的判断和可信的预测。

国民经济的发展是航空市场发展的主动力。图 2.2 表明，航空运输业的发展在很大程度上依赖于国民经济的发展，且航空运输的增速一般快于 GDP 的增速。此外，旅游业的发展、居民可支配收入的提高、城市化进程的推进、航空基础设施的改善、替代交通的发展和产业政策的刺激等宏观经济环境因素，都对航空市场的发展产生直接影响。中国商飞（COMAC）发布的 2011—2030 年全球航空市场预测（见图 2.3）表明，未来 20 年，经济发展潜力巨大的亚太地区，将取代北美地区成为全球最大的航空市场；中国的新机需求量占全球市场的 15%，这为中国飞机制造商提供了自主研发民航飞机的难得的市场机遇。

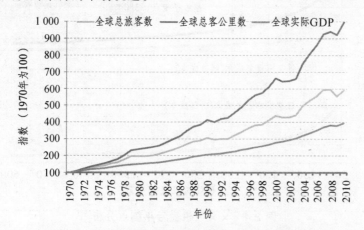

图 2.2　国民经济发展与航空运输业发展的相关性①

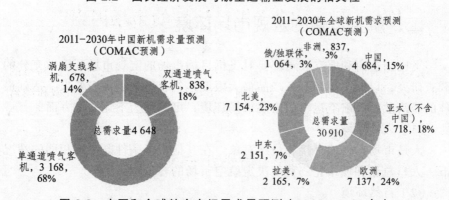

图 2.3　中国和全球航空市场需求量预测（2011—2030 年）

①　数据来源：ICAO，IMF，Ascend。

对航空市场需求量、新研发机型的目标市场分享量、目标售价和盈亏平衡点的评估，是新研发机型初步设计结束时做出"go-ahead"决策的重要依据。图 2.4 给出了利用飞机全寿命成本分析方法得到的"××飞机盈亏平衡点分析结果"，其中飞机的研制成本和制造成本可以依据初步设计参数和以往型号研发的经验数据来估算；目标售价可以依据飞机经济性评估和同类竞争机型的市场现价来评估；飞机销售收益应依据目标售价扣除销售成本和售后服务成本来确定。目标市场分享量大于盈亏平衡点的架数，是判断项目经济性的最低标准。

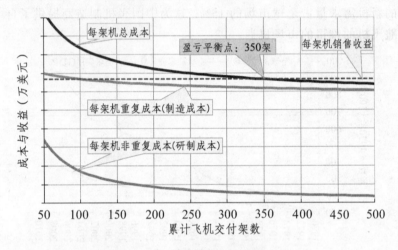

图 2.4　××飞机盈亏平衡点分析

二、航空运输的宏观市场环境

飞机制造商和航空公司都要对飞机目标市场的宏观市场环境做充分的调查研究，以期飞机和服务产品最大限度地符合市场的环境要求，达到最佳的经济效益。航空运输的宏观市场环境，可归纳为下述七个方面：

（1）人口环境。

人是市场行为的直接和最终对象，在其他市场条件既定或相同的情况下，人口总量和城市化的程度决定航空市场的容量和潜力。

（2）自然环境。

自然环境特点既可能是市场机遇，也可能是市场风险。"千岛之国"的印度尼西亚，具有发展支线航空的天然条件。中东的航空公司利用其地处亚洲、欧洲和非洲交界的地缘优势和石油的资源优势，大力发展枢纽航空，成为宽体机的重要市场。中国西部地形复杂，人口密度低，从发展交通运输业来说，建高速铁路（简称"高铁"）或建高速公路不如建机场，但高温/高原的自然条件使得多数现役支线机在中国西部必须减载运营，以致亏损严重。

（3）经济环境。

经济体制、经济周期和发展阶段、经济政策体系、税收政策、借贷款利率、政府的管制与调节取向、航空运输产业市场和竞争态势、国际经济背景（例如航油油价和美元汇率）、居民可支配的收入水平、机票价格体系等所有这些经济环境因素，无不对航空运输市场和经济性产生广泛和直接的影响。

航空产业是一个高资金需求和高风险的国际性产业，航空公司和租赁公司购机的主要资金来源，包括银行的商业贷款、政府的出口信贷、飞机制造商的融资、通过资本市场发行的债券或现金等。2008年雷曼兄弟公司破产引发的金融危机，使航空融资市场深受冲击，很多银行都不愿意给航空公司购机贷款，一些资本市场的关闭切断了航空租赁公司的大规模融资的渠道。

航油价格的快速上升（见图2.5），使得航油成本成为飞机直接运行成本中最大的单项成本，单座运行成本较高的小型喷气支线机无奈地退出了航空市场，航空公司加速了高油耗旧机型淘汰的步伐，为飞机制造商先进机型的推出创造了市场机遇。

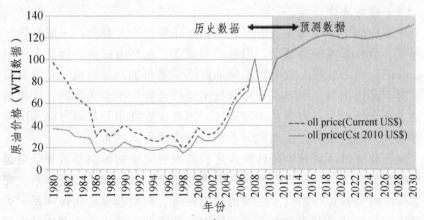

图 2.5 原油价格的历史数据和预测

（4）基础设施环境。

机场、空管系统和航油供应等基础设施，是对航空运输市场和经济性有持续性影响的制约因素。在航班拥挤的枢纽机场，空管系统的流量控制，是航班延误或取消的重要原因，造成航空公司很大的经济损失。有些地区机场密度较低、可选的备降机场较远，要求携带较多的备份油，可能造成额外的经济负担。当机场的跑道长度较短时，或机场跑道的着陆等级数（PCN）较低时，可能限制飞机的商载，从而影响经济性。表 2.3 给出了欧洲航行安全组织（Eurocontrol，简称"欧洲航管"）用于评估航班延误、取消或转场成本的推荐值。

表 2.3　欧洲航管用于评估航班延误、取消或转场成本的推荐值

成本项目	2004 年欧洲管制推荐值（单位：欧元）	备注
航班延误成本	€72/分钟	航班延误 15 分钟以上的平均成本（15 分钟以内的延误成本按 0 考虑）
航班取消成本	€6 380/次	因机场能见度低于 I 类盲降而取消定期商业航班的成本，未考虑货物延误的影响
转场成本	€4 552/次	定期商业航班转场的平均成本。假设：时间损失 50 分钟，旅客 43 名，延误成本66/分钟，旅客时间价值€38/客/小时

（5）政治法律环境。

政治和法律环境与经济因素之间相互联系并相互制约。一般来说，政治环境不直接影响经济活动，但在消费观念、生活方式等方面具有一定影响。在国际商务领域，国与国之间的政治关系可能超越一般的经济利益关系，对产品进出口、国际投资以及技术经济合作产生重大制约。法律对经济活动和市场行为具有直接的强制性，因此企业在市场战略方向和国际合作等重大问题决策时，应当充分考虑政治法律因素的影响。

政治和法律环境对于高科技含量、高投资风险的航空制造和航空运输业影响尤为突出。美国和欧洲拥有完整的航空制造商和供应商体系、完整的适航法规和验证体系以及完整的航空融资、租赁和保险法律体系，美国和欧洲的航空产品基本垄断了全球航空运输市场，美国和欧洲适航当局颁发的飞机适航证已经成为国际航空市场准入的"通行证"。利用技术出口限制、适航法规和环保法规（欧洲的排放交易系统）来抑制中国航空产业的发展，是欧美政府维持其企业竞争力常用的非竞争手段。先进航空技术产品的出口限制政策、鼓励航空产品出口的国家优惠信贷政策或者为保护本

国产业而颁发的航空产品进口高征税政策，对飞机研发成本、飞机销售或运行经济性都产生不可忽视的影响。航空技术出口或航空产品销售的成本和风险，可能因出口国的政局稳定性或政治干预可能性而大为提高，也可能因同盟国或友好国家之间的市场开放而大为降低。

（6）社会文化环境。

信仰和价值观、道德和行为准则、消费观念和生活方式、民俗和习惯、语言和文字，这些软环境因素都不具强制的约束力，但对旅客的行为方式和消费观念的影响却无所不在。不同的民族文化区域、不同的旅客群体对机票价格、客舱舒适性、客舱娱乐系统和照明、客舱餐食和服务有着不同的感受和要求，从而对飞机运行经济性产生影响。

（7）科学技术环境。

人才资源、科研投入、科研政策、技术方向和科技普及，是影响竞争力的要素。科技进步影响资源利用、生产方式和消费需求，对航空公司的经营产生潜移默化的影响。

总之，不同的市场区域有着不同的宏观市场环境，同一款飞机在不同的市场也会有不同的经济性。即使在同一个市场区域用同一款飞机运行，由于经营模式不同，或面对不同的细分市场，也可能会有不同的经济性，因而对于不同的市场，应该建立不同的运行经济性分析模型，并考虑经营模式的影响。图2.6给出了A320飞机在美国和中国市场的直接运行成本比较的分析结果，平均距离假设为500海里。从图2.6可以看出，两者的直接运行成本的定义不同（在美国餐饮费和地面操作费等计入间接运行成本）：在中国，征收民航建设基金；在美国，机场作为公益设施收费低廉，导航不收费，空勤成本很高。

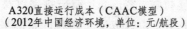

A320直接运行成本（CAAC模型）
（2012年中国经济环境，单位：元/航段）

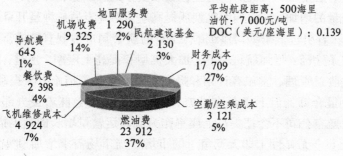

平均航段距离：500海里
油价：7 000元/吨
DOC（美元/座海里）：0.139

地面服务费　1 290　2%
机场收费　9 325　14%
民航建设基金　2 130　3%
导航费　645　1%
餐饮费　2 398　4%
飞机维修成本　4 924　7%
燃油费　23 912　37%
空勤/空乘成本　3 121　5%
财务成本　17 709　27%

（a）

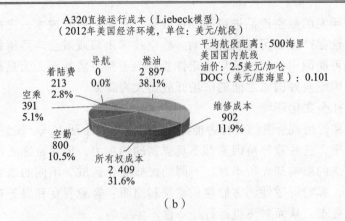

（b）

图 2.6　A320 飞机在美国和中国市场直接运行成本比较

三、客流量、航班频率和上座率

　　客流量是航空公司获得经济效益的基础和投入运力的依据。众所周知，机型尺寸越大，每座海里的直接运行成本越低，航空公司的赢利空间就越大。按常理判断，飞机尺寸应随运输量的增加而增加，但实际情况却要复杂得多。虽然大机场的拥挤和延误日趋严重，在美国和欧洲航空市场，每个起落平均旅客数超过 100 人的机场并不多见。航空运输量的需求虽然逐年在增长，但飞机平均座位数并未明显增长。这种现象，涉及市场的竞争环境、高航班频率的利益、以及机场容量的分配等诸多因素。一般来说，飞机座位数的选择取决于航线特性（市场竞争程度、客流量和航线距离），几乎与机场特性（跑道数、是否是枢纽机场和航班时刻的衔接性）无关。

　　下面简单讨论一下飞机座位数、客流量、航班频率以及上座率之间的相互作用是有必要的。飞机的平均座位数取决于两种因素的平衡：一种是现有航线客流量的增加，导致加大机型或提高航班频率；另一种是开辟新航线的需求，意味着引进低于平均座级的飞机。航空公司应对现有航线需求增长理论上有三条途径：增加航班频率、加大机型和提高上座率。不过，航空公司虽然通过收益管理、常旅客计划和提高客服务水平等措施力求提高上座率，在经济上最合算，但上座率达到 75% ~ 80% 之后，意味着丧失部分旅客市场，因此航空公司不会把提高上座率作为应对运输量增长的基本措施。

　　对于一个无弹性（即无竞争）的市场，当市场需求增加 1% 时，如果既考虑航空经营者利益（它希望加大机型），又考虑旅客利益（它希望增加航班频率），那么航班频率和机型尺寸将各增加 0.5%，这就是著名的"平方根定律"（Square-Root Rule）。在竞争市场环境条件下，当市场需求增加时，则会出现另两种情况：对于一个垄断市场（或独飞市场），航空经营者将仅考虑加大机型来增加收益，不会去关注旅客利益；对于一个完全竞争的市场，航班频率将是一种赢得市场份额的重要的竞争手段，它会阻止机型尺寸的增加。当假定上座率不变时，对于市场需求增加 1% 的响应，航班频率的弹性可能达到 0.75，而机型尺寸的弹性可能为 0.25。

提高航班频率是航空公司最重要的竞争手段之一。航空运输的核心价值是"省时"。旅客的旅行时间是途中时间、地面延展时间和等待航班时间之总和。"等待时间"即"旅客优选的出发时间与最近可利用航班时刻之差"。增加航班频率，缩短旅客"等待时间"，对于旅客有巨大的吸引力，对于那些对时间敏感的公商务旅客尤其如此。当然，加大机型也能缩短旅客等待时间，因为增加了座位的可获得性。但相比之下，增加航班频率对于缩短旅客等待时间的作用要大得多。

如果在某一航线运行的机型过大，而日航班频率偏低，旅客等待时间过长，旅客可能转而选择其他替代交通方式（如高铁或公路）出行，或选择其他航空公司的航班，上座率必然受到影响，甚至需要用高机票折扣率来招揽旅客，航空公司的经济利益将受到严重损害。除增加航班频率外，高的航线覆盖率和高的航班衔接率，也是缩短旅客旅行时间的重要手段。现代航空运输的高航班频率、高航线覆盖率和高航班衔接率，充分体现了航空的时间价值，让旅客体验到航空的快捷和通达，是航空运输业存在和发展的基础。

表 2.4 给出了市场规模与机型选择的一般关系。机型的选择必须与市场规模及竞争态势相适应，机型偏大或偏小对飞机运行经济性产生不利影响。

表 2.4　市场规模与机型的选择

市场规模	日单向客流量（旅客数）	适合机型
快线市场	≥1 000	宽体机，窄体机
大运量市场	400～1 000	窄体机
中等运量市场	200～400	窄体机，支线机
瘦薄市场	50～200	支线机
缝隙市场	<50	螺桨支线机

四、行业竞争和低成本航空公司的兴起

差异化是应对激烈的行业竞争的重要手段。不同的航空公司有不同的市场定位。它们针对不同的客户群体，选择不同的机型和客舱布局，采取不同的运营模式，对成本控制和提高收益有不同的着眼点。例如，英国航空公司（British Airways）面对成熟的欧美航空市场，采取豪华型三舱布局（见图2.7），对市场全面出击，走高品牌和高收益路线。中国三大航空公司（国际航空、东方航空和南方航空）立足于相对年轻且快速成长的中国航空市场，倾力构建和完善中国国内和连接全球的航线网络，借助网络的力量扩展市场份额，其客舱布置具有大众化和商闲兼顾的特色（见图2.8），着眼于航空市场的主体。对于以低成本经营著称的瑞安航空公司（Ryanair Airlines），其机队几乎由清一色的B737-800构成（据2012年统计有298架），客舱均为排距30英寸、189座的高密度单舱布局（见图2.9），市场目标定位于低票价群体。2004年创建的春秋航空，定位为廉价航空公司，以旅游市场为主体目标，以"让更多的普通大众坐得起飞机"为经营理念，通过单一机型（A320）、单一客舱（180座单一经济舱布局）、提高飞机利用率（达到14小时/日）、客票差异化、客票网上直销（不进中国民用航空GDS预订系统）和减少客舱免费服务项目等经营措施减低成本，平均上座率达到95.4%，在低成本运作上取得了不俗的业绩。

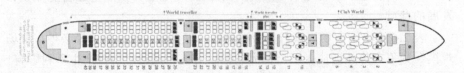

图 2.7　英国航空 B777-200 三舱（275 座）布局[①]

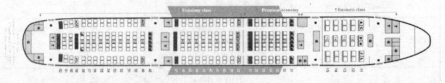

图 2.8　中国国际航空 B777-200 三舱（310 座）布局[②]

---

①、② 资料来源：Seat Maestro。

图 2.9　瑞安航空 B737-800 单舱（189 座）布局①

　　美国西南航空公司首创的低成本运营模式,给全球航空市场带来了很大的影响,尤其对远程高铁旅客市场带来一定的冲击,使低成本航空的市场份额逐年上升。低成本运营模式的基本特点,除了春秋航空所实施的单一机型、单舱高密度布局、高客座率、高日利用率、机票直销（无销售佣金支出）、简单的收益管理和无免费餐饮服务之外,还包括服务项目（餐饮和托运行李等）从票价中分离出来另行收费、使用二线机场以降低起降费和缩短过站时间等措施。图 2.10 比较了低成本航空与全服务航空的运行成本。

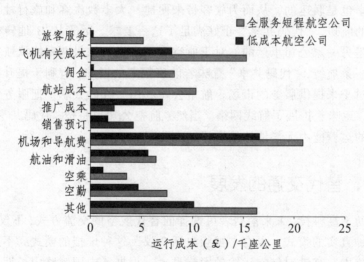

图 2.10　低成本航空与全服务航空运行成本比较②

五、航空联盟

　　航空联盟是近年来在航空市场不断扩大、行业竞争日趋激烈的背景下,为充分利用资源和降低运行成本而出现的航空公司间的联合体。主要的全

---

① 资料来源：Seat Maestro。
② 2004 年英国统计数据。

球性航空联盟有"星空联盟""寰宇一家"和"天合联盟"等。

"代码共享"是航空联盟的主要特色，航空公司无需增加额外的航班，就可以利用协议航空公司的航线网络，把自己的服务网络延伸到更多的目的地。航空公司希望借助"代码共享协议"，在协议航空公司之间相互借力，提升竞争力，获得更多的市场份额，提高经济效益，应对激烈的航空市场竞争。航空联盟具有两面性，当航空市场足够大时，"代码共享"可使航空公司和旅客受益。反之，边际成本的上升快于边际收益的上升，航空公司的利益或将受损。

"代码共享"指的是两家或两家以上航空公司依据"代码共享协议"共享同一个航班。旅客从某家航空公司订购机票，实际上乘坐的可能是由另一家协议航空公司运营的不同航班编号（即"代码"）的航班。旅客可以方便地从一家航空公司订购从 A 地到达 B 地然后从 B 地转机到 C 地的机票，包括行李也是联运的，从而为旅客带来便捷。大多数旅客和旅行社偏好直接连接的航班，"代码共享"正好满足了这一要求，尽管从 B 地转机到 C 地可能是另一家公司承运的。对于航空公司来说，如果两家协议航空公司运营同一条航线，"代码共享"意味着航班频率的增加，有利于提升市场竞争力；对于未提供服务的市场，航空公司利用"代码共享"把服务延伸到该市场，意味着扩展了航线网络。当然，航空公司也将按"代码共享协议"把自己的运营能力无偿地让给协议航空公司。

六、替代交通的发展

借助于高科技，未来消费者可选择的替代航空的交流方式，不仅有"高铁"这种真实的模式，也有"视频电话会议"这种虚拟的模式。不过，在替代方式中，高铁对航空运输的影响最大。根据《中国铁路中长期发展规划》，到 2020 年中国将建成"四纵四横"铁路快速客运通道以及三个城际快速客运系统，客运专线达 1.3 万公里，客车速度可达到每小时 350 公里。中国的高铁网络将覆盖中国民航 62% 的市场。

人们在出行时，是选择飞机还是高铁，必然会从时间、票价和舒适性三者的综合判断中依据自己的需求做出选择。航空运输的核心价值在于"省时"，高铁的替代性首先要看时间上有无竞争性。当铁路以时速 100 公里运行时，它作为航空运输替代品的作用是微乎其微的，但是，当铁路以时速 300~350 公里运行时（即"高铁"），票价有明显优势的高铁，作为航空运输替代品的作用就不可小觑了。据研究，对于 800 公里航程以内的航线（约占中国民航航班总数的 30%），虽然高铁的 350 公里的时速远不及民航飞机 800 公里的平均时速，但是由于民航运输的地面延展时间（包括市区与机场间的交通时间、办理乘机手续及安检的时间、候机时间、提取行李时间及频繁发生的航班延误）远长于高铁的地面延展时间，航空运输的时间优势将荡然无存，高铁的替代性很强；对于航程在 800~1 200 公里的航线（也约占中国民航航班总数的 30%），高铁的替代性中等。对于长程航线，航空运输的时间优势依然存在，高铁的替代性不明显。

来自高铁的竞争，引发了中国民航业多年来难得的优化航线网络、优化机型和运力配置、强化市场开发和收益管理、降低运行成本和改善旅客服务的努力，航空运输的经济性问题也得到了前所未有的重视。中国民航在长航线和国际航线上加大了运力的投入，在高客流量城市的航线上开设对旅客有很强吸引力的高密度"空中快车"，凸现航空运输的时间优势；加速机场地面处理流程，推行自助值机柜办理登机牌，缩短旅客在地面花费的时间；建立空地联运，缩短旅客的旅行总时间；改善空管系统，提高空域容量和复杂气象条件下的运行保障能力，把航班延误这一航空运输弱势的不利影响降至最低。

七、燃油价格

1973 年爆发第一次石油危机，市场上的原油价格，从每桶 3 美元涨到每桶 13 美元。1978 年的第二次石油危机，使得原油价格从 1978 年的每桶 13 美元猛增至 1980 年的每桶 34 美元。1990 年的第三次石油危机，使得原油价格急升至每桶 42 美元。图 2.11 给出了美国航空市场油价和燃油成本的波动和变化图线。

高油价已使得燃油成本成为飞机运行成本中最大的成本项目。高油价加速了航空公司老旧机队的更新，导致许多航空公司破产、兼并或重组，使得单位油耗高的小型喷气支线机停产；也导致了飞机制造商不断开发新的节能技术（减阻、减重和节油）和寻求替代能源。

化石燃料作为这种不可再生的、储量有限的重要资源，促使原油价格经常成为国际政治上重要的武器，因此石油价格的波动和变化不定必将继续困扰航空业。

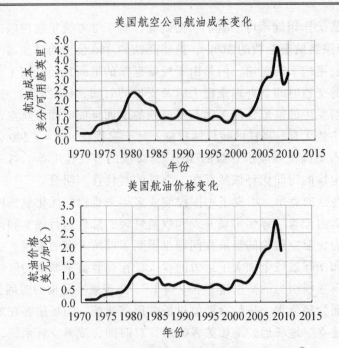

图 2.11　美国航空市场油价和燃油成本的变化[1]

第三节　影响飞机经济性的政策因素

包括航空市场监管、适航法规、环保法规、税收政策、产业政策、租赁和贷款法规、机场和导航收费政策等在内的政策，是政府规范市场行为和维持经济可持续发展的法规措施，对飞机运行经济性产生制约性影响。

一、航空市场监管与"天空开放"趋势

自 1945 年《芝加哥公约》设定了民用航空规章框架以来，国际航线的准入受到全球范围内多达 3 500 份双边航空服务协议的制约，国际航空运输业处于高度管制之中。

1978 年美国放宽了国内航空市场准入和航线准入的限制，大量新航空公司进入市场，形成激烈的市场竞争，有效降低了航空营运成本，原本居

---

① 数据来源：ATA。

高不下的机票价格大幅下降,航空客流量快速增加,航线网络由简单的"城市对"模式逐渐走向更为有效的"枢纽—辐射"模式,市场规模迅速扩大。此后,放宽航空管制的趋势在全球各区域逐渐扩展开来。自美国和荷兰于1992年签署了首份"天空开放"协议后,国家间和地区间多边"天空开放"的趋势在不断扩大。但是,全球仍有许多地区的航空运输业处于政府严格管控和缺乏市场竞争的状态。

放宽航空管制,国家间航空运输市场的开放,其根本目的是吸引投资,引入市场竞争,改善经营方式,优化资源配置,降低经营成本,繁荣航空市场,使消费者受益。"天空开放"既引发了航空运输企业间的竞争,也引发了国与国之间民族产业间的竞争。"天空开放"的浪潮必将加快中国民航体制改革和法制化的进程,提升企业的国际竞争力,有效降低航空营运成本。

二、环保法规

尽管人类活动对地球气候影响程度的科学辩论还在继续,但社会和政府层面对环境保护问题已达成共识:减少人类对环境的破坏刻不容缓,必须在保护地球生态环境的条件下寻求经济的可持续发展。

每燃烧 1 吨航油,将产生 3.149 吨 CO_2 和 1.23 吨 H_2O。表 2.5 给出了几种主要飞机排放物应付出的代价(或称 Shadow Price),这些值基于政府间气候变化专门委员会(IPCC)提供的估算。

表 2.5 2001 年飞机排放物的代价

	中	低	高
CO_2(欧元/吨)	31.6	10.5	52.5
H_2O(欧元/吨)	8.8	2.9	14.7
NO_X(欧元/公斤)	3.8	1.3	6.3

得益于航空基础技术的进步,过去 40 年间飞机的每客座燃油效率提高了 70%,相应地,每客座 CO_2 排放量降低了 70%。今天的航空运输业,制造了 2% 的全球人为 CO_2 排放。依据航空运输量的增速测算,40 年后,航空运输业的 CO_2 排放比例将增至 3%。完全依赖化石燃料的航空运输业不断增长的对全球气候的影响,引起了人们对飞机 CO_2 排放的关注。欧盟的碳排放税政策于 2012 年起延伸到航空领域,对所有起降点为欧盟机场的航

班按耗油量征收排放税。虽说欧盟的碳排放税政策不具普遍性，但预示着航空运输业的发展将面临日趋严厉的环保法规。

航空制造商和运营商应对低碳经济和环保法规所引起的经济压力，将有两条路径：一条是在使用传统航空燃油的条件下，继续通过新技术开发提高飞机的燃油效率，或引进燃油效率高的新飞机，提高运输效率；另一条是用生物燃料部分取代或基本取代航空燃油，但生物燃料经济性的有效提高还需要时间。可以预料，低碳经济将促进飞机设计、运行和能源技术的发展。

三、安全监管

运营安全始终是航空监管的核心。大量人流过往机场，人群聚集在狭小的空间内，易于成为恐怖分子和其他形式犯罪的目标。人员高度集中的客机，遭受袭击后致命率及影响度高，恐怖分子甚至把劫持的飞机和乘客作为实施恐怖活动的更为可怕的武器，因而劫持飞机对恐怖分子具有极大诱惑。机场安检的目的，是为了防止可疑袭击者将武器或炸弹带入机场或飞机，使机场和飞机免受恐怖袭击，消除旅客对安全的顾虑。直接攻击民用客机也是恐怖分子的罪恶目标，有关分析指出，从经济上来说，恐怖分子在美国击落一架大型客机，将造成所有飞机停飞 2.5 天，飞机损失 10 亿美元，航空公司及有关损失 16 亿美元，公务及休闲旅客损失 47.5 亿美元，即 2.5 天共计损失 63 亿美元。

2001 年美国"9·11"事件之后，全球航空运输安全形势变得极为严峻，安全监管的要求大幅度提高。机场和飞机为严格的安全监管投入了比以往多得多的人力、设备和时间，这些费用通过航空公司转嫁给了乘客。严格的安全监管对旅行的成本和时间产生重要影响，或降低潜在的航空运输需求，或使部分旅客选择其他出行方式。

四、适航法规

适航法规是综合考虑保障航空安全，维护公众利益和促进航空运输业发展的要求，由适航管理机构代表国家（或国家联盟）制定的法令性文件，例如美国联邦航空局（FAA）制定的联邦航空条例，欧洲航空安全局（EASA）

制定的适航法规以及中国民航局（CAAC）制定的中国民用航空条例。

适航机构依据对发生的航空故障和事故的调查和评估，会对适航条例进行适时的补充或修订。表 2.6 列出了 2007 年 FAA 用于适航条例修订的成本—效益评估的经济价值数据。对适航条例的补充或修订，有利于提高飞机的运行安全性，但可能对飞机的研制成本或运行经济性带来不利影响。有些老旧飞机可能因满足新适航条例的改装成本过高而提前退役。

表 2.6　2007 年 FAA 用于适航条例修订的成本—效益评估的经济价值数据

物理量		数值（美元/小时）	参考年份
旅客时间价值（美元/小时）	航空公司		
	因私出行	23.3	2000
	商务出行	40.1	2000
	平　均	28.6	2000
	通用航空		
	因私出行	31.5	2000
	商务出行	45	2000
	平　均	37.2	2000
旅客死亡（指为避祸愿意付出的价值）		3 000 000	2001
旅客受伤（指为避祸愿意付出的价值）	每个伤者受伤害的价值		
	轻　度	6 000	2001
	中　度	46 500	2001
	重　度	172 500	2001
	危　重	562 500	2001
	极危重	2 287 500	2001
	30 天后死亡	3 000 000	2001
	每个受害者的其他成本（医疗和法律等）		
	轻　度	2 500	2001
	中　度	7 100	2001
	重　度	21 200	2001
	危　重	111 600	2001
	极危重	300 000	2001
	30 天后死亡	132 700	2001

五、税收政策

税收对于飞机制造商来说，是一种制造成本；对于购置飞机的航空公司来说，是一种营运成本。税率高低及其变动反映了税收调节经济和市场行为的程度。

在俄罗斯，政府对于俄罗斯已有生产的支线飞机的进口征收重税，对于俄罗斯尚未研发成功的大型客机的进口采用低税收政策。

在中国，增值税的税率通常为17%，在加入世界贸易组织（WTO）之后，货物进口关税通常在10%以内。当进口民用飞机时，飞机的使用空重不同税率是不同的。当飞机的使用空重高于25吨（大致对应于100座以上的客机）时，征收5%的增值税和1%的进口关税，这种低税率政策有力地支持了我国航空运输业发展干线航空；当飞机的使用空重低于25吨（大致对应于100座以下的支线客机）时，征收17%的增值税和5%的进口税，采用这种正常税率政策的目的，在于适度限制中国有研发能力的支线飞机的进口，支持国产民用飞机的发展。对于航材（即飞机零备件）进口来说，则不论飞机大小，不论航材用于进口飞机还是国产飞机，均按产品种类征收增值税和进口税。对于国产民用飞机，国家可能提供税收减免的优惠政策，支持尚处于初步发展阶段的民族民用航空制造业，鼓励航空公司运营国产飞机。

六、机场、导航和民航建设基金等收费政策

在不同的国家或地区，机场的起降费、地面服务费和导航费等收费政策存在很大差异，这对民用飞机的运营成本带来较大影响。

图2.12给出了美国航空运输协会（ATA）公布的2010年美国航空公司飞机运行成本构成数据。从该图可以看出，在美国，导航不收费，机场起降收费低廉（占总运行成本的2.3%）。美国政府把机场定性为"不以盈利为目的、为社会提供公益服务的公共产品，是城市基础设施"，机场归政府所有，由政府负责投资、建设和管理，机场管理机构多为事业化而非公司化机构，作为发展地方经济和为公众提供出行条件的重要基础设施进行管理。

中国机场和航站设施由国家投资建设，但运行是经营性质的，收费偏高，征收民航建设基金，不利于旅客支付能力较低的西部地区航空运输业

的发展。国产民用飞机的运行刚刚起步，目前的购机税费减免和国家财政补贴政策仅使得国产飞机直接运行成本降低约2.5%，更有效的国家政策支持是必要的。

　　中国政府制定了一系列支持支线航空发展的优惠政策，以扶持相对落后的国内支线航空。例如，乘坐国内支线航班的旅客，免征民航发展基金（国内航班旅客的民航发展基金收费标准是每人次50元）。

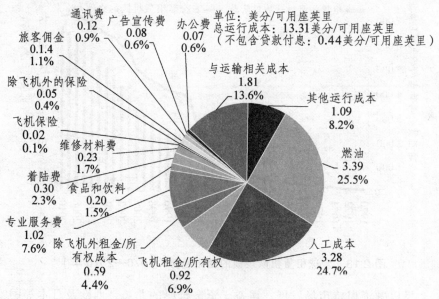

图 2.12　美国航空公司 2010 年飞机运行成本的构成①

七、融资和租赁政策

　　全球航空公司和租赁公司每年耗资数百亿美元采购民用客机，其中绝大部分资金来自银行和资本市场的融资，持续为这些交付飞机提供融资是航空业繁荣的重要保证。全球飞机租赁公司的机队规模从20世纪70年代的不足100架增长到了2010年的7000余架（见图2.13），飞机租赁业务的强劲增长，要归功于飞机租赁将飞机所有权产生的风险和回报与飞机运营产生的风险和回报分离开来。活跃的新机和二手机租赁市场，有利于航空公司的机队优化配置、资产管理和增值运作以及旧机的改装或转手等，

———————
　　①　资料来源：ATA 公布数据。

使得许多小型航空公司使用新飞机或获得租金低廉的二手机成为可能。在过去的十多年中，大量的金融机构、银行、保险公司和私募公司进入航空租赁市场，它们是资金的提供者（融资租赁），也可能是飞机的提供者（经营租赁），它们从航空租赁市场获得丰厚的回报，繁荣了航空运输业，也有力地支持了本地区的航空制造业。

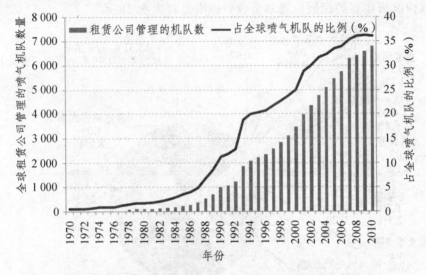

图 2.13　全球租赁机队规模的变化趋势（1970—2010 年）①

飞机融资租赁市场发展，得益于资金雄厚的北美、西欧及日本等国家和地区优质的金融服务系统和配套的税负减免政策，利用诸如售后回租融资租赁、杠杆融资租赁和风险融资租赁等多种节税租赁的运行方法，有效地降低了航空公司购机的资金成本或飞机的租金。例如，金融租赁公司在爱尔兰开展航空租赁时，增值税实际税率为零，所得税税率为 12.5%，设备的税收折旧率为每年 12.5%，并且不考虑资产的经济寿命。低税负和优质的金融服务，推进了爱尔兰航空租赁业的发展，400 万人口的爱尔兰 2011 年航空租赁的收益达到 830 亿欧元。

我国的航空租赁业刚刚起步，融资环境、租赁服务、税收优惠与征管配套政策等尚待完善，期待政府出台有效的税改减负的措施来鼓励我国航空租赁业的发展。我国航空租赁业的壮大，将不仅有利于树立我国航空运输业强国的地位，也将有利于我国航空制造业的发展。

---

① 数据来源：航升。

值得一提的是，飞机租赁公司为了使得飞机能够很快地出租或出售，并从中获利，要求所选购的飞机具有高的保值潜力（即"残值"高），这类飞机具有以下特征：① 采用先进技术；② 已服役机队庞大，并有后续订单；③ 地区分布广，机队不是过度集中于某个地理区域；④ 系列化发展，不同机型有高度的共通性。⑤ 具有低成本"客改货"的潜力。具有这些特征的 B737、A320 和 B777 等机型也因此成为了飞机租赁公司手中最大的机队。国产民用客机要成为飞机租赁公司的热门选择，还需要走很长的路。

第四节 影响飞机经济性的机型因素

机型因素（座级、航程能力、速度、机场适应性和舒适性等）是影响飞机经济性的关键因素。航空公司依据目标市场的需求和经营战略选定机型。

一、座级和航程

飞机的座级和航程能力，从技术角度来看有一定的相关性。座级大的客机，起飞重量大，为飞机提供升力的机翼的面积必然比较大，因而载油能力和航程能力就比较大，反之亦然。我国北京—上海、北京—广州和上海—广州三条航线，航空客流量巨大，而航线距离分别只有 1 089、1 880 和 1 202 公里，航空公司希望有一款短程宽体机来运营这三条航线。但是，现役宽体机无法满足这一市场需求，除了即将退役的 B767-200 的设计航程稍短（7 300 公里）外，其他宽体机的设计航程均在 1 万公里以上。

对于座级和航程能力大的飞机，其单位座公里的运行成本比座级和航程能力小的飞机要低，其主要原因是：当运行的航程比较长时，每日的起降次数少，需付出的起降费和地面服务费比较低；每日耗费在地面的过站时间（不带来收益）比较短，飞机的有效利用率（带来收益）比较高；耗油率低而速度高的巡航段比例比较大，因而单位座公里的燃油成本比较低。此外，无论座级大小，现代飞机都是两人驾驶体制，大座级飞机的单位座公里空勤运行成本比较低。图 2.14 给出了美国各机型平均航距和座英里成本比较的统计数据。

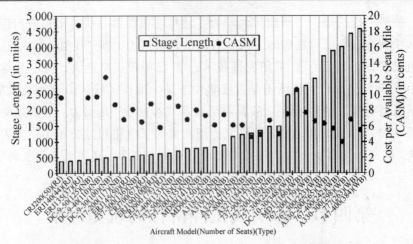

图 2.14　各机型平均航距和座英里成本比较[①]

　　飞机座级和航程能力的选择，应该符合市场规模（客流量）和航线距离的需求，否则，将影响飞机的运行经济性，下面的实例可以证实这一看法。305 座的远短程宽体机 B777-200，在国际航线上运营有良好的经济性，如果单纯在短程航线上运营，则远不如 160 座的窄体机 B737-800。表 2.7 比较了 B777-200 与 B737-800 飞机在短程航线上运行的经济性，分析采用了相同的分析模型和相同的运行环境条件，平均航线距离假设为 1 500 公里（模拟运行京沪穗航线）。在短航线上，B777-200 失去了高利用率的优势，失去了耗油率低和速度高的优势，较高的燃油成本、维修成本和起降费使得 B777-200 的座公里成本比 B737-800 高 15%。

表 2.7　B777 与 B737 短程航线运行经济性比较（2012 年中国运行经济环境）

	飞机型号	B777-200	B737-800
运行条件	航线距离（公里）	1 500	1500
	航线类型	一类航线	一类航线
	起飞机场等级	1.1	1.1
	降落机场等级	1.2	1.2
	座位数	305	160
	旅客上座率	100%	100%

---

① 美国 2009 年 10 月至 2010 年 9 月统计数据。

续表 2.7

飞机型号		B777-200	B737-800
DOC/航段（元/航段）	所有权成本	48 808	23 683
	机组费	7 182	4 878
	燃油费	84 000	34 692
	飞机维修成本	12 951	6 863
	餐食费	7 379	3 650
	导航费	2 578	825
	机场收费	19 094	8 166
	地面服务费	2 842	1 330
	民航建设基金	6 901	3 450
	总计（元/航段）	191 734	87 537
	DOC（元/座公里）	0.419	0.365
	DOC/座公里比较	15%	基准

二、机场适应性

美国的航空基础设施先进，经验证的、能用于 9 座以上民航飞机起降的机场有 551 个（2010 年统计数据），高密度的机场分布使得可选择的备降机场距离较近，飞机起降几乎不受高温、高原或短跑道等条件限制，典型的高原机场是丹佛机场，标高 1 655 米。欧洲的机场条件类似于美国。机场适应性问题在欧美并不突出，因此，在欧美的飞机运行经济性讨论中，很少提及机场适应性的影响。

中国民航的通航机场有 181 个（2011 年数据），机场分布密度低（尤其是在中国西部），有时使得可选择的备降机场距离很远。如图 2.15 所示，在中国现有高原机场（标高 1 500～2 438 米，包括标高 1 985 米的地区枢纽昆明机场）14 个，高高原机场（标高 2 438 米以上，包括标高 3 448 米的九寨沟机场）9 个。这些高海拔机场基本都在中国西部，且大多伴随有热天高温气象条件。中国西部地形复杂，修建高速铁路和公路难度高、投资大，发展航空运输受到重视。因此，高温/高原机场适应性对飞机运行经济性的影响，在中国是必须充分考虑的课题。

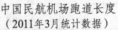

中国民航机场跑道长度
（2011年3月统计数据）

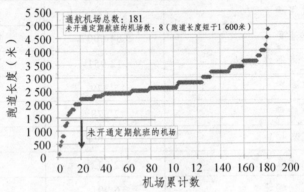

中国民航机场标高分布
（2011年3月统计数据）

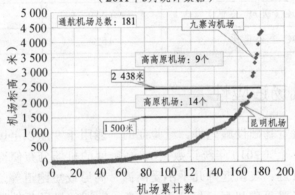

图 2.15　中国民航机场统计数据

　　高温/高原机场条件对飞机起飞或着陆带来怎样的影响呢？我们假设飞机在标高 3 448 米的九寨沟机场起飞，以便从技术上来分析这一问题。在 3 448 米的高度上，当环境气温是标准大气条件（即 - 7.4 ℃）时，大气密度只有海平面的 70.8%；如果环境气温比标准大气条件高 30 ℃（即 22.6 ℃），大气密度只有海平面的 63.7%。200 海里/小时的校正空速（飞行员依据校正空速飞行）在海平面时真空速也是 200 海里/小时，但在 3 448 米的高度上所对应的真空速是 236.2 海里/小时。当大气密度下降时，飞机发动机的推力将因为得不到足够的氧气而下降。真空速的增加，意味着飞机起飞滑跑的距离将增加，或者意味着机场的跑道长度要求更长。

为了满足不利的机场条件（高温、高原、短跑道或低 PCN 值跑道）下运行的要求，飞机设计师可以安装更大推力的发动机、增大飞机的机翼面积、或提高增升装置的效率，这势必导致飞机的重量增加，飞机和发动机的购置成本提高，从而付出相应的运行经济性代价。

实际上很少有专为高温、高原或短跑道条件设计的民用飞机。飞机制造商一般通过对现有机型的系列化改型来满足特殊的机场适应性要求，这类改型措施包括：加大发动机推力、缩短机身以减少客座数和商载、降低载油量以限制起飞重量、提高起落架刹车能力以缩短起降距离。中国民航对飞机在高高原机场运行规定了严格的标准，包括：飞机可能需要做氧气和增压系统改装，要求可能发动机满足 120 分钟 ETOPS 标准，对飞行机组的资质有严格的要求。总之，机场适应性可能导致严重的经济性代价。

三、飞行速度

一般来说，降低飞行速度可以省油，但是，省油并不是衡量运行经济性的唯一标志。事实上，耗油和时间（即飞行速度）都是运行经济性的重要因素。

图 2.16 给出了涡扇支线机与涡桨支线机座公里直接运行成本（DOC）随轮挡距离的变化曲线示意图。从该图可以看出，在短航程（＜500 公里）时，耗油率低而速度也相对较低的涡桨飞机，其座公里 DOC 比涡扇飞机低，显示出省油带来的经济性优势；当航程增加时，速度高而耗油率也相对较高的涡扇支线机逐渐显示出了速度带来的经济性优势，座公里 DOC 逐渐下降并明显低于涡桨支线机。这一结论解释了以下两个现实情况：第一，速度低的涡桨支线机往往在短程航线上运营，速度高的涡扇支线机常用于长程航线上；第二，为了获得经济性优势，远程客机不断追求高的巡航速度，现役远程宽体客机（例如 B787）的巡航 M 数达到了 0.85。

飞行时间和飞行耗油是影响飞机运行成本的两个重要因素。选择高的飞行速度，省时但费油；选择低的飞行速度，将省油但费时。当油价上

升时，省油的重要性会增加；反之，当油价下降时，省时的重要性会增

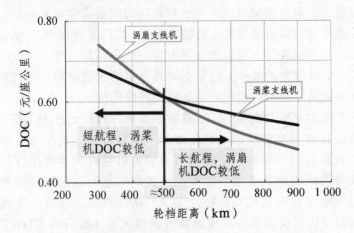

图 2.16　涡扇与涡桨支线机直接运行成本比较示意图

加，因此存在一个如何合理选择飞行速度的问题。为此，现代民用客机引入了"成本指数"这一新概念，并把"成本指数"装定在飞行管理系统中。"成本指数"的定义是：与时间有关的运行成本（单位是"元/分钟"）和与燃油价格（单位是"元/公斤燃油"）之比，单位是"公斤燃油/分"。燃油价格涨跌，"成本指数"将随之变化，飞行员可以据此选择最佳巡航 M 数。

四、客舱舒适性

客舱舒适性主要体现在客舱的横切面积、客舱布局（包括座椅类型和宽度、座椅排距、过道宽度、顶部行李厢、衣帽间、洗手间和厨房配置等）和旅客娱乐设施配置上。大的客舱横切面积将导致飞机高的机体重量、高的飞行阻力和高的发动机推力需求，高的客舱舒适性要求将导致高的客舱改装成本和客座数的减少，这些都将造成飞机运行成本的提高。当预期的收益足以抵消成本的增加时，航空公司将会选择高的客舱舒适性。

客舱布局通常分为头等舱、商务舱、豪华经济舱（Economy Plus）和经济舱，以满足各类旅客的需求。航空市场中各类旅客群体的支付能力、对舒适性的追求和对价值观的理解有很大差异，公商务旅客群体对舒适性较为敏感但对票价不敏感，旅游休闲旅客群体则对票价较为敏感但对舒适

性不敏感。航线距离和飞行时间越长，对客舱舒适性要求将越高。低成本航空公司经常选择高密度全经济舱布局以达到低成本运作的目的。因此，机型的选择、客舱布局和旅客娱乐设施配置的决策取决于航线距离、航空公司的目标市场和战略定位。

第五节　影响飞机经济性的技术因素

追求高性能的军用飞机对最新技术具有强烈需求，而民用飞机的客户仅热衷于成熟的、能对飞机安全性和经济性带来改善的新技术。航空技术进步，是改善飞机运行经济性最根本的途径。

一、技术进步对飞机运行经济性的影响

借助于航空基础技术（气动技术、动力装置技术、结构和材料技术、航空电子技术、制造技术、维修性和可靠性技术等）的进步，现代民用飞机的运行经济性有了极大的提高。图2.17表明，1960—2000年的40年间发动机的耗油率降低了40%，飞机的每座耗油降低了70%。

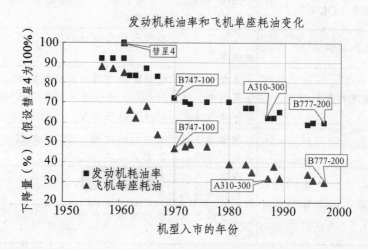

图 2.17　1960—2000 年入市飞机的发动机耗油和飞机每座耗油的演变

二、影响运行成本的主要技术参数

从飞机直接运行成本角度来看，先进技术只有体现在下述技术参数的改善上，才能有利于经济性的提高：采用先进的气动设计技术，提高气动效率、降低气动阻力和提高巡航速度；采用先进的结构设计技术和新材料、借助重量轻的成品系统降低飞机使用空重；采用高燃油效率动力装置降低耗油率；采用可靠性和维修性设计技术，降低维修成本，提高飞机派遣可靠性和利用率；采用成熟技术和系列化发展概念控制研制成本和飞机售价。表 2.8 列出了影响运行成本的主要技术参数及其影响。

表 2.8　影响运行成本的主要技术参数及其影响

影响成本的技术参数	对运行成本的影响
飞机座位数（商载能力）	商载是航空公司的收益来源。商载越大，最大起飞重量越大，运行成本（燃油成本、起降费、导航费、地面操作收费和民航建设基金）增加
飞机设计航程	设计航程越大，最大起飞重量越大，运行成本增加
最大起飞重量（MTOW）	影响推力需求、耗油量、起降费、导航费、民航建设基金等
最大零油重量（MZFW）	影响最大商载能力（最大商载 = MZFW − OEW），商载是航空公司的收益来源
使用空重（OEW）	OEW 被称为"无效载荷"，OEW 增加，商载能力将降低。要求 OEW 最小化
耗油率和轮挡耗油	气动设计、发动机和结构设计的综合体现。涉及燃油成本等
飞行速度和轮挡时间	速度越高，单位时间内飞行的航段数越多，或飞行距离越大，收益则越高。但速度收益应与其他成本支出综合考虑，即利用"成本指数"进行优化
过站时间	地面服务设计影响过站时间。过站时间影响飞机的有效利用率，从而影响成本
维修性	维修间隔和工时影响维修成本，维修成本是决定飞机经济寿命的主要因素
可靠性	可靠性影响飞机的遣派率和利用率，从而严重影响成本
飞机售价	新技术发动机和新材料等可能提高研制成本和售价，因而影响所有权成本

三、系列化发展对运行成本的影响

系列化发展是降低现代民用飞机研发成本、降低飞机运行成本的有效设计手段，有利于实现以下四大优势：

（1）市场优势：飞机产品的系列化发展，可以利用同一系列飞机的产品差异化和扩展性设计，适应不同市场和客户需求，延伸和拓展产品市场。

（2）运行成本优势：同一系列飞机在气动设计、驾驶舱、动力配置和系统构架上有高度的一致性，因而各机型在空地勤培训、备件、维修和产品支援诸多方面具有高度的共通性或兼容性，有利于运力优化配置和降低机队运行成本。

（3）拓展租赁市场的优势：系列化的飞机产品有较大市场和客户群，因而残值较高，是航空租赁业者偏好的低投资风险产品，有利于客户通过租赁市场进行融资和租赁、资产管理和资源优化配置。

（4）设计成本优势：系列化发展有利于航空制造商降低设计成本，加速产品进入市场。系列化研发的衍生型飞机，大量采用已研制的基本型飞机的部件、成品和系统，或仅做局部设计更改，设计成本降低。表2.9列出了系列化研发的设计成本降低因子（假设全新设计的成本为100%）。

表 2.9 系列化研发的设计成本降低因子

成本项目	工程设计	制造工程	工装设计	工装制造	试飞和支持
机 翼	20%	50%	5%	5%	50%
尾 翼	20%	50%	5%	5%	50%
机 身	20%	50%	5%	5%	50%
起落架	20%	50%	5%	5%	50%
发动机安装	20%	50%	5%	5%	50%
系 统	20%	50%	5%	5%	50%
客/货舱	20%	50%	5%	5%	50%

A320 系列飞机是系列化设计的典范。表 2.10 给出了 A320 系列飞机各机型的设计特色，图 2.18 给出了 A320 飞机 DOC 分析。可以看出，系列化设计使得 A320 飞机的市场适应性宽，具有良好的运行经济性。

表 2.10　A320 系列飞机各机型的设计特色

机型	座级(双舱/单舱)	发动机	设计特色
A321	185/220	CFM56-5 V2500	加长型（比 A320 长），强调经济性；航程能力 3 000 nm，增加 24% 座位和 40% 货舱，增加推力，加强起落架，机翼后缘修形，加大和移动应急出口；最高 MTOW 为 93 吨
A320	150/180	CFM56-5 V2500	基本型，兼顾市场适应性和经济性；航程能力 3 000 nm；最高 MTOW 为 77 吨；有 352 架在中国民航运行（2012 年）
A319	124/142	CFM56-5 V2500	缩短型（比 A320 短），强调机场和航线的适应性；航程能力 3 700 nm，减小推力，修改后货舱，取消翼上前应急出口，最高 MTOW 为 75.5 吨；已成为中国高高原机场运营的主力机型
A318	107/117	CFM56-5 PW6000	最短构型（比 A319 短），填补窄体机与支线机之间的座级空白；航程能力 3 250 nm，加长垂尾翼尖，重新设计货舱；最高 MTOW 为 68 吨

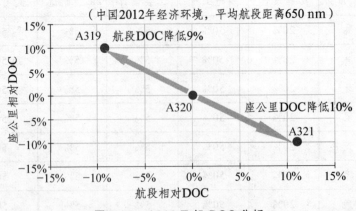

图 2.18　A320 飞机 DOC 分析

参考资料

[1] GRA. Incorporated（Economic Counsel to the Transportation Industry），Economic Values for FAA Investment and Regulatory Decisions. A Guide，Contract No. DTFA 01-02-C00200，Oct. 3，2007.

[2] 中国民航局飞行标准司. 航空承运人高原机场运行管理规定[R]. 2007-03-02.

[3] EUROCONTROL. Standard Inputs for Eurocontrol Cost Benefit Analyses. Feb. 2005.

第三章　全寿命周期成本与飞机定价

第一节　全寿命周期成本方法的提出

众多型号的实践经验表明，民用飞机项目具备学科专业广、研制周期长、投资费用大和项目风险高等突出特点（见表 3.1）。无论是干线航空两巨头——波音公司（Boeing）和空客公司（Airbus），还是喷气支线机两强——加拿大的庞巴迪公司（Bombardier）和巴西航空工业公司（EMBRAER），均为研制项目的预算投入绞尽脑汁、费尽心思，以确保型号项目经济可行，风险可控。当然，型号民机型号研制的收益和外部红利也是相当可观的，诱使日本、俄罗斯和中国等国家涉足现代民机制造领域，分享民用航空市场的大蛋糕。

表 3.1　民机研制费用[①]

机　型	座　级	首次服役时间 （年）	2004 年研制费用 （万美元）
Douglas DC-3	30	1936	430
Douglas DC-6	50	1946	14 400
Boeing 707	150	1958	130 000
Boeing 747	400	1970	370 000
Boeing 777	350	1995	700 000
Airbus A380	550 以上	2007	1 440 000

①　数据来源：http://people.hofstra.edu/geotrans/eng/ch3en/conc3en/table_aircraftdevcosts.html。

　　针对不同的工业基础，各国飞机制造商纷纷走出了自己的特色，飞机项目的研制程序和成本分摊各有不同。我国以往飞机研制项目经费预算的通常做法是，按照设计费、制造工时费、成品材料采购费、试验和试飞验证费等进行分类测算和综合，对于设计和制造能力不足部分，提出技术引进、设备改造和扩大厂房设施等专项经费。其中，设计费（包含设计、试验和管理等参研人员的工资、材料费、资料费、差旅费、办公设施使用维护费和管理费等）按 14 万元/人/年计算；原型机制造工时费（包含消耗）按 49 元/工时计算；试验和试飞验证费用包括风洞试验、结构试验、系统试验和适航验证试飞等。在研制经费主要来自国家拨款的条件下，这种项目经费预算方法适合于向国家申请研制经费。

　　现代民用飞机大多由多家利益和风险共享的飞机研发机构和制造商合作研发和生产，且要依据市场的需求不断推进产品的技术更新和系列化发展。传统的飞机项目研制经费预算方法，不利于项目研制经费的合理分摊、管理和控制，不利于项目的长期发展，也不利于产品开发的市场化。因此，在缺乏以往新机开发统计数据的前提下，同时在市场经济条件下，全寿命周期成本方法可以用于综合评估市场、投资、价格和效益。

　　全寿命周期成本的概念来源于美国军用装备成本控制研究项目，项目由美国军方后勤管理研究所承担，主要用于解决装备“从摇篮到坟墓”（Cradle-to-Grave）整个过程中的成本分析、控制和优化等问题。欧美装备制造发达国家不断拓展全寿命周期成本的应用范围，目前已将其广泛应用于各种产品的设计研发领域，在民机制造领域也对其进行了广泛的探索。对于商用飞机来说，飞机制造商是飞机研发的投资者和决策者，从市场获得投资收益；客户是飞机的使用者，由于客户必须通过飞机经营收益获得现金流回馈，因此，客户也是飞机研发的“隐形”决策者，飞机全寿命成本最低也是客户追求的关键目标。虽然民机全寿命周期成本还没有在学术上形成统一的意见，但是并不妨碍全寿命周期成本理念在民机设计过程中的应用，尤其是具体的成本分析方法已经成功地应用于民机的研制过程之中，这些估算方法可以为制造商协调研制成本和直接运营成本提供有价值的依据。

一、成本估算方法

　　信息技术的飞速发展加剧了制造商的竞争压力，使得精细化生产运营的成本管理已经成为新产品开发的主要竞争手段之一，促使产品成本的估算方式由粗到细，由表及里，他们主要分为定性和定量两大类型，涉及从经验类比法到仿真数值分析法等数十种具体方法。根据 Niazi 和 Dai（2006）的研究结果，成本估算方法体系如图 3.1 所示，该体系比较全面地概述了产品全寿命周期中的不同成本估算模型，可以作为针对特定产业发展更准确的估算方法的基础。

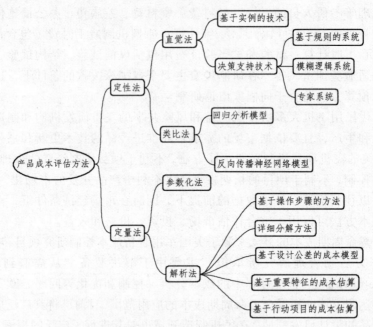

图 3.1　成本估算方法体系

目前，工程中采用的计算方法主要有如下几种：

1. 参数费用法（Parametric Cost Estimating）

参数费用法是根据同类机型的历史统计数据，利用回归分析方法建立研究对象的特征参数（如几何尺寸、飞机重量、飞行高度和飞行速度等）与开发成本之间的函数关系，利用该费用函数预测新机型的成本费用。参数费用方法使用简单，但需要采用相同研制生产环境下的模型对新型号进行费用估算，无法用于非相同环境下的成本评估。

2. 工程费用法（Industrial Engineering Cost Method）

工程费用法是一种"自下而上"的费用估算方法，主要基于工作分解结构（WBS）和成本分解结构（CBS）进行工作分解和成本分解。将 CBS 中每个单元的费用累加起来，便得到该型号项目的总费用。

3. 类比费用法（Analogy Cost Method）

类比费用法是一种常用的初步费用估算方法，它是将正在研型号与具有同样特征的类似型号进行直接比较，并估算其费用。类比费用法是一种精度相对较差但容易实现的一种通用方法，其精度往往与使用者的经验息息相关。

4. 外推费用法（Extrapolation Cost Method）

与类比费用法相比，外推费用法是一种相对准确的费用估算方法。新型号与原准型号技术状态差异的大小决定了评估方法的准确性，一般情况下应用于民机型号改型设计费用的估算。

依据民机型号研制阶段工作的划分、每个阶段的特点，在不同的开发阶段适用不同的费用估算方法，如表 3.2 所示。同时，经济性估算方法需要考虑如何促进技术的发展，考虑长期性、全局性和战略性的影响因素，这些也是经济性估算中具有较大不确定性的因素。

表 3.2　民机研制各阶段适用的估算方法

民机研制阶段 / 费用估算法	方案论证阶段	工程预发展阶段	工程发展阶段		批产阶段	使用运营阶段
			早期	后期		
参数费用方法	适用	较适用	较适用	不适用	不适用	不适用
工程费用方法	不适用	较适用	适用	适用	适用	适用
类比费用方法	较适用	较适用	适用	不适用	不适用	不适用
外摊费用方法	不适用	较适用	适用	适用	适用	适用

二、成本分析工具

目前在航空业界较为广泛应用的分析工具主要有 DAPCA、PRICE 和 SEER。

1. DAPCA（Development and Procurement Costs of Aircraft）

DAPCA 由 RAND 公司开发，该公司受雇于美国军方开展飞机寿命周期费用分析工作，于 1967 年首次发布了飞机开发与采购成本分析 DAPCA Ⅰ，之后不断发展完善，目前的版本是 DAPCA Ⅳ。DAPCA 模型是典型的参数费用法，它统计回归了 34 个军用机型的制造成本数据，以机体重量、飞行速度和飞机架数等指标特征参数，建立了研制工时、工装设备工时、制造工时和质量控制工时与特征参数之间的行数关系式，工时乘以劳动费率即获得了部分开发费用；同时分析回归了特征参数与发展支援、飞行试验、制造材料和发动机采购等方面的费用关系式。两方面求和后获得飞机型号的开发和采购成本。

2. PRICE（Parametric Review of Information for Costing and Evaluation）

PRICE 由美国 PRICE 系统公司开发。在预先建立的工艺成本数据库基础上，该软件能够相对快速和准确地估算项目研制的各个阶段，覆盖产品全寿命周期。可以用于飞机产品成本估算的工具主要有：估算硬件研制与采购成本（PRICE H）和估算硬件使用和保障成本（PRICE HL）。

3. SEER（System Evaluation and Estimation of Resources）

SEER 由 Galorath 公司开发。自上而下的参数化的算法，具有较强的知识库功能。用户可以自定义知识库，在早期项目参数信息有限的情况下借助知识库以及用户自定义的知识确定成本模型。SEER-H 可以生成新产品开发全生命周期的成本，给出系统、子系统开发、生产、运行和维护以及解散成本，具有决策支持功能。

上述分析方法和工具，为下一节所述的全寿命周期成本估算方法，提供了基础理论依据和原始数据支持。

第二节　全寿命周期成本估算方法

一、全寿命周期成本组成

根据美国国防部 2007 年颁发的"运行和支持成本估算指南"[1]，并结合商用飞机的特点，飞机全寿命成本可定义为下述四项按顺序的、但互有重叠的成本之和。

1. 设计成本（非重复成本，Non-Recurring Cost）

设计成本包括概念设计、初步设计和详细设计；机体结构和系统的试验和验证；适航验证和试飞；新工艺的开发；工装的设计和制造等。

2. 制造和采购成本（重复成本，Recurring Cost）

制造和采购成本包括原材料、发动机和设备成品的采购；机体制造；飞机总装；产品质量控制和批生产试飞等。

3. 运行成本（Total Operating Cost）

运行成本包括运行期间的所有权成本（折旧、利息和保险）、现金成本（燃油、空勤、维修、起降、地面操作和导航费等）和间接成本。

4. 处置成本（Disposal Cost）

处置成本即机进入处置阶段发生的成本。对于军方采购的装备系统来说，处置成本主要指装备的非军事化、去毒化或长期贮存的成本。对于商用飞机来说，在飞机处置阶段，关注焦点是飞机的残值。飞机可能转售或租赁给其他用户运营，或改装成货机，或被封存/解体。

在飞机初步设计阶段结束时，设计部门将确定出飞机的座位数、设计航程、发动机需求和设计重量等初步设计技术数据。这些初步设计技术数据与飞机研发、制造和运行成本之间有着内在的关联性。依据这些初步设计技术数据，利用以往型号积累的成本数据，对飞机的研发成本、制造成本、运行成本、飞机目标价格和盈亏平衡点进行初步分析和优化，是欧美飞机制造商常用的一种飞机经济性评估方法。

二、研制成本模型建模方法

研制成本包括设计成本和样机制造与验证成本两大部分。飞机的设计重量，是涉及飞机商载、航程、速度以及起降能力等基本性能的重要技术参数，也是与飞机所有组/部件都关联的唯一技术参数。在初步分析中，我们可以假定，飞机的研发成本与飞机基本空重成正比。"基本空重"定义为使用空重扣除使用项目重量后的重量。图 3.2 给出了大型商用飞机非重复成本与基本空重的粗略关系曲线。[6]

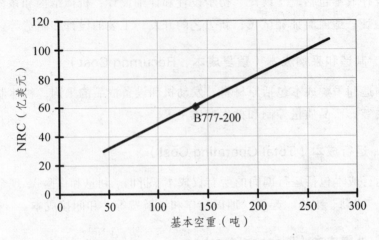

图 3.2　大型商用飞机非重复成本与基本空重的关系

下述研制成本的分析步骤，基于研制成本与基本空重成正比的假设：

第一步　把飞机按组/部件分解成若干成本模块。

图 3.3 示例给出了飞机组/部件的分解。可以多层次分解，装配和系统列为单独模块。本书的分析仅限于第一层次的成本分解。

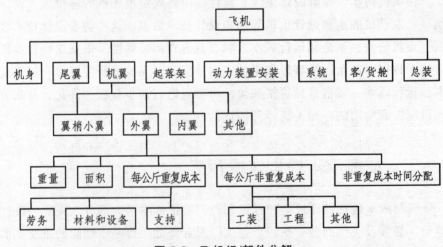

图 3.3　飞机组/部件分解

图 3.4 给出了典型喷气式商用飞机的重量分解统计（基于 MD80、DC-

10-30、737-200、747-100 和 A300-B2）。

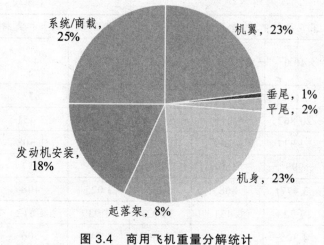

图 3.4　商用飞机重量分解统计

第二步　确定每一成本模块的设计重量和"每公斤重量设计/制造成本"。

"每公斤重量设计/制造成本"，可利用过去项目历史数据的回归分析来确定，也可应用"判断因子"修正到当前的项目。"判断因子"包括构型因子、复杂性因子、复合材料因子、熟练因了和共通性因了等。

第三步　确定设计成本和制造成本。

非重复成本（Non-Recurring Cost，NRC）：仅发生一次的成本，即设计成本。成本模块的重量与相对应的每公斤重量设计成本之乘积，就是该成本模块的非重复成本。所有成本模块的非重复成本之和，就是总的非重复成本。非重复成本应该按比例分配到下述成本项目上：

（1）工程设计：包括总体定义和构型控制、机体设计和分析以及系统综合。

（2）制造工程：包括制造工艺、程序和计量方法等。

（3）工装设计：工具和型架的设计。

（4）工装制造：工具和型架的制造。

（5）其他：研发支持和试飞验证。

表 3.3　美国大型喷气客机"每磅非重复成本"[7]

（单位：美元/磅）

成本项目	工程设计	制造工程	工装设计	工装制造	试飞和支持	总计
成本比例（%）	40.0	10.0	10.5	34.8	4.7	100.0
机　翼	7 093	1 773	1 862	6 171	833	17 731
尾　翼	20 862	5 216	5 476	18 150	2 451	52 156
机　身	12 837	3 209	3 370	11 169	1 508	32 093
起落架	999	250	262	869	117	2 499
发动机安装	3 477	868	913	3 025	408	8 691
系　统	13 723	3 431	3 602	11 939	1 612	34 307
客/货舱	4 305	1 076	1 130	3 746	506	10 763

图 3.5 给出了典型非重复成本按部件分解（美国大型商用喷气机）。

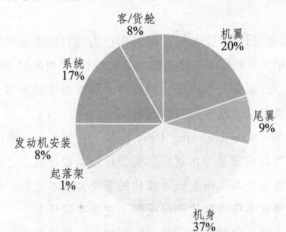

图 3.5　典型非重复成本按部件分解

当飞机采用系列化发展的方式时，后一款飞机可能采用与前一款已研制的机翼或尾翼相同的机翼或尾翼。此时，机翼或尾翼的非重复成本将大大降低。表 3.4 列出了各个成本模块的降低因子，即非重复成本等于表 3.3 中的值乘以表 3.4 中相应的降低因子。非重复成本将降低最多的是工装设计和制造，因为这些部件的工装基本上是现成可用的。

表 3.4 非重复成本降低因子

	工程设计	制造工程	工装设计	工装制造	试飞和支持
机 翼	20%	50%	5%	5%	50%
尾 翼	20%	50%	5%	5%	50%
机 身	20%	50%	5%	5%	50%
起落架	20%	50%	5%	5%	50%
发动机安装	20%	50%	5%	5%	50%
系 统	20%	50%	5%	5%	50%
客/货舱	20%	50%	5%	5%	50%

　　试验样机制造成本归属于非重复成本，试验样机的制造可以不考虑熟练修正系数。

　　重复成本（Recurring Cost，RC）：每架机均发生的成本，即制造成本。成本模块的重量与相对应的每公斤重量制造成本之乘积，就是该成本模块的重复成本。所有成本模块的重复成本之和，就是总的重复成本。重复成本应该按比例分配到下述成本项目上：

　　（1）劳务成本，即制造、装配和总装。

　　（2）制造材料，即原材料、外购产品和设备。

　　（3）产品支持，即质量控制、产品工装支持、工程设计支持。

表 3.4 美国大型喷气客机"每磅重复成本" [7]

（单位：美元/磅）

成本项目	劳务	材料	其他	总计
机 翼	609	204	88	900
尾 翼	1 614	484	233	2 331
机 身	679	190	98	967
起落架	107	98	16	221
发动机安装	248	91	36	374
系 统	315	91	46	452
客/货舱	405	100	59	564
总 装	58	4	3	65

图 3.6 给出了典型重复成本按部件分解（美国大型商用喷气机）。

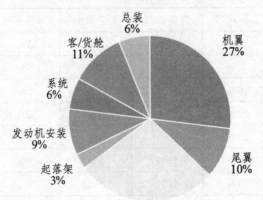

图 3.6　典型重复成本按部件分解

在重复成本模型中，应考虑熟练系数的影响。随着生产架数的增加，每架机的生产加快，材料浪费减小，重复成本降低，这就是熟练系数的影响。熟练系数的计算模型如下：

（1）熟练系数：生产第 X 架飞机的熟练系数是 X_n，$n = \log b/\log 2$，b 是熟练因子。

（2）b 的典型值：中国航空工业缺乏民机制造的熟练系数统计值。建议采用文献[3]给出的 b 值，即劳务成本取 0.85，材料成本取 0.95，其他（包括质量控制和产品支持等）取 0.95。$b = 0.85$ 的含义是：产量每翻一番，生产时间（或成本）按因子 0.85 降低。图 3.7 给出了典型的熟练曲线。

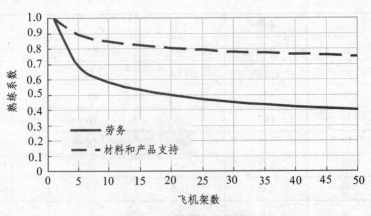

图 3.7　典型熟练曲线

三、运行成本和处置成本

飞机总运行成本可划分为直接运行成本（DOC）和间接运行成本（IOC），IOC 主要取决于航空公司的经营，而 DOC 主要取决于飞机设计特性。因此，DOC 是飞机竞争性和定价的重要基础。以中国市场为例，DOC 主要包含所有权成本、机组费、燃油费、飞机维修成本、餐食费、导航费、机场收费、地面服务费和民航建设基金；其中所有权成本考虑了飞机残值。

对于军方采购的装备系统来说，处置成本主要指装备的非军事化、去毒化或长期贮存的成本。民用飞机是一种商品，许多飞机在运营数年后（10～15 年），由于经济性的原因（旧飞机耗油和维护成本偏高，或因新规章的环境限制等）而被投进二手机市场，即进入"处置"阶段。飞机可能转售或租赁给其他用户运营，或改装成货机和公务机，或被封存/解体。因此，"处置成本"对于民机来说，是飞机残值问题（第五章将重点阐述飞机残值）。影响残值的主要因素包括客户数量、飞机交付量和订单量、飞机系列化发展和改装性、飞机经济性和维修性等。

因此，对于民用飞机来说，飞机的直接运营成本应统筹考虑运行和处置成本。

第三节　影响民机研制成本的若干因素

中国航空工业缺乏按部件分解和以重量定成本的可利用的历史数据，只能借鉴国外可利用的资料，因此，需要充分考虑中外民机研制体制的差异与特点，并根据经验给出修正因子。

波音公司将研制阶段一般分为项目定义阶段、费用定义阶段、生产阶段；空客公司的研制阶段一般分为可行性研究阶段、概念阶段、定义阶段、研制阶段；我国民机飞机项目阶段分为立项论证阶段、可行性论证阶段、预发展阶段、工程发展阶段和批生产和产业化阶段（见表 3.5）。

从波音和空客两家公司的民机研制阶段的划分来看，波音公司从项目定义阶段入手，一开始就建立了飞机构型的基线，编制了分解为职能部门的里程碑和进度计划，并建立了产品家族的分解结构，即进入了具体的型号研制工作。空客公司虽然从可行性研究阶段入手，但该阶段的主要工作

表 3.5　中外民机项目研制流程对比

波　音	空　客	国内制造商
项目定义阶段	可行性研究阶段	立项论证阶段
建立构型的基线	业务规划	可行性论证阶段
编制里程碑计划	市场态势分析	预发展阶段
确定工作分解结构（WBS）	市场需求分析	初步总体方案定义
费用定义阶段	概念阶段	初步设计
受控和批准的构型定义	确定最有希望的飞机概念阶段	工程发展阶段
详细设计	飞机概念的最佳化阶段	详细设计
市场销售活动	定义阶段	全面试制
设计成套性文件	形成飞机构型基线阶段	试飞取证阶段
购置设备的图样/文件	确定飞机规范和商业方案阶段	批生产和产业化阶段
生产阶段	研制阶段	
合同所必需的活动	飞机零部件设计阶段	
	零件试制阶段	
	零件制造、部件装配和试验阶段	
	飞机总装阶段	
	地面试验和首飞准备阶段	
	符合性验证和型号合格审定阶段	
	完成飞机投入营运前的准备阶段	
	飞机研制结束工作阶段	

是市场和需求分析，即为接下来的概念阶段和定义阶段做好市场和需求分析，随后就进入具体的型号研制工作。因此，波音和空客公司的研制阶段均以直接进入具体机型和型号的研制入手，并没有立项工作。而我国飞机研制阶段划分的第一个阶段就是立项论证阶段，这是显著区别于国外民机制造商之处。中国民机研制体制不同于国外，具体表现为：

1. 不同的企业发展模式

目前企业对高新技术领域的发展模式主要有技术引领型和项目推动型两种。技术引领型主要是指企业以某方面的科研、装备和人才等方面的优势为依托，通过强大的技术优势引领企业产品的发展，逐步形成产品在市场上的优势地位，其模式是"正三角"的格局（见图3.8）。项目推动型是以重大项目为载体，依靠重大项目推动科研、装备和人才的发展和储备，并适时转变发展方式，实现可持续发展，其模式是"倒三角"的格局（见图3.9）。可见，技术引领型和项目推动型的发展模式对于现有技术条件的要求和发展的阶段目标都有明显的不同。

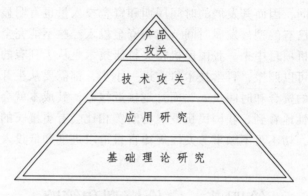

图3.8　技术引领型发展模式"正三角"格局

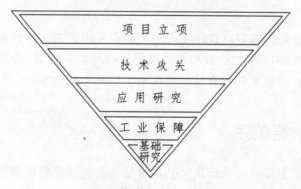

图3.9　项目推动型发展模式"倒三角"格局

　　欧美民机研发采用的是技术引领发展模式的"正三角"格局，而国产民机研发采用的是典型的项目推动型发展模式。中国民机企业与欧美在民用航空科技上的较大差距，是两国采用不同发展模式的直接原因之一。美国凭借博大的基础理论研究奠定其科技优势，从而具备了技术引领型发展模式的基础。而目前我国基础研究的现状决定了与其将资金拼命投入基础研究之中，不如将资金投入到重大项目中去，从而通过重大项目来推动科学技术和相关产业的发展。同时，通过国际合作和技术引进充分利用和发挥欧美技术的溢出效应，力争实现跨越式发展。这也是符合我国目前的基础理论研究现状和基本国情的。

2. 不同的时间和资金投入

对于技术引领型和项目推动型发展模式而言，由于其发展的已有科学技术基础不同，因而其发展的时间周期和资金投入量也有明显不同。波音和空客公司已有的型号发展时间节点和资金投入经验不能完全照搬到我国商用大型客机项目中来。我国民机相关科研技术是从无到有的过程，没有现成的经验可以照搬，科学技术每前进一小步，都需要从头开始研究，因此需要巨大的资金和时间投入，而且越接近核心，其成本就会越高。因此我们应该理性地看到，我国民机发展与欧美相比会有更漫长的过程和更多的资金投入，切不可不顾事务发展规律盲目追求进度和低投入。

第四节　定价模型和策略

民机价格是影响客户选择飞机机型的重要因素之一。以航空公司购买飞机为例，在 2012 年的油价和中国市场运行环境条件下，单通道窄体机价格引起的所有权成本约占直接运营成本（DOC）的 30%。

一、价格的定义

民机价格主要有目录价格、基本价格、合同成交价格和市场价格。

目录价格（List Price）：即对外公布价。

基本价格（Base Price）：指的是由飞机《标准技术说明书》（Standard Specificaiton）所定义的飞机构型和标准客户服务项目条件下的飞机价格，价格中不包含客户采购设备（Buyer Furnished Equipment）（例如座椅和厨房插件等），不包含客户选装设备（例如平显、第二套气象雷达和 ETOPS 等常列为客户选装设备或功能），不包含客户可能提出的特殊客户服务项目。

合同成交价格（Contract Value）：指的是飞机购机合同价格，通常是商业机密。

$$合同成交价格＝基本价格＋所有SCN的价格＋$$
$$特别客户服务项目附加费$$

式中：SCN为《技术说明书更改通知》（Specification Change Notice）的缩写。

市场价格（Market Price）：指的是评估者认为在评估时段的市场条件下最接近于成交价的价格。

二、定价方法

一般情况下，定价决策由财务、会计、成本控制、销售和市场等部门参与，总管理层有最后的发言权，定价流程如图 3.10 所示。

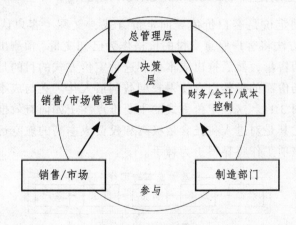

图 3.10　定价流程

1. 成本驱动定价（Cost-Driven Pricing）

成本驱动定价又称成本加成定价，它是基于成本的一种定价方式，简单实用，也是早期人们对科技产品定价常用的手段之一。[1] 即价格由两个部分组成：成本和利润。在我国计划经济时代，成本加成是主要的定价方式。制定飞机价格的依据是：制造成本（即材料成本与工时成本之和）＋5% 管理费。飞机价格要经国家批准，称之为"国批价格"。成本加成定价方法近年来受到许多质疑，主要原因有两个：一方面，由于销量波动很大或难以预测，许多工业产品很难估算单位成本；另一方面，基于成本定价的产品开发方式是"事后成本控制，而非事前成本控制"，不利于产品的长期盈利能力。许多知名企业为了追求最优价格以攫取更高的利润，已经逐渐放弃了成本加成的定价策略。

2. 竞争驱动定价（Competitor-driven Pricing）

竞争驱动定价又叫竞争定价，它是基于市场竞争状况而定价的策略方法。这种定价方法适用于新产品的初始快速定价，有利于市场份额的快速提升。竞争驱动定价的不足是产品销量的增加往往与利润最大化相冲突，尤其对于高价值产品而言，这种定价方式会损失合理的产品溢价利润。在B2B市场营销中，利用竞争驱动定价策略，有利于新产品的开拓与推广。

3. 客户驱动定价（Customer-driven Pricing）

客户驱动定价是客户价值导向定价方式，又称"客户认知价值定价法"。该定价方法将客户愿意支付的价格作为已知变量，预测出完全吸收掉固定成本的销售量，然后推出成本价。这种定价方式的目的是：找到一种利润率和市场份额的最佳组合使得长期盈利最大化。它与成本加成定价方式的区别见图3.11。这种定价方式的主要难点在于如何有效推进产品价值沟通工作，尤其是对进入科技含量极高和投资成本高的航空运输市场的新机型而言，该项工作将显得更为棘手。

基于成本的定价

产品 → 成本 → 价格 → 价值 → 客户

基于价值的定价

客户 → 价值 → 价格 → 成本 → 产品

图 3.11　成本加成定价和价值取向定价

三、系列化发展对定价的影响

民机系列化发展是现代民机设计的重要特点之一。例如 B737NG 系列飞机的基本型为 B737-700，后续开发出了 B737-600/800/900 等系列机型，系列化开发的时间跨度为 8 年（见图 3.12），整个 B737 家族（100~900）已经有了 40 多年的历史。

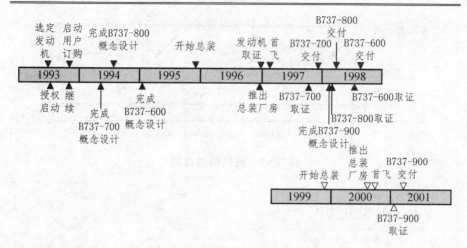

图 3.12 737NG 系列化开发

　　系列化发展原则是民用飞机设计的一个突出特点,在基本型的基础上衍生出加长型和缩短型是一种通用的做法,其目的是降低开发成本,提高航线和机场适应性,扩大市场覆盖范围。对于航空公司而言,引进不同座级的同系列飞机将会有力的降低维修成本、备件需求量和培训费用,提高飞机的利用率。因此,系列化发展是买卖双方均极为看重的产品特性之一,任何有关民机的设计、生产和交易活动都与其有着千丝万缕的联系,民机价格的制定也能够利用飞机系列化发展这一基本特性而赢得市场的青睐。很显然,飞机家族的超长开发时间为针对不同飞机型号综合应用不同定价方法而获取更高长期利润提供了机会。

　　以具有市场竞争力的价格(不一定是低价)进入并提高市场份额是飞机产品成功立足激烈竞争的民机市场关键的第一步,而提高长期利润率是企业生存的根本需要,它也是民机定价策略的最终目标。因此,利用民机系列化发展的特点,针对飞机家族按阶段应用不同的定价方式,可以协调解决新机型进入市场和长期盈利的两大目标,民机价值战略主要表述为(见图 3.13):

　　(1)针对民机产品基本型的市场环境,以竞争定价方法为基础提出合理的竞争格;

　　(2)以该价格为基础进行新产品成本校核分析;

　　(3)充分发挥基本型产品的价值沟通作用提升后续产品的客户认知价格;

　　(4)基于市场价值方法对产品发展型进行定价,同时依据该价格进行产品改进设计的成本控制。

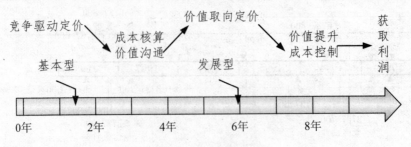

图 3.13　民机价值战略

四、民机定价

　　民机市场是一个激烈竞争的市场,采用竞争定价的方式是常用的做法。图 3.14 示例给出了飞机市场价格。可以看出,决定客机价格的第一级参数是座位数和航程,因为航空公司的收益取决于座位数和航程;第二级参数是运行成本、速度和舒适性;第三级参数是飞机的竞争性(包括残值、共通性和品牌形象等)。停产或过时机型的价格很低,因为备件和客户服务难以保证飞机正常运行。

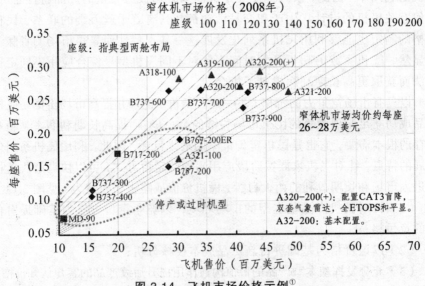

图 3.14　飞机市场价格示例[1]

---

① 资料来源:Airclaims。

表 3.6 飞机定价方法

定价类型	适合飞机	定价方法
成本定价	军机和公务机	价格＝成本＋收益（5%）
市场定价	商用飞机	价格决定于： （1）飞机性能（座级和航程） （2）运行成本（DOC 评估） （3）旅客诉求（舒适性、舱内噪声） （4）竞争能力（与同类竞争机型比较） （5）市场需求量和市场占有率目标 （6）企业或品牌形象

DOC 是航空公司评价飞机是否经济的重要指标之一，该指标评估分析也是民机竞争分析中必不可少的环节之一。因此，本章采用基于 DOC 的竞争定价流程（见图 3.15）。

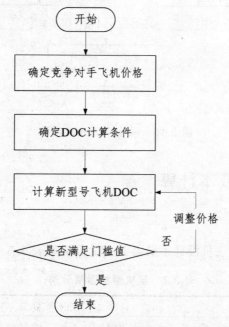

图 3.15 基于 DOC 的价格初步分析模型

根据航空公司调研结果表明，一般情况下，引进一架新型号飞机的座公里 DOC 降低要求是 15%（建议门槛值）。

第五节　盈亏平衡分析

　　本节以某型宽体客机为例，按照图 3.16 的流程完成盈亏平衡分析。该流程把研制成本、生产成本、市场需求量预测、飞机定价（考虑售后服务成本等）、发动机和系统采购价、盈亏平衡点和盈利/风险等有机地串联起来，形成较为完整的经济可行性分析体系。

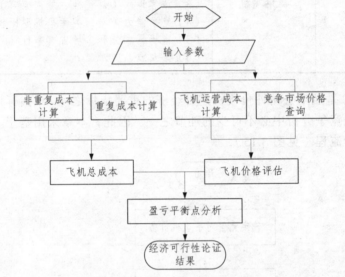

图 3.16　盈亏平衡分析流程

一、研发成本计算

1. 重量分解

根据某型机的飞机设计手册得到重量分解见表 3.7。

表 3.7　某机型的重量分解　　　　　　（单位：kg）

重量分解	某机型	
机　翼	30 340	23.0%
垂　尾	3 461	2.6%
平　尾	1 460	1.1%
机　身	29 264	22.2%

续表 3.7

重量分解	某机型	
起落架	11 645	8.8%
动力装置	21 087	16.0%
系 统	13 812	10.5%
客/货舱	20 752	15.7%
空机重量	131 821	

2. 单位重量非重复成本和重复成本

在同类型号成本数据回归分析基础上，综合考虑到研制国工业基础、飞机设计技术水平和民机型号研制经验，计算假设条件见表3.8。

表 3.8 假设条件

项 目	内 容
发动机采购价（百万美元）	12.7
系统采购价（百万美元）	15
试制批架数	7

确定单位重量非重复成本和重复成本（见表3.9和表3.10）。

表 3.9 某机型单位重量非重复成本 （单位：美元/公斤）

成本项目	工程设计	制造工程	工装设计	工装制造	试飞和支持	总计
成本比例（%）	50.0	7.5	7.5	25.0	10.0	100.0
机 翼	15 637	2 346	2 346	7 819	3 127	31 274
尾 翼	45 993	6 899	6 899	22 997	9 199	91 986
机 身	28 301	4 245	4 245	14 151	5 660	56 603
起落架	2 202	330	330	1101	440	4 404
发动机安装	7 664	1 150	1 150	3 832	1 533	15 328
系 统	30 254	4 538	4 538	15 127	6 051	60 508
客/货舱	9 491	1 424	1 424	4 746	1 898	18 983

表 3.10 某机型单位重量重复成本 （单位：美元/公斤）

成本项目	劳 务	材 料	其 他	总 计
成本比例	60%	30%	10%	100%

续表 3.10

成本项目	劳　务	材　料	其　他	总　计
机　翼	609	204	88	900
尾　翼	1 614	484	233	2 331
机　身	679	190	98	967
起落架	107	98	16	221
发动机安装	248	91	36	374
系　统	315	91	46	452
客/货舱	405	100	59	564
总　装	58	4	3	65

3. 非重复成本和重复成本

根据重量分解和单位重量成本数据，计算获得非重复成本和重复成本（见表 3.11 和表 3.12）。

表 3.11　某机型非重复成本　　（单位：百万美元）

成本项目	重量（kg）	工程设计	制造工程	工装设计	工装制造	试飞和支持	总　计
成本比例（%）		50.0	7.5	7.5	25.0	10.0	100.0
机　翼	30 340	474	71	71	237	95	949
尾　翼	4 921	226	34	34	113	45	453
机　身	29 264	828	124	124	414	166	1 656
起落架	11 645	26	4	4	13	5	51
发动机安装	21 087	162	24	24	81	32	323
系　统	13 812	418	63	63	209	84	836
客/货舱	20 752	197	30	30	98	39	394
总　计	131 821	2 331	350	350	1 166	466	4 662

表 3.12　某机型重复成本

成本项目	重量（kg）	劳　务	材　料	其　他	总　计
成本比例（%）		60	30	10	100
机　翼	30 340	18.1	9.0	3.0	30.1

续表 3.12

成本项目	重量（kg）	劳 务	材 料	其 他	总 计
尾 翼	4 921	7.6	3.8	1.3	12.6
机 身	29 264	18.7	9.4	3.1	31.2
起落架	11 645	1.7	0.9	0.3	2.8
发动机安装	21 087	5.2	2.6	0.9	8.7
系 统	13 812	4.1	2.1	0.7	6.9
客/货舱	20 752	7.7	3.9	1.3	12.9
总 装	131 821	5.7	2.8	0.9	9.4
总 计		68.8	34.4	11.5	114.7

考虑到熟练曲线的影响，重复成本计算结果见表 3.13。

表 3.13 某机型非重复成本、重复成本和总成本计算结果

（单位：万美元）

累计架数	平均单机 NRC	平均单机 RC	平均单机总成本
1	5 603.49	142.40	5 745.89
50	112.07	99.72	211.79
100	56.03	92.95	148.98
150	37.36	89.30	126.66
200	28.02	86.86	114.87
250	22.41	85.04	107.45
300	18.68	83.60	102.28
350	16.01	82.42	98.43
400	14.01	81.42	95.43
450	12.45	80.56	93.01
500	11.21	79.80	91.01
550	10.19	79.13	89.32
600	9.34	78.53	87.86

二、飞机价格

根据基于 DOC 的定价流程（见图 3.15），确定飞机基本价格为 140 百万美元，并考虑表 3.14 所示定价因素。

表 3.14　飞机价格

收益分析		备　注
单机基本价格/百万美元	140	依据市场定价方法确定飞机基本价格
成交价平均折扣/折让率	12%	包括市场促销、启动客户折让、订单量折让、附加折让和特别折让等
销售成本	1%	包括国内外销售代理、销售机构和销售推广的支出
飞机交付费用	0.50%	包括客户接待和飞机移交中的各种费用
销售中的索赔和诉讼费等	0.2%	
客户服务支出	5%	包括客户培训、技术支持和现场服务等销售合同协议项目
单机销售收益/百万美元	114	飞机售价——销售成本、成交折扣和售后费用

三、盈亏平衡分析

根据非重复成本、重复成本和飞机销售收益，计算出盈亏平衡点（见图 3.17）。

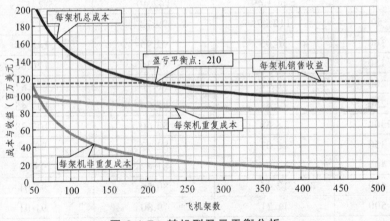

图 3.17　某机型盈亏平衡分析

四、讨　论

本算例中的研制成本、定价和盈亏平衡点分析，是在一系列假设条件下得到的，当这些假设因素变化时，结论也将随之变化。对主要影响因素讨论如下：

（1）发动机和系统采购成本：每架机增加发动机和系统采购成本 500 万美元，盈亏平衡点为 232 架；

（2）熟练系数：劳务成本的熟练因子 b 的假设，如果从 0.85 变为 0.88，盈亏平衡点将变为 243 架；

（3）客户服务支出：如果客户服务支出占销售收入的比例从 5% 升为 8%，盈亏平衡点将变为 228 架；

（4）飞机销售收益：如果每架飞机销售收益降低 500 万美元，盈亏平衡点将变为 232 架；

（5）项目研制周期：增加项目研制周期，将增加非重复成本和盈亏平衡架数。

参考资料

[1] Cost Analysis Improvement Group. Office of the Secretary of Defense, USA, Operating And Support Cost-Estimating Guide, Oct. 2007.

[2] ADNAN NIAZI, JIAN S. DAI, Stavroula Balabani, Lakmal Seneviratne. Product Cost Estimation: Technique Classification and Methodology Review[J]. Journal of Manufacturing Science and Engineering-transactions of The Asme - J MANUF SCI ENG, vol. 128, no. 2, 2006..

[3] R W HESS, H P ROMANOFF. Aircraft Airframe Cost Estimating Relationships, Rept. R-3255-AF, Santo Monica, CA, RAND Corp. 1987.

[4] PRICE Systems L. L. C. Desktop Application for Modeling Hardware Acquisition and Development Costs[EB/OL]. http://www.pricesystems. com/products/true_h_price_h.asp.2011.

[5] GALORATH INTERNATIONAL LTD.. SEER for Manufacturing[EB/OL]. http://www.galorath.com/index.php/products/manufacturing/C6/. 2011.

[6] MARKISH J. Valuation Techniques for Commercial Aircraft Program DESIGN. S. M. Thesis, MIT, June 2002.

[7] WILLCOX K. Aircraft Systems Engineering: Cost Analysis. Sep. 2004.

[8] 汤姆·纳格，约翰·霍根. 定价战略与战术[M]. 4 版. 北京：华夏出版社，2008：3-6.

第四章　飞机直接运行成本分析方法

第一节　飞机直接运行成本分析的意义

在航空公司引进飞机的购机投资—效益评估中，在飞机制造商的飞机优化设计中，都把飞机直接运行成本分析方法作为飞机经济性分析的基本工具。

一、飞机直接运行成本分析是航空公司购机投资—效益评估的基础

航空公司引进飞机，并保证飞机正常运行，需要巨额资金投入，航空公司的投资和融资安排，除了要满足引进飞机本身的资金需求外，还要满足各种后续投资（购买初始备件和备份发动机、购买飞行训练模拟器、改建或扩建机库等）的需求，涉及各类非运营业务的统筹规划和投入（机务维修业务的扩展或转包、飞行训练模拟器培训和飞行员培训的扩展或转包、被置换飞机的出租或出售等）；航空公司必须评估飞机引进引起的机队变化和网络效应对航空公司未来的市场、成本和收益带来的各种影响，评估新机型的期末残值，甚至包括预测通货膨胀、货币汇率和油价变化可能带来的利弊。在这些颇为复杂的投资—效益评估中，与飞机技术性能直接有关的飞机运行成本和收益分析，是航空公司飞机选型决策的核心环节，是航空公司购机投资—效益评估的基础。

不同的航空公司的运营环境和商业模式有所不同，同一款机型在不同的航空公司运营也可能有不同的成本和收益。如果把与机型运行无关或关系不

大、但与运营环境和商业模式关系密切的"间接运行成本"分离出去，形成"飞机直接运行成本分析"模型，那么，这样的分析模型对于各类航空公司普遍适用，不局限于某种运营环境或商业模式，可以更为清晰地反映出飞机本身的优劣和设计特点，有利于对不同的机型进行对比分析。因此，航空公司普遍采用"直接运行成本分析"作为飞机经济性分析的基本方法。

二、飞机直接运行成本分析是飞机制造商飞机设计优化的工具

某新型复合材料用于飞机主结构，将带来减重和降低维修成本的好处，但会引起采购成本的提高；安装某高涵道比涡扇发动机将降低耗油率，但大的风扇直径要付出阻力和重量的代价。对这些设计技术问题的决策，飞机设计师往往以客户运行成本最低为基本设计准则，综合权衡和优化各设计参数对运行成本的影响。飞机直接运行成本分析方法，把那些与运营环境和商业模式关系密切、但与机型运行无关或关系不大的"间接运行成本"分离出去，能够直接反映出飞机各种设计参数（飞机结构重量、飞行速度、发动机推力、气动阻力和油耗、可靠性和维修性设计等）对飞机运行经济性的定量影响，因而它作为飞机制造商设计优化和竞争分析的一种基本工具被广泛应用。

事实上，飞机直接运行成本分析方法是一种数学模型，它建立起了飞机主要技术参数（飞机的座位数或商载、起飞和着陆重量、航程和相应的耗油及航时、维护性和可靠性等）、航空公司的主要运行参数（机队规模、年利用率、上座率和航段距离等）、经济环境参数（飞机起降费、地面操作费和导航费的收费标准、维修劳务费率和燃油价格等）、与飞机各项直接运行成本之间的函数关系，能够在设定的条件下对飞机的直接运行成本做出分析，并评估飞机的经济性。

第二节　飞机运行成本的分类

飞机总运行成本（Total Operating Cost，简称 TOC）可划分为两类：一类是与机队运行有关的成本，主要取决于飞机的设计，称为"直接运行

成本"（Direct Operating Cost，简称 DOC）；另一类是与机队运行无关或关系不大、但与运营环境和商业模式关系密切的成本，主要取决于航空公司的运营，称为"间接运行成本"（Indirect Operating Cost，简称 IOC）。建立飞机直接运行成本分析模型，首先要确定哪些运行成本是直接运行成本。

"直接运行成本"与"间接运行成本"的分类看似简单，但航空运输业界并无统一和明确的定义可遵循。表 4.1 ~ 表 4.3 分别列出了国际民航组织（International Civil Aviation Organization，ICAO）、欧洲航空公司协会（Association of European Airlines，AEA）和美国航空运输协会（Air Transport Association of America，ATA）规定的航空公司成本分类。这三个分类法都未把购机的贷款付息纳入运行成本，从飞机运营人的角度来看，购机产生的贷款付息是融资的需要，贷款条件与飞机的运营效能并无关联，是一种非运行成本项目。这三个分类法都把有关旅客、行李、航站和地面服务的成本列入间接运行成本，在 ATA 的直接运行成本项目中，甚至不包含机场收费和导航收费，这就使得飞机直接运行成本分析变得相对简单。但是，在与旅客、行李、航站和地面服务成本中，有一部分是与飞机设计有关的直间接运行成本，多数航空公司都关注设计对它们的影响。

表 4.1　国际民航组织（ICAO）的航空公司成本分类

运行成本	直接运行成本	航班运行 （1）机组工资和费用 （2）飞机燃油和滑油 （3）飞行设备保险 （4）飞行设备租金 （5）机组培训 （6）其他飞行费用
		维修和大修
		折旧和分摊 （1）飞行设备 （2）地面资产和设备 （3）其他
	非直接运行成本	使用费和航站费用 （1）着陆费和有关机场收费

续表 4.1

		（2）航路设备收费
	非直接运行成本	（3）航站费用
		旅客服务
		订票、销售和推广费用
		综合管理费
		其他运行费用
非运行成本	资产退役导致的收益或损失	
	净利息支付	
	附属公司的收益或损失	
	政府补贴支付	
	其他非运行成本项目	

表 4.2　欧洲航空公司协会（AEA）的航空公司运行成本分类

直接运行成本	间接运行成本
空　勤	航站和地面费用
航油和滑油	空　乘
飞行设备保险	旅客服务
维修和大修	商载保险
折　旧	订票和销售推广
租　金	综合管理
机场收费	
导航收费	

表 4.3　美国航空运输协会（ATA）FORM41 规定的航空公司成本分类

管理类成本	（1）所有人员（综合管理人员、飞行人员、机务维修人员和其他人员）的工资、附加福利（如年金、教育、医疗、休养和退休安排）和工资税； （2）器材和材料（燃油、滑油、部件、旅客餐食及其他）采购费； （3）服务项目（广告和促销、通讯、保险、维修、佣金及其他）采购费； （4）着陆费、租金、折旧及其他费用

续表 4.3

功能类成本	飞机运行（直接运行成本）	（1）飞行操作：空勤成本、燃油成本； （2）维修成本：日常维修和定检的劳务和材料成本； （3）机体和发动机大修成本； （4）折旧和摊销成本
	地面运行	（1）飞机地面操作和着陆费； （2）旅客、行李和货物的机场服务费； （3）促销和机票销售费（机票预定、售票处和旅行社佣金等）
	系统运行	（1）旅客服务费（旅客餐食、空中服务和乘务员成本）； （2）广告和宣传； （3）综合管理费； （4）与获得收益有关的运输成本（支付给支线航空合作伙伴的费用、额外行李费用和其他杂项管理费）

　　各个航空公司习惯于使用自己的成本细分方法。它们通常对"直接运行成本"与"间接运行成本"的分类兴趣不大，而是从财务管理的角度出发，把运行成本划分为"固定成本"和"变动成本"两类。随运输量（飞行小时、起降数、运输周转量或旅客数）变化的成本称为"变动成本"，不随运输量变化的成本称为"固定成本"。表 4.4 给出了中国航空公司运行成本的典型分类。

表 4.4　中国航空公司运行成本的典型分类

变动成本	固定成本
燃油成本	飞机和发动机折旧
机务维修成本	高价件折旧
起降成本	飞机租金
餐食/机供品成本	发动机租金
客舱服务费	保险费
民航基金	租机利息
飞行小时费	空勤人工成本
驻组相关成本	飞行训练费
航班延误费	销售成本
行李货物邮件赔偿费	综合管理成本
代理手续费	其他固定成本
电脑订座费	
联程航班食宿费	
湿租飞机变动成本	

从表4.4可以看出，从财务管理的角度出发编制的运行成本统计数据，难以直接用于机型经济性评估或机队规划的目的，这不仅是因为在运行成本统计数据中并未清晰界定直接运行成本和间接运行成本，而且有些成本项目是整个机队统筹管理和安排的，难以按机型或航班核算或分摊运行成本。

ATA于1944年公布了首个得到广泛认可的飞机直接运行成本估算方法，其最终修订版是1967年公布的，简称ATA67方法。ATA67方法评估的直接运行成本仅包括美国航空市场所关注的基本项目：空勤、燃油和滑油、机体保险、维修和折旧，因此该方法的适用范围仅限于进行机型的比较分析。后来出现的各种飞机直接运行成本估算方法，对直接运行成本项目做了较大的合理扩充，增加了贷款付息、起降费、导航费和空乘成本等，使得航空公司的机队规划人员和飞机制造商的设计师们能够更为详细地分析飞机技术性能与运行成本的关系，对飞机的经济性做出更为全面的判断。

表4.5列出了用于直接运行成本分析的典型成本分类，本章将对该表所列的直接运行成本项目进行逐项讨论。

表 4.5　用于直接运行成本分析的典型成本分类

直接运行成本	间接运行成本
财务成本	航站和地面费用
（1）利息	商载保险
（2）折旧	订票和销售推广
（3）保险	综合管理
燃油成本	
飞行机组成本	
客舱空乘成本	
维护成本	
（1）机体维护材料成本	
（2）机体维护工时成本	
（3）发动机维护材料成本	
（4）发动机维护工时成本	
机场收费	
地面服务费	
导航费	
餐饮费	
民航发展基金[①]	

① "民航发展基金"是中国航空市场特有的直接运行成本项目。

第三节　与运行成本分析有关的设计参数简述

　　飞机良好的经济性来自出色的设计。飞机直接运行成本与飞机的设计之间存在有紧密的联系，因而在讨论飞机直接运行成本分析方法之前，深入了解那些影响直接运行成本的主要设计参数，是有益的也是必要的，它们是建立成本分析模型的基础。这些设计参数包括飞机设计重量、轮档性能、商载航程、起降性能和客舱布置等。

一、飞机设计重量

　　虽然今天的飞机优化设计准则，已从早期的"最低重量"转变为"最低DOC"，但是作为重于空气的飞行器，重量仍然是飞机设计的核心参数，对飞机经济性至关重要。飞机各设计重量定义如图4.1所示，简述如下：

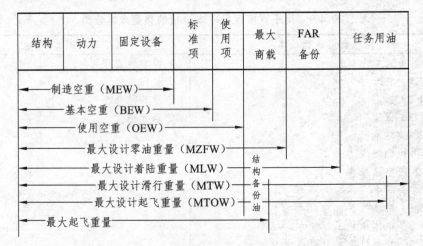

图4.1　飞机各设计重量定义

1. 制造空重（Manufacturer's Empty Weight，MEW）

$$MEW = 机体结构重量 + 动力装置重量 + 内设和系统设备重量$$

　　在飞机初步设计阶段，飞机构型和客户需求存在许多不确定性，机型评估时往往会在初步给定的MEW的基础上增加1%，以适当考虑可能发生的变化。

2. 基本空重（Basic Empty Weight，BEW）

$$BEW = MEW + 标准项目$$

"标准项目"指的是那些难以归属特定飞机构型的某个系统、相对独立的重量项目，相同飞机构型，它们是固定的。通常包括：不可用燃油和液体、发动机和 APU 滑油、厕所液体和化学品、灭火器和应急氧气设备、厨房和餐柜的结构、附加电子设备等。BEW 实际上是客户化之前的飞机总重。

3. 使用空重（Operating Empty Weight，OEW）

$$OEW = MEW + 标准项目 + 使用项目$$

表 4.6　使用空重和使用项目实例（A320 系列飞机）

单位（kg）	A318	A319	A320-200	A321
MEW	35750	36587	37646	42394
座位数	124	134	164	199
不可用燃油	65	65	65	70
发动机/APU/IDG 滑油	63	53	53	53
厨/厕用水	93	101	123	150
废物箱	10	10	10	10
文件工具包	19	19	19	19
旅客座椅（含救生衣）	1 302	1 407	1 722	2 090
厨房结构	230	230	230	330
食品	496	536	656	800
应急设备	235	247	250	322
撤离设备	185	185	185	250
防护性供氧设备	10	12	12	14
氧气瓶和面罩	12	16	16	16
灭火瓶	7	9	9	12
扩音器	3	3	3	3
手电	2	2	2	3
应急斧	1	1	1	1
急救包	7	7	7	7
空勤/空乘/儿童/备份救生衣	11	12	15	16

续表 4.6

单位（kg）	A318	A319	A320-200	A321
空勤/空乘重量	395	470	470	620
使用项目总计	3 146	3 385	3 848	4 786
OEW	38 661	39 725	41 244	46 858
MZFW	53 000	57 000	61 000	71 500
最大商载	14 339	17 275	19 756	24 642

　　其中，"使用项目"指的是运营商运营所必须携带的人员、设备和物品（含买方采购设备）。它通常包括：空勤、空乘及其行李、手册和导航设备、客舱和厨房可拆卸的使用设备（例如旅客座椅和厨房插件）、食品和饮料、有效载荷之外的可用液体（如厨/厕用水）、防护性供氧设备、氧气瓶和面罩、救生筏/救生背心和应急发射器、货物装卸系统和集装箱等。许多制造商也把标准项目和使用项目合并统称为使用项目。表 4.6 以 A320 系列飞机为例说明了使用空重和使用项目。不同的航空公司有不同的运营目标，可能选择不同的使用项目，因而同一机型飞机的使用空重可能不同。

　　使用空重是飞机装载有效负荷之前的重量，因而也称为"废重"。它在一定程度上体现出飞机的运载能力，与飞机售价存在某种程度的相关性（见图 4.2）。利用这种相关性，可以对飞机价格做出粗略判断。

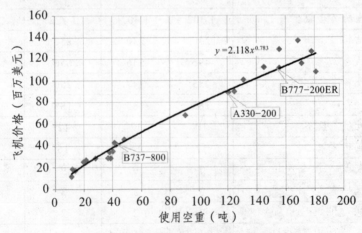

图 4.2　飞机使用空重与价格的关系[①]

---

① 资料来源：Airclaims, 2006 年。

在服役过程中，飞机会因积攒污垢、机体维修、客舱改装、新适航条例要求的改装以及执行服务通告等因素引起使用空重增加，机体会因表面污损和变形引起气动阻力增加，发动机的推力和耗油特性也会衰退，因此，在飞机直接运行成本分析中，分析人员往往会在给定的 OEW 的基础上增加 2% 的余度，以便模拟飞机使用到中等寿命时的经济性。

4. 最大设计零油重量（Maximum Design Zero Fuel Weight，MDZFW）

最大设计零油重量定义为可用燃油（或其他特定的可用液体）在飞机指定部位装载之前允许的飞机最大重量。它是机身壳体和中央翼结构的设计重量。在结构分析中，允许用"结构备份油"来减轻载荷，此时：

$$飞机的最小飞行重量 = 使用项目 + 结构备份油重量$$

最大设计零油重量的技术含义可以这样来理解：飞机在空中时，由左右机翼的升力来平衡全机重量，升力在翼根处产生巨大的弯矩。当机翼内油箱有燃油时，燃油重力方向与升力方向相反，可减小翼根处的弯矩。因此，零燃油状态是最临界的结构设计状态，它限制了飞机的商载能力。

依据定义：

$$最大商载 = MZFW - OEW$$

也就是说，如果增加 OEW，商载能力将降低。假设航空公司打算运营九寨沟航线（机场标高 3 448 米），飞机需要进行高原改装（包括改装刹车系统和加装旅客应急氧气系统等），OEW 将增加 200 kg，那么飞机商载能力将相应降低 200 kg，航空公司要付出经济代价。

5. 最大设计起飞重量（Maximum Design Takeoff Weight，MDTOW）

最大设计起飞重量定义为起飞滑跑起点处的飞机结构允许的飞机最大重量。飞机交付给航空公司时，飞机的推力、航程和客座数可能按客户要求作调整，把这一重量改称"最大起飞重量"（MTOW）。飞机运营时的机场收费，通常以 MTOW 为基准来征收的。

起飞重量可能进一步受到跑道长度、道面承载能力（用"着陆载荷等级"表示）、机场高度、环境温度和障碍物等因素的限制。一旦机场条件限制了起飞重量，将限制飞机的商载或航程，严重影响飞机的经济性。因此，机场适应性是飞机经济性评估的重点之一。

6. 最大设计滑行重量（Maximum Design Taxi Weight，MDTW）

最大设计滑行重量是受到飞机强度和适航要求限制的飞机地面机动时的飞机最大重量，是飞机在静态和地面转弯模态下起落架及支撑结构的设计重量。

7. 最大设计着陆重量（Maximum Design Landing Weight，MDLW）

最大设计着陆重量是受到飞机强度和适航要求限制的着陆时飞机最大重量，是飞机在着陆下沉模态下（设计下沉率通常取 10 英尺/秒）起落架及支撑结构、襟翼及支撑结构、部分机翼、平尾、后机身的设计重量。飞机交付给航空公司时，飞机的推力、航程和客座数可能按客户要求作调整，把这一重量改称"最大着陆重量"（MLW）。

着陆重量可能进一步受到跑道长度、道面承载能力（用"着陆载荷等级"表示）、机场高度、环境温度和障碍物等因素的限制。一旦机场条件限制了着陆重量，将限制飞机的商载或航程，严重影响飞机的经济性。

二、任务飞行剖面、备份油和轮档性能

与追求高性能的军机不同，强调安全性的民用客机是按照经适航批准的任务飞行剖面和备份油政策来执行航班飞行的，并由此得到飞行的航程、时间和耗油等与运行成本有关的性能数据，飞机气动设计、结构设计和动力设计的优劣，将最终体现在这些数据上。

1. 任务飞行剖面（Mission Flight Profile）

民用飞机典型任务飞行剖面见图 4.3，飞行剖面的各阶段的要求说明如下。

A——暖机和滑出。发动机的工作状态是"地面慢车"。

B——起飞和初始爬升至 1 500 英尺。发动机以"正常起飞"状态工作。

C——从 1 500 英尺爬升至初始巡航高度。飞机通常以《飞行手册》规定的爬升速度程序爬升，发动机工作状态为"最大爬升"。对于喷气飞

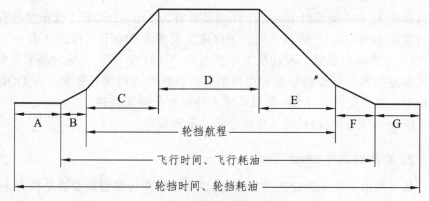

图 4.3　民用飞机典型任务飞行剖面

机来说，飞行高度 1 500～10 000 英尺时，爬升速度通常为 250 节（校正空速）（接近于爬升梯度最大的速度）；飞行高度 10 000 英尺以上时，爬升速度通常为 280～300 节（校正空速）（接近于爬升率最大的速度），直至达到巡航 M 数。

　　D——以选定速度和飞行高度层巡航。巡航速度的选择对飞机油耗和运行经济性带来影响。当选择"最大航程巡航速度"（Maximum Range Cruise Speed）时，省油但航时较长，对运行经济性并不是最佳选择；当选择"远程巡航速度"（Long-Range Cruise Speed，LRC）时，单位航程巡航耗油将增加 1%，但巡航速度将明显提高，接近于最佳运行经济性，在 DOC 分析中，通常采用 LRC 巡航方式；在出现航班延误时，飞行员可能选择"最大速度巡航"（Maximum Cruise Speed），此时耗油率将明显增加。巡航高度层的选择也对飞机油耗和运行经济性带来影响。巡航高度越高越省油，但是，民航飞机的巡航高度必须符合飞行高度层配备的规定，而且巡航高度层的选择必须满足下述适航要求：在所选择的高度层上，飞机具有足够的全发爬升能力（支线机要求有 300 英尺/分的爬升率，干线机要求有 500 英尺/分的爬升率）。因此，在长航程下，选择阶梯巡航（Step Cruise）较为经济，每个阶梯的高度差为 2 000 英尺（按缩小的垂直间隔标准）。在短航程下，如果巡航段的距离不足轮挡航程的 30%，应该降低巡航高度层，以尽可能减少高耗油的爬升段的不利影响。显然，航程越短，巡航高度越低，高耗油爬升段的比例越高，燃油效率越低。

　　E——从巡航高度下降至 1 500 英尺。飞机通常以《飞行手册》规定的下降速度程序下降，发动机工作状态为"飞行慢车"。对于喷气飞机来说，飞行高度 10 000 英尺以上时，下降速度通常为 280~300 节（校正空速）；飞行高度 10 000~1 500 英尺时，下降速度通常为 250 节（校正空速）。

F——进场和着陆。发动机工作状态为"飞行慢车"。实际进场和着陆情况是复杂的，每个机场都有严格的进近航路和飞行操作要求。在 DOC 分析中，通常按照在 1 500 英尺高度上待机 8 分钟来处理。

G——滑进。发动机的工作状态是"地面慢车"。

2. 轮挡时间（Block Time）

从飞机滑动前撤除轮挡滑行起飞，直至着陆滑行停稳后安放轮挡为止，所经过的全部时间（即图 4.3 中从 A 至 G 段所需的全部时间）称为轮挡时间。轮挡时间包括地面滑行时间和飞行时间。在分析中，经常粗略地假设：A 段为 10 分钟，G 段为 5 分钟，地面滑行总时间为 15 分钟，即

$$轮挡时间 = 飞行时间 + 0.25 小时$$

应该顺便提及的是，在"飞行时间"（Flight Time）内，飞机机体承受飞行负荷，发动机处于主要工作状态。飞机完成一次任务飞行称为执行一个"飞行循环"（Flight Cycle），飞机机体和发动机承受一次交变的飞行负荷。因此，"飞行时间"和"飞行循环"是维修成本分析中的两个基本参数。当飞机的平均轮挡航程比较短时，每年的飞行循环数比较多，维修成本将增加。

3. 轮挡耗油（Block Fuel）

从飞机滑动前撤除轮挡滑行起飞，直至飞机着陆滑行停稳后安放轮挡为止，发动机和 APU（辅助动力装置）所消耗的全部燃油称为轮挡耗油。

APU 耗油，指的是在飞机两次飞行之间的过站期间，APU 为飞机系统工作、客舱空调和照明等提供能源所消耗的燃油。在 DOC 分析中，一般取 APU 地面工作 30~45 分钟所消耗的燃油。也有人把 APU 耗油纳入间接运行成本而不计入轮挡耗油，因为在地面上可以使用地面电源来提供能源而不用 APU。

4. 轮挡航程（Block Range 或 Stage Length）

图 4.3 中的爬升段（C 段）、巡航段（D 段）和下降段（E 段）所飞越的水平距离之总和，称为轮挡航程。

在本章其他地方提到的"航程"和"航段距离"等都指的是轮挡航程。

"平均轮挡航程"是飞机经济性分析中的重要概念。航空公司某机型的机队按照给定的航线网络运行，按航班频率加权平均的航段距离即该机型的平均轮挡航程。

图4.4示例给出了飞机轮挡性能（A320飞机，依据《飞行操作手册》估算）。

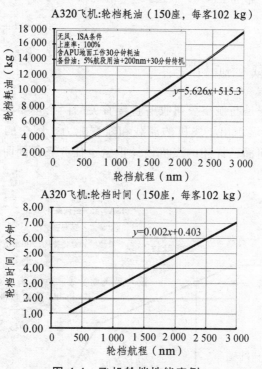

图4.4　飞机轮挡性能实例

5. 备份油政策（Reserve Fuel Policy）

飞机必须携带符合适航要求的备份油，因而将影响飞行重量，从而对飞机的轮挡性能产生影响。备份油一般要考虑三部分要求：在目的地机场上空等待着陆用油，飞往备降机场的用油以及航线机动油。

分析时常用的备份油标准：对于干线飞机，采用"1 500英尺高度待机30分钟用油 + 飞往 200 nm 备降机场用油 + 5% 航段用油"的标准；对于支线飞机，采用"1 500英尺高度待机 45 分钟用油 + 飞往 200 nm 备降机场用油"的标准。在实际航线分析时，必须考虑飞往最远备降机场的用油，而不是 200 nm。

6. 风和温度

在经济性分析中，一般不考虑航路的风和温度影响，即假设"风速 = 0，国际标准大气（ISA）条件"。当然，在临界设计要求中经常要考虑风和温度的影响，例如，风对飞机航程能力的影响是不小的，在分析飞机的航程能力时，常常把"69节逆风"（出现概率85%）作为航线适应性的设计准则。

三、商载—航程

商载和航程是与航空公司收益直接有关的两个重要参数，商载—航程图（见图4.5）展示出了飞机的商载和航程能力。图中的飞机商载和航程数据，是利用前面已详述的飞机设计重量、任务飞行剖面和轮挡性能的分析数据来确定的。

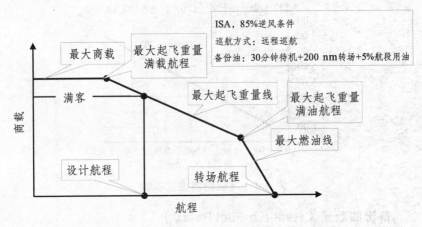

图 4.5   商载—航程图

表 4.7 给出了商载—航程图中各特征点参数的定义。其中，"转场航程"是零商载和最大油量条件下的航程，仅用于考察飞机转场时的航程能力。"最大起飞重量满油航程"是最大起飞重量和最大油量条件下的航程，当飞机改装成对商载要求不高但对航程期望较高的公务机时，可能对这一指标感兴趣。航空公司关注的重点是"设计航程"，满客时的航程能力是航空公司飞机选型和衡量飞机航线适应性的主要指标，也是制造商在飞机经济性优化设计时的设计点。

表 4.7　商载—航程图中各特征点参数的定义

	最大起飞重量满载航程	设计航程	最大起飞重量满油航程	转场航程
商　载	最大商载	满　客	MTOW − OEW − 最大油量	零商载
载油量	MTOW − OEW − 最大商载	MTOW − OEW − 满客	最大油量	最大油量
起飞重量	MTOW	MTOW	MTOW	OEW + 最大油量

1. 设计航程（Design Range）

设计航程指的是飞机在满客和最大起飞重量起飞条件下的航程能力。制造商可以通过不同的客舱布置、利用机身的加长或缩短以及在最大设计起飞重量范围内调整最大起飞重量，来实现不同的座位数和不同设计航程，以满足各种客户的需求和扩大产品市场。

2. 旅客平均重量标准（Standard Average Passenger Weight）

满座重量＝标准旅客平均重量（含行李）×旅客座位数

旅客平均重量的取用标准，将影响满座重量，也就影响了设计航程。

多数现役民用客机的旅客平均重量（包含行李）采用 200 磅的标准。中国民航目前采用的旅客平均重量（包含行李）统计标准是 90 kg。

统计数据表明，全球有超过 10 亿的成年人超重。按照美国联邦疾病预防控制中心的统计，65% 的美国人超重（2006 年）；美国男子的平均体重从 1960 年的 75.3 kg 增加到 2002 年的 86.64 kg；美国女子的平均体重从 1960 年的 63.5 kg 增加到 2002 年的 74 kg。随着全社会人民健康水平的提升，人的平均体重明显提高，新研发的民用客机将采用更高的旅客平均重量标准。表 4.8 给出了欧洲航空安全局（European Aviation Safety Agency，EASA）2009 年公布的、基于统计得到的旅客平均重量标准。表 4.9 给出了美国联邦航空局（Federal Aviation Administration，FAA）2004 年公布的、基于统计得到的旅客平均重量标准。

表 4.8　EASA 旅客和行李重量标准建议（2009 年）

座　级	≥20		≥30	
旅客性别	男	女	男女比例	成年人
旅客重量（kg）	94	75	70/30	88
托运行李重量（kg）	17	17		17

表 4.9　FAA 旅客平均重量标准[1]

标准旅客平均重量	每客重量（lb）	每客重量（kg）
夏天重量		
平均成年旅客重量	190	86.2
平均成年男性旅客重量	200	90.7
平均成年女性旅客重量	179	81.2
儿童（2~13 岁）重量	82	37.2
冬天重量		
平均成年旅客重量	195	88.5
平均成年男性旅客重量	205	93.0
平均成年女性旅客重量	184	83.5
儿童（2~13 岁）重量	87	39.5
托运行李	28.9	13.1

四、起降性能

机场适应性分析是飞机选型评估的重要环节，对于飞机运行经济性来说，关注的重点是起飞限重、着陆限重和道面承载能力。对于要求在支线机场或高温/高原机场运行的支线飞机来说，机场适应性评估尤为重要。如果因机场起降条件限制，飞机必须降低起飞重量（减少载客数或缩短航程），将严重损害飞机的运营经济性。

---

① AC120-27D，2004 年 11 月。

1. 起飞限重（Take-off Weight Limited）

起飞限重指的是，按照美国适航规章 FAR121 部的要求，起飞重量必须满足下列限制，如不满足，必须降低起飞重量直至满足为止：

（1）起飞重量≤最大起飞重量；

（2）FAR 起飞滑跑距离≤可用跑道长度；

（3）FAR 起飞距离≤可用跑道长度＋净空道；

（4）FAR 加速－停止距离≤可用跑道长度＋安全道；

（5）起飞中各爬升阶段的爬升梯度≥FAR25 部规定的相应要求（对于双发飞机，第一段为 0%，第二段为 2.4%，最终段为 1.2%），起飞第二段爬升梯度要求经常成为高温/高原机场起飞限重的临界条件；

（6）越障高度≥净起飞飞行航迹范围内的所有障碍物的高度。

2. 着陆限重（Landing Weight Limited）

着陆限重指的是，按照美国适航规章 FAR121 部的要求，着陆重量必须满足下列限制，如不满足，必须降低起飞重量直至满足为止：

（1）着陆重量≤最大着陆限重。

（2）着陆距离/0.6≤目的地机场跑道长度。

（3）着陆距离/0.7≤备降机场跑道长度。

（4）着陆重量≤单发停车进场爬升梯度要求（2.1%）所限制的着陆重量。该要求经常成为高温/高原机场着陆限重的临界条件。

（5）着陆重量≤全发工作着陆爬升梯度要求（3.2%）限制的着陆重量。

3. 道面承载能力

ACN（Aircraft Classification Number）是描述飞机对标准地基道面产生影响的一个无量纲数字。影响 ACN 的因素有起落架尺寸、轮胎压力、飞机重量和重心等。

PCN（Pavement Classification Number）是描述道面无限制使用承载强度的一个无量纲数字。决定 PCN 的因素有道面类型（刚性或柔性道面）、基础强度和轮胎压力等。

当 ACN≤PCN 时，表示飞机可在该机场道面上无限制使用。当飞机的 ACN 大于道面的 PCN 时，将限制飞机的起飞重量，影响飞机的经济性。在机场当局的特许下允许超载 5% 使用（刚性条件）。

五、客舱布置

　　航空公司是依靠出售客座的机票来营利的，客舱空间是航空公司产品的核心，制造商和航空公司无不绞尽脑汁来充分利用这"寸土寸金"的客舱空间。客舱布局的设计，除了必须满足相关的适航要求（例如，旅客应急撤离适航要求限制了飞机的最大座位数）外，主要考虑三个要素：市场需求、航线距离和航空公司战略定位。

　　表4.10和表4.11分别比较了不同航空公司的A320中短程飞机和B777-200远程飞机的客舱布置。不同的航空公司面对不同的市场环境和有差异的客户群体，采用不同的市场战略定位，对客舱布局提出不同的要求。公商务旅客与休闲度假旅客，支付能力不同，对舒适性的感觉也不同。头等舱和公务舱的旅客的核心需求是旅客的身价、舒适的座椅和宽敞的环境；而经济舱旅客的核心需求是适宜的价格带来的可接受的座位安排。航线距

表 4.10　不同航空公司客舱布置比较：A320 中短程飞机

航空公司	客舱等级	排距（英寸）	座椅宽度（英寸）	分舱座位数	总座位数
中国国际航空	头等舱	36	21	8	158
	经济舱	31	18	150	
中国南方航空	头等舱	74	20	8	152
	超级经济舱	37	17.2	24	
	经济舱	35	17.2	120	
法国航空 （Air France）	商务舱	34	18	30	150
	超级经济舱	32	18	42	
	经济舱	32	18	78	
加拿大航空 （Air Canada）	商务舱	38	21.06	14	146
	经济舱	31～35	17.83	132	
美国捷蓝航空 （JetBlue Airways）	商务舱	38	17.8	42	150
	经济舱	34	17.8	108	
德国汉莎航空 （Lufthansa）	商务舱	30	17-18	36	150
	经济舱	30	17-18	114	
英国易捷航空 （easyJet）	经济舱	29	18	183	183

表 4.11　不同航空公司客舱布置比较：B777-200 远程飞机

航空公司	客舱等级	排距（英寸）	座椅宽度（英寸）	分舱座位数	总座位数
中国国际航空（Air China）	头等舱	60	25.1	12	314
	商务舱	42	21.9	49	
	经济舱	32~33	18	253	
新加坡航空（Singapore Airlines）	头等舱	60	21	12	288
	商务舱	50	20	42	
	经济舱	32~33	17.5	234	
美国航空（American irlines）	头等舱	64	30	16	247
	商务舱	60~61	21~26	37	
	经济舱	31~32	18.0~18.5	194	
法国航空（Air France）	头等舱	79	24	4	251
	商务舱	61	21.5	49	
	超级经济舱	38	19	24	
	经济舱	32	17	174	

离不同，旅客对客舱排距和餐饮的要求会大不相同。从表 4.10 可以看出，英国易捷航空公司 easyJet（低成本航空公司）面向休闲度假市场，它的 A320 飞机采用了排距 29 英寸的 183 座高密度布局，而国航对航空市场全面出击，它的 A320 飞机采用了三舱 158 座布局。

客舱座位数和客舱舒适性是此消彼长的关系。同类竞争飞机，如果它们的舱位划分不同，座椅排距不同，要进行运行成本对比分析显然是困难的，因为它们的客舱舒适性不同。合理的运行成本对比分析应该在"同等客舱舒适性"条件下进行。常见的方法是，对于所有的同类竞争飞机，都假设为单舱布局，排距为 32 英寸，按机身几何结构计算出符合适航要求的客舱座位数，并相应调整飞机的使用空重，然后进行运行成本对比分析。

第四节　飞机直接运行成本项目讨论

本节逐一讨论表4.5列出的飞机直接运行成本项目的定义和计算方法。运行成本通常基于平均轮挡航程来分析，得出单位航段的运行成本，或单位轮挡小时的运行成本。

各市场区域的直接运行成本项目定义不尽相同，有些直接运行成本项目受飞机运营的市场区域影响很大，例如机场收费和导航收费等，必须结合市场区域来讨论，也就是说，不同的市场区域有不同的计算方法。本节主要引用三种方法：① Liebeck 方法，适用于美国市场；② AEA 方法，适用于欧洲市场；③ CAAC 方法，适用于中国市场。在本章第五节中将进一步讨论这三种方法。

一、财务成本 (Financial Cost)

财务成本由与飞机资产有关的折旧、贷款付息和保险三部分构成。

折旧和贷款付息构成了所有权成本（Ownership Cost）。资产在其取得时为其支付的现金金额，被称为"原始成本"（Historical Cost）。折旧只是把购机（包括飞机和备件）的原始成本分摊到所期望的使用期中，并不包含债务和产权成本、成本的增长和为维持所期望的负债股权比的收益要求。利息成本从财务角度上表征了总的所有权成本与折旧成本之差。

如果飞机不是购买的而是来自经营租赁，航空公司没有飞机的所有权，支付的是租金（租金包含了折旧和所需承担的贷款付息），直接运行成本中的所有权成本就由租金来取代。由此看来，贷款付息虽是一种现金非运行成本项目，但作为所有权成本的组成部分列入直接运行成本，对于飞机经济性分析是合理的。

除财务成本外，其他飞机直接运行成本统称为"现金运行成本"（Cash Operating Cost，COC），因为它们与经营者所关注的运营现金流有关。飞机制造商有时为了突出地展示飞机的运营效能，在分析飞机直接运行成本时避开财务成本（即避开谈论飞机售价和融资），仅对现金运行成本进行分析。

1. 折旧成本（Depreciation Cost）

折旧是将购机的初始投资成本分配到各个收益期间的一种方法。折旧成本不属于现金成本，不会影响到航空公司的现金流，折旧的目的仅是为了把飞机的价值反映到各期的资产负债表中去。

折旧成本通常采用直线折旧法。每轮挡小时的折旧成本可用下式计算：

$$DC = TI \times (1 - RV)/(DEPR \times U)$$

式中：DC——折旧成本（美元/轮挡小时）；

TI——投资总额（美元），包括飞机采购价和初始备件采购价；

RV——飞机和备件的残值（投资总额的百分数）；

DEPR——飞机折旧年限；

U——飞机有效年利用率（轮挡小时/年）。

折旧成本的计算中涉及四个关键参数：投资总额、折旧年限和残值、飞机利用率和过站时间。下面介绍如何确定这些参数。

（1）投资总额（Total Investment）。

航空公司采购飞机时，为了保证飞机的正常运行，必须同时考虑飞机的客户改装和购置买方采购设备（BFE）的费用，以及购置初始备件（包括备用发动机）的费用。因此，购机总费用一般指的是"标准构型飞机采购价 + 客户改装和 BFE 附加费用 + 初始备件采购费"。飞机的售价通常对应于飞机的标准构型，依据客户需求进行的改装（例如加装客舱娱乐系统和附加的航电设备）将产生附加费用。飞机的标准构型中不包含购置买方采购设备（例如旅客座椅和厨房设施），买方可以委托制造商采购和安装，也可以自行采购和安装，都将产生附加费用。初始备件的需求很大程度上取决于机队规模和飞机利用率的要求。机队规模越大，初始备件的相对比例越低。飞机利用率要求越高，初始备件的比例越高。一般来说，初始备件采购费为飞机标准采购价的 10%（对应于机队规模 ≥ 10）；如果把机体备件和发动机备件分开计算，初始机体备件采购费约为机体采购价的 6%，发动机备件采购费约为发动机采购价的 20% ~ 23%。

购机的投资总额，除了购机总费用外，还包括航空公司需要支付的进口税、购置税（或增值税）和其他费用。

航空运输业和航空制造业作为国家的重要产业，航空产品的进出口受到国家政策的影响。例如，俄罗斯政府对俄罗斯已有生产能力的支线飞机的进口征收重税，对于俄罗斯尚未成功研发的大型客机的进口采用低税收政策。在中国，当进口飞机的使用空重高于 25 吨（对应于 100 座以上的客机）时，征收 5% 的增值税和 1% 的进口关税，这种低税率政策支持了我国航空运输业发展干线航空。当进口飞机的使用空重低于 25 吨（对应于 100 座以下的支线客机）时，征收 17% 的增值税和 5% 的进口税，采用这种正常税率政策的目的，在于适度限制中国有研发能力的支线飞机的进口，支持国产民用飞机的发展。对于国产民用飞机，国家提供税收减免的优惠政策。

（2）折旧年限（Depreciation Period）和残值（Residual Value）。

飞机的折旧年限应该根据飞机预期的使用寿命和期末残值（即在使用寿命的期末预期的飞机市场价值）来确定。飞机预期的使用寿命，用使用年限、飞行小时数或起落次数来表示，以先到者为准。一般来说，飞机的折旧年限乘以年有效利用率得到的飞机总飞行小时数，不应大于预期使用寿命规定的总飞行小时数。

延长飞机的折旧年限或增加期末残值，可降低飞机的折旧成本，改善账面的赢利状况。但是，延长飞机的折旧年限或增加期末残值，可能带来风险，首先，因为飞机越到折旧年限的后期，其赢利能力越弱；其次，如果预期的期末残值未能实现，在折旧期末将会出现账面亏损。值得注意的是，现役飞机预期的使用寿命和期末残值，常受到新一代飞机"意外"的冲击。新一代飞机的技术性能和运行成本的优势可能迫使老旧飞机提前退役，或使得老旧飞机的期末残值明显降低。

航空公司的折旧策略也受到国家税收政策的影响。按照一些国家的税制，利用缩短折旧年限（即加速折旧）来提高飞机的折旧成本，降低账面的赢利，从而减少纳税额，反而对航空公司有利。机队机龄较短的新加坡航空公司，就是利用加速折旧减少纳税额的典型例子。

表 4.12 给出了部分航空公司的飞机使用年限和残值数据。航空公司大多将飞机的折旧年限定为 15 ~ 25 年，残值定为 0 ~ 20%。对不同的机型，航空公司可能采用不同的折旧策略，例如意大利航空公司的宽体飞机的折旧期为 20 年，窄体机的折旧期为 18 年，螺桨支线机的折旧期为 14 年。对于一款在研制中的喷气客机来说，采用 20 年的折旧年限和 5% 的残值来分析飞机的经济性是适当的。

表 4.12　部分航空公司的飞机使用年限和残值数据

航空公司	资产类型	使用年限	年折旧率	残值
法国航空 （Air France）	飞机	20		0
意大利航空 （Alitalia）	长程飞机（B777、B767、MD11）	20	5%	10%
	中短程飞机（A321、A320、A319、MD80、ERJ145）	18	5.5%	5%～10%
	ATR72	14	7.14%	0%
美国航空 （American Airlines）	喷气飞机和发动机	20～30		5%～10%
英国航空 （British Airways）	B747-400、B777-200		3.7%	
	B767-300、B757-200		4.7%	
	A321、A320、A319、B737-400		4.9%	
	RJ145		4.8%	
美国大陆航空 （Continental Airlines）	喷气飞机和模拟器	20～27		15%
美国达美航空 （Delta Air Lines）	飞行设备	10～15		5%～40%
美国捷蓝航空 （JetBlue Airways）	飞机	25		20%
德国汉莎航空 （Lufthansa）	新机	12		15%
澳州航空 （Qantas）	喷气飞机和发动机	20		0～20%
	非喷气飞机和发动机	10～20		0～20%
瑞安航空 （Ryanair）	B737-200	20		50万美元
	B737-800	23		15%
北欧航空 （SAS）	飞机	20		10%
新加坡航空 （Singapore Airlines）	新旅客飞机	15		10%
	飞机和发动机	23～25		15%
瑞士国际航空 （Swiss International Air Lines）	飞机	10～15		5%～20%

（4）利用率（Utilization）和过站时间（Turn-around Time）。

飞机有效利用率定义为飞机每日（或每年）飞行的轮挡小时数，是航空公司运营的关键指标之一。追求高利用率是低成本航空的重要经营特色。飞机所有权成本是固定成本，高的飞机有效利用率有利于把飞机所有权成本分摊到更多的飞行起落上，从而降低座公里成本。

飞机有效利用率与飞机飞行的平均航段距离、平均过站时间之间存在紧密的关系。这一关系可用下式来表达：

$$U = \frac{U_t}{\text{BT} + T_t} \times \text{BT}$$

式中：U——飞机有效年利用率（轮挡小时/年）；

$\quad\quad$ U_t——飞机年总利用率（小时/年），包括飞行的轮挡小时和过站时间；

$\quad\quad$ BT——平均轮挡时间（小时）（Average Block Time）；

$\quad\quad$ T_t——平均过站时间（小时）（Average Turn-around Time）。

式中的 $\dfrac{U_t}{\text{BT} + T_t}$ 对应于每年飞机的起落次数。图 4.6 给出了按上式计算出的飞机有效年利用率与平均航线距离、过站时间的关系。计算中假设飞机年总利用率为 4 500 小时（即日利用率为 12.3 小时），按照现役喷气窄体客机的水平和给定的平均航线距离计算出轮挡时间。图 4.6 曲线清楚表明，过站时间越长，飞机有效年利用率将越低，对于平均航线距离短的飞

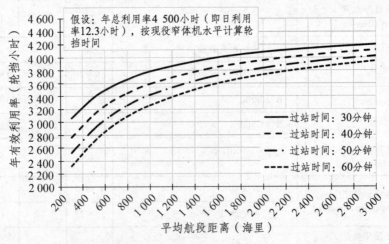

图 4.6　飞机有效年利用率与平均航线距离、过站时间的关系

机尤为敏感；平均航线距离越短，飞机起落次数则越多，飞机有效年利用率将越低。显然，平均航线距离较短的螺桨支线飞机很难达到高的有效年利用率，而在国际远程航线上运行的宽体机的有效年利用率往往比较高。

飞机在前一次飞行着陆后至执行下一次起飞前的时间，称为过站时间。在这一时间段，飞机必须停留在登机口，以便前一次航班旅客下飞机、卸下行李和货物，执行必要的飞机保养、清扫、补充食品和加油后，下一次航班旅客登机、装载行李和货物。过站时间受到飞机设计因素（例如快捷的装卸货设计和互不干涉的服务口盖布置等）、机场设施和空中管制的限制，也受到航线结构的限制。网络航空公司"枢纽—辐射"式航线结构需要的过站时间要长一些，因为这种航线结构要求干线与支线航班能够同步衔接，以提高上座率。低成本航空公司"点对点"式航线结构需要的过站时间则要短得多，有利于提高飞机的有效利用率。表 4.13 提供了欧洲航管（EUROCONTROL）给出的过站时间推荐值。

表 4.13　欧洲航管的过站时间推荐值 （单位：分钟）

飞机分类	低	中	高
重　型	60	67.5	75
中　型	40	47.5	55
轻　型	30	37.5	45

飞机利用率除了受到平均航线距离和过站时间的影响外，还受到其他多种因素的影响，包括飞机设计特点、技术可靠性、航空公司维修规划、经营理念、机队规模、市场需求特点和人员素质等。例如，飞机维修定检时间间隔和定检项目范围，对飞机停场时间产生影响，维修性是航空公司特别关注的影响飞机有效利用率的重要因素；飞机系统和部件的意外故障可能引起附加的停场维修，派遣可靠性对飞机有效利用率的影响很大；机龄的增加将增加维修需求，从而降低飞机有效利用率；航空公司必须保留有一定量的停场备用飞机，一旦某架飞机因技术故障时能够顶替故障飞机以保证航班的正常执行，这将影响飞机的有效利用率。低成本航空公司利用单一机型、较大的机队规模，把停场备用飞机数降至最低，有效地提高了飞机的利用率。

下面举例讨论折旧成本的计算方法和飞机利用率、过站时间的影响。

大多数航空公司的折旧成本计算采用直线折旧法。假设单架飞机的投资总额 5 000 万美元，折旧年限 20 年，残值 5%，飞机年总利用率 4 500 小时，运行的平均航线距离 500 海里，轮挡时间 1.52 小时，平均过站时间 40 分钟。依据前面给出的公式计算得到飞机年有效利用率为 3 126 轮挡小时，那么按照直线折旧法，每轮挡小时的折旧成本 = 5 000 万美元 × (1 − 5%) ÷ 20 ÷ 3 126 = 760 美元。如果平均过站时间从 40 分钟缩短至 30 分钟，则飞机年有效利用率为 3 384 轮挡小时，每轮挡小时的折旧成本 702 美元，折旧成本降低 7.6%。由此可见，提高飞机利用率和缩短过站时间对折旧成本的影响是明显的。

2. 利息成本（Interest Cost）

利息成本的确定，取决于购机融资的方式和条件。飞机是昂贵的，很少有航空公司有能力为其机队直接支付现金。航空公司的机队来源主要有下述三种方式：直接贷款、融资租赁和经营租赁。

（1）直接贷款（Direct Lending）。

直接贷款，指的是直接通过银行机构获得贷款来购机。由于飞机很昂贵，通常由多家银行组成的财团提供贷款，大多数的直接借贷要以飞机为抵押。一般来说，借贷者很难得到购机的无担保贷款，除非借贷者有很高的信誉度和稳定的现金流。依据经济合作发展组织（Organization for Economic Cooperation and Development，OECD）所发布的"大型航空器协定"（Large Aircraft Sector Understanding，LASU），一些国家的政府通过输出信用机构（Export Credit Agency，ECA）来支持本国生产的飞机出口。这种政府间的协议，可为购机者提供高于最优惠利率 120 ~ 175 个基点（即 1.2% ~ 1.75%）的 10 ~ 12 年期的贷款。在直接贷款购机的方式下，航空公司拥有飞机的所有权，可以利用分摊折旧成本的方法来减少纳税额。

（2）融资租赁（Finance Leasing）。

融资租赁是一种对航空公司具有较大吸引力、航空公司接近于"实际拥有飞机"的长期融资方式，租赁期终航空公司可以购得飞机或自动取得飞机。融资租赁交易比较复杂，租赁公司通常通过建立一个合法的"特殊目的公司"（Special Purpose Company）来购买飞机，对财务风险进行剥离，采取资产转让的方式把飞机提供给航空公司，达到投资者合理避税和航空公司降低融资成本的目的。承租人可以在飞机使用寿命期内分摊折旧成本，抵扣收益以减少纳税，抵扣付给债权人的利息。

（3）经营租赁（Operating Leasing）。

从飞机租赁公司租用飞机，是航空公司获得飞机使用权的常用方式。国际租赁金融公司（ILFC，International Lease Finance Corporation）和通用电气航空服务公司（GECAS，GE Commercial Aviation Services）是全球实力最雄厚的两家飞机租赁公司。利用经营租赁的灵活性，航空公司可以使得自己的机队尽可能地与市场需求相匹配。经营性租赁的租期通常短于10年，因为经营性租赁的基本客户，是试探性扩张市场的航空公司或是刚组建机队的新航空公司，较短的租期对于它们更有吸引力；此外，较短的租期有利于避免飞机的陈旧过时。租约到期时飞机的残值是出租人最为关注的，出租人可能要求飞机归还时处于与交付时相同的维护状态（例如处于C检之前状态），以便转交给下一个承租人。出租人通常要求承租人预付租赁保证金。

"湿租"是飞机与其机组一起租赁的特殊形式的经营租赁，适用于临时性突发市场需求。"售后回租"也是一种经营租赁，航空公司通过付现交易卖掉自己的飞机，然后将原机租回，向购机者定期支付租金，售后回租使得航空公司能够灵活改变其机队规模。

当利用经营租赁获得飞机使用权时，航空公司只需付租金，没有折旧成本。当利用直接贷款或融资租赁获得飞机时，可以认为航空公司拥有飞机所有权。不同的融资和还贷条件，利息成本有较大的差异。

利息成本的一般计算方法叙述如下。每期支付的本息可用下式计算：

$$PMT = \frac{LOAN}{[1-(1/(1+i)^{NP}]\times(1/i)}$$

式中：PMT——每期支付的本息；

　　　LOAN——贷款总额（投资总额×贷款比例）；

　　　i——每期利息（年息/每年还款次数）；

　　　NP——还款总次数（每年还款次数×贷款年限）。

还本付息的总额是NP×PMT，扣除本金（即LOAN）后，除以使用年限中飞行的总轮挡小时数（即DEPR×U），就得到每轮挡小时的利息成本：

$$IC = \frac{NP\times PMT - LOAN}{DEPR\times U}$$

式中：IC——每轮挡小时的利息成本；

　　　　DEPR——飞机折旧年限；

　　　　U——飞机有效年利用率（轮挡小时/年）。

　　下面举例讨论利息成本的计算方法和飞机利用率的影响。我们仍然假设单架飞机的投资总额 5 000 万美元，折旧年限 20 年，飞机年总利用率 4 500 小时，平均航线距离 500 海里，轮挡时间 1.52 小时，平均过站时间 40 分钟，因而飞机年有效利用率为 3 126 轮挡小时。贷款购机的条件是：100% 的投资总额来自贷款（即 LOAN = 5 000 万美元），贷款年限 20 年，每年还贷 2 次（即 NP = 40 次），贷款年息 8%（即 i = 4%）。依据本息计算公式计算得到每期应支付的本息（PMT）为 252.6 万美元，依据利息成本计算公式计算得到每轮挡小时的利息成本为 816 美元。结合前面在相同条件下计算得到的每轮挡小时折旧成本 760 美元，所有权成本为每轮挡小时 1 576 美元。如果平均过站时间从 40 分钟缩短至 30 分钟，则飞机年有效利用率为 3 384 轮挡小时，每轮挡小时的利息成本 754 美元，利息成本降低 7.6%。

　　下面简单讨论一下当飞机来自经营租赁时月租金的估算。估算公式与本息计算公式类似，只是贷款总额应扣除去残值：

$$LR = \frac{LOAN - RV}{[1 - (1/(1+i)^{NP}] \times (1/i)}$$

式中：LR——月租金（Lease Rate）；

　　　　RV——残值（Residual Value）；

　　　　i——每期利息（年息/12），租飞机每月还款 1 次；

　　　　NP——还款总次数（12 × 租赁年限），通常租赁年限 10 年。

　　假设租赁公司购机的投资总额 5 000 万美元，贷款年息 8%，租赁年限 10 年，期末残值 30%。依据上式计算得到月租金为 42.46 万美元。如果飞机年有效利用率为 3 126 轮挡小时，则每轮挡小时的租金成本 1 630 美元。残值问题将在以后的章节详细讨论。

3. 保险成本（Insurance Cost）

　　航空保险的承保范围包括：① 机身险（Hull Insurance）：飞机及其附件的意外损失或损坏；② 第三者责任险（Third Party Liability Insurance）：由于飞机或从飞机上坠人、坠物造成第三者的人身伤亡或财物损失；③ 旅客法定责任险（Passenger Legal Liability Insurance）：由于旅客在乘坐飞机时发生意外，造成旅客的人身伤亡或所携带和交运的行李、物体的损失，和因延迟而造成的损失。

欧美航空公司和飞机制造商通常把旅客法定责任险列为飞机间接运行成本项目，仅把与飞机有关的机身险和第三者责任险列为飞机直接运行成本项目。与飞机有关的保险，与飞机价格、航空公司安全纪录、机队规模、机龄和经营模式等有关。例如，波音公司采用的、与飞机有关的年保险费率的标准取值（1993 年数据）是：骨干航空公司为 0.35% 的飞机价格，低成本航空公司为 0.7% 的飞机价格，货运航空公司为 0.85% 的飞机价格。表 4.14 列出了中国民航公布的保险费率。

表 4.14　中国民航公布的保险费率

类　别		年费率或收费标准	说　明
机身险		0.52%	宽体机（仅限于保额在 5 000 万美元以上的）
		0.57%	其他型号（不包括苏制及国产飞机）
		1.2%	国产及苏制飞机
旅客法定责任险	国际航线	0.34～0.5 美元/RPK	以预计 RPK 数预收保费，保单到期时按实际完成 RPK 数字调整保费
	国内航线	0.23～0.4 美元/RPK	
第三者责任险		200 000.00 美元	整个民航机队收取

每轮挡小时的保险成本可用下式计算：

$$INC = AP \times AIR/U$$

式中：INC——保险成本（美元/轮挡小时）；

　　　AP——飞机采购价（美元）；

　　　AIR——飞机年保险费率（Annual Insurance Rate）（飞机采购价的百分数）；

　　　U——飞机有效年利用率（轮挡小时/年）。

假设飞机的销售价 4 500 万美元，年保险费率为 0.35% 的飞机价格，飞机年有效利用率为 3 126 轮挡小时，那么，年保险费为 15.75 万美元，每轮挡小时的保险成本 50 美元。

二、燃油成本 (Fuel Cost)

燃油价格（单位：元/千克或美元/千克）乘以飞机所飞航段的耗油量（包括发动机及 APU 耗油）（单位：千克），就得到所飞航段的燃油成本。国际上常以容积来计量油量，此时必须考虑航空燃油的密度，常用的航空燃油的密度是 6.7 磅/美加仑（即 0.803 千克/升）。

假设燃油价格 2.5 美元/美加仑（即 0.823 美元/千克），飞行的平均轮挡航程 500 海里，轮挡时间 1.52 小时，轮挡耗油 3 416 千克。计算得到飞行 500 海里轮挡航程的燃油成本为 2 810 美元，每轮挡小时的燃油成本为 1 849 美元。

1. 燃油价格

燃油价格节节攀升（见图 4.7），使得燃油成本成为飞机直接运行成本中最大的单项成本（见图 4.8）。有些航空公司希望利用燃油套期保值或购买燃油期货来缓解油价上涨的压力，有些航空公司从油价较低的机场携带回程油以平抑高油价，有些航空公司要求政府放宽对油料市场的管控以增加市场竞争，而大多数航空公司都期待加速机队更新，提高机队的燃油效率，以应对难以预测的未来油价趋势。

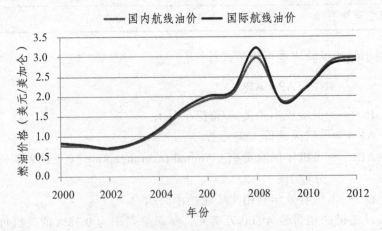

图 4.7　美国航空公司燃油价格变化[①]

---

① 资料来源：美国运输统计局。

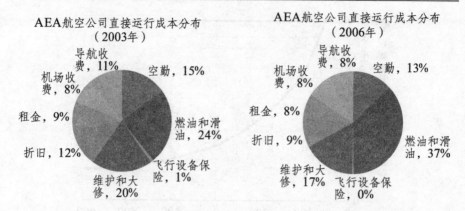

图 4.8　AEA 航空公司直接运行成本演变（2003—2006 年）

2. 飞机油耗

飞机是通过消耗燃油的化学能来获得航程的，飞机的燃油消耗量在很大程度上取决于飞机的升阻特性（即气动设计）、飞行重量（即结构设计）和动力装置热效率（即发动机设计）等设计状态，也受到运营航线的特性（航线距离、飞行高度层、航路风速和风向、备份油策略以及机场的拥挤程度等）的影响。在本章第三节中，我们已经详细讨论了确定飞机燃油消耗量（即轮挡耗油）的方法。

3. 上座率对飞机油耗的影响

轮挡耗油数据通常对应于 100% 上座率（Load Factor）和无货载条件；对于货机来说，对应于最大体积限制商载条件。当上座率低于 100% 时，飞机油耗量应作相应修正。如果缺乏修正上座率影响的数据，可以借用下述通用公式来估算：

$$D_{\text{FUEL}} = (\text{FCF})/100 \times (D_{P/L})/1\,000 \times \text{BF}_{@100\%P/L}$$

式中：D_{FUEL}——燃油修正量（磅）；

　　　FCF——燃油修正因子（见图 4.9）；

　　　$D_{P/L}$——商载变化量（磅）；

　　　$\text{BF}_{@100\%P/L}$——100% 上座率时的轮挡耗油（磅）。

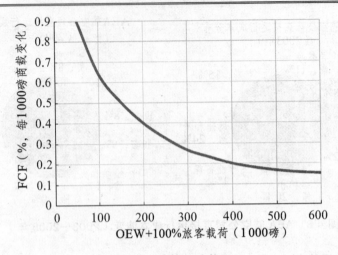

图 4.9　轮挡耗油修正

　　假设 150 座的 A320 飞机飞行 500 海里航段，已知飞机数据如下：OEW = 41 244 kg（90 928 lb），旅客平均重量标准 102 kg（225 lb），100% 上座率时的轮挡耗油 3 416 kg。计算得到：

$$OEW + 100\% \text{ 旅客负荷} = 124\ 659\ lb$$

　　从图 4.9 查得，燃油修正因子 FCF = 0.572，依据上式可以计算得出，每减少一名旅客，耗油减少 4.4 kg。

　　从上述简单算例可以引出经济学上的一个重要概念——"边际成本"（Marginal Cost）。边际成本的定义是：每增加一个单位产出需要付出的额外成本。上述算例告诉我们，A320 飞机飞行 500 海里的航线，机票价格约 1 000 元，多卖出一张机票的额外成本不足 50 元（相当于一份便餐和 4.4 kg 燃油）。边际成本低是航空公司为了高上座率频繁挑起价格战的根源。正因为边际成本低，在 DOC 分析中通常假设上座率 100%，而不考虑上座率对运行成本的影响。

三、维修成本（Maintenance Cost）

　　在飞机 DOC 分析中，维修成本分析最为棘手。维修成本由航线维护、基地维修、部件维修和发动机维修四部分构成，依据维修间隔要求呈周期性变化，与机型、机龄、运行因素以及航空公司经营模式等有关。维修成本分析模型，通常是利用航空公司运营飞机中长期积累的飞机维修成本数据，进行统计回归分析后建立的。

1. 维修任务的构成

定期维修是保持飞机结构、发动机、系统和部件处于适航状态所必需的。飞机和发动机制造商针对每种机型或发动机系列会发布《维修计划文件》（Maintenance Planning Document，MPD），详细规定最低维修要求和维修时间间隔等，通常把维修任务从低等级到高等级划分为航线维护、A检、B检、C检和D检，以便运营商做定检计划。表 4.15 概述了各类维修的典型范围和需要时间。现代客机（例如 B737NG 系列和 B777）采用以任务为导向的维修体制 MSG-3，把维修任务组成工作包，使得维修与运行要求更为匹配，"字母检"的区分已不是那么重要了，但是，业界通常依然沿用"字母检"的说法。

表 4.15 各类维修的典型范围和需要时间

检查类型	地点	维修检查范围	需要时间
航线维护	机场	日常检查（每日首次飞行前和每次过站时），包括目视检查，检查液体量、轮胎、刹车和应急设备等	约 1 小时
A 检	机场	日常小修，发动机检查	约 10 小时（一个夜班）
B 检	机场	如果执行，类似于 A 检，但任务不同（可能在两次 A 检之间执行）	10 小时到约 1 天
C 检	基地	机体结构检查，打开检查口盖，常规和非常规维修，空车试验	3 天到约 1 周
D 检	基地	除漆后做机体主结构检查，拆卸发动机，拆卸起落架和襟翼，拆卸仪表、电子电气设备、内设配件（座椅和壁板），拆卸液压和气动部件	约 1 个月

注：需要时间取决于检查所发现的缺陷。

表 4.16 列举了 12 种机型各类维修的典型维修间隔。维修间隔是依据飞行小时、飞行循环或日历月来确定的。以 A320 为例，C 检的维修间隔

是 18～20 个日历月或 6 000 飞行小时或 3 000 个飞行循环,以先到者为准。如果飞机利用率很高且飞行短航程,则 C 检取决于飞行循环(在达到 6 000 飞行小时之前先达到 3 000 个飞行循环);如果飞机利用率很高但飞行长航程,则 C 检取决于飞行小时;如果飞机利用率很低,C 检取决于日历月。B 检不常见,仅用于旧型号飞机。A 检加 C 检占总维修成本的 40%～50%。

表 4.16　各类维修的典型维修间隔

机　型	A 检	B 检	C 检	D 检
B737-300	275FH	825FH	18M	48M
B737-400	275FH	825FH	18M	48M
B737-500	275FH	825FH	18M	48M
B737-800	500FH		4000～6000FH	96～144M
B757-200	500-600FH		18M/6000FH/3000FC	72M
B767-300ER	600FH		18M/6000FH	72M
B747-400	600FH		18M/7500FH	72M
A319	600FH		18～20M/6000FH/3000FC	72M
A320	600FH		18～20M/6000FH/3000FC	72M
A321	600FH		18～20M/6000FH/3000FC	72M
ATR42-300	300-500FH		3000～4000FH	96M
ATR72-200	300-500FH		3000～4000FH	96M

注:FH——飞行小时;FC——飞行循环;M——日历月。

当两种检查重叠时,低等级的检查包含进高等级的检查。以 A320 为例,假定每 600 FH 做一次 A 检,则第 10 次 A 检与 C 检相遇,A 检可以变成更为重要的 C 检的一部分。航空公司在制定维修计划时,可能因飞机 D 检时间正好与旅客高峰期冲突,或机库无空间,提前或推后安排。

2. 影响维修成本的因素

影响维修成本的因素,可以归纳为三类:航空公司经营模式、机型和机龄、飞机运行因素。

(1)航空公司经营模式的影响。

航空公司通常会将部分维修业务转包给专业维修公司去完成,以便减少在维修工程方面的资金、人员、设备、培训和备件等的投入。航空公司与维修公司签署长期维修协议，定期向维修公司支付维修服务费用，也可使得维修成本可预测，避免经费预算的峰值。一般来说，对于机体维修，外包的比例越高，维修成本将越高；对于发动机维修，外包的比例越高，维修成本将越低。此外，无论是公司内维修还是外包维修，都包含有行政管理和设备分摊成本，即间接维修成本。也就是说，在维修成本分析中，往往包含有间接维修成本。

（2）机型和机龄的影响。

新型民用飞机采用低维修成本的新型材料和结构，其系统/设备维护系统的故障检测、诊断、记录和存储能力大幅提高，机型系列化发展使得各机型的维护技术和标准、机载设备和部件具有高度的共通性，比起老一代的飞机，其备件储备的要求要低得多，维修成本也显著降低。

飞机及其发动机的维修成本随机龄而变。在制造商的商保期内的新机的维修成本相对较低，之后随机龄的增加维修成本稳态上升。达到成熟期（约不短于 5 年）后，飞机有稳定可预测的维修成本。老龄飞机要求做明显多的、因适航通报或防锈导致的非常规或补救性维修，维修成本再次上升。

图 4.10 给出了总维修成本与平均机队机龄的关系，统计数据处理时把平均机队机龄划分为 0～6、6～12 和 12 年以上三段，并假设平均机队机龄 6 年的总维修成本为 1.0。数据表明，对于成熟机型，机龄为 0～6 年时，维修成本的年均增长率为 17.6%；机龄为 6～12 年时，维修成本的年均增长率为 3.5%；机龄为 12 年以上时，维修成本的年均增长率为 0.7%。

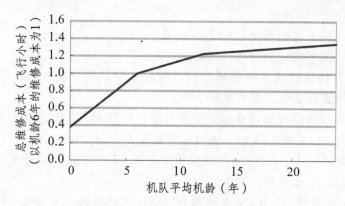

图 4.10　机龄对总维修成本的影响

（3）飞机运行因素的影响。

飞机利用率和运行的平均航段距离对维修成本产生重要影响。当飞机利用率较低时，航线维护要照常进行，飞机的 C 检和 D 检的维修间隔取决于日历月，维修成本与利用率高低关系不大，分摊到每个飞行小时的维修成本将很高。当平均航段距离较短时，飞行循环数将很高，导致与飞行循环数密切相关的系统和部件（包括发动机、机身增压舱、舱门、起落架、襟/缝翼、刹车和轮胎等）维修成本明显增加。

在偏远地区运营的航空公司会担忧备件送达的额外成本和时间代价；在沙漠地区运营的航空公司要考虑沙尘对发动机和机体的损害；在沿海地区运营的航空公司会面临较严重的腐蚀问题。

3. 维修成本统计数据

国际航空运输协会（International Air Transport Association，IATA）的"维修成本特别小组"（Maintenance Cost Task Force）2011 年依据 40 家航空公司 3312 架飞机的 2009 年的数据分析，公布了下述有关维修成本的统计数据：

（1）单位飞行小时的平均直接维修成本：窄体机 682 美元，三发或三发以上的宽体机 1 430 美元，双发宽体机 1 204 美元，喷气支线机 461 美元；

（2）平均间接维修成本：占总维修成本的 24%；

（3）发动机维修成本：占维修成本的 43%，3/4 的发动机维修工作外包（不包括公司内维修购买的材料）；

（4）对供应链的依赖性（包括提供维修和材料）：供应商获得 80%直接维修成本；

（5）飞机平均利用率：8.82 小时/日；

（6）飞机平均轮挡时间：2.46 小时；

（7）直接维修成本按市场类型的分配：发动机维修 43%，航线维护 17%，基地维修 20%，部件维修 20%；

（8）直接维修成本按成本类型的分配：外包 58%，劳务 21%（公司内工时费率平均 38 美元/人时，各地区差异较大），材料 21%；

（9）宽体机中，A330 直接维修成本最低（811 美元/飞行小时），MD11 最高（2 212 美元/飞行小时）；

（10）窄体机中，A320 系列和 B737NG 直接维修成本最低（600 美元/飞行小时），MD90 最高。

4. 维修成本分析方法

维修成本分析方法通常基于平均轮挡距离来分析，把飞行循环和飞行时间这两个要素与维修成本联系起来，得出单位航段的维修成本，或单位飞行小时的维修成本。分析中把维修成本分解为下述六个组成部分：机体（包含 APU）劳务、材料和管理成本，发动机劳务、材料和管理成本。

下面介绍三种维修成本分析方法：Liebeck 方法、AEA 方法和 Harris 方法。三种方法各有特点，前两种方法适用于竞争分析和新机优化设计，后一种方法适用于航空公司机队运行经济性评估。

（1）Liebeck 方法。

维修成本 MC 由机体和发动机的直接维修劳务成本、材料成本和管理成本构成。其中，机体的直接维修劳务成本和材料成本基于波音公司提出的参数方程，发动机的维修成本基于发动机制造商提供的数据。

飞机维修成本 MC（单位：美元/航段）是下述 6 项之总和。其中，前 3 项之和是机体维修成本，后 3 项之和是发动机维修成本。

① 机体维修劳务成本 AMLC：

$$AML_{FH} = 1.26 + (1.774 \times (AFW/10^5) - 0.170\ 1 \times (AFW/10^5)^2$$

$$AML_{FC} = 1.614 + (0.722\ 7 \times (AFW/10^5) + 0.102\ 4 \times (AFW/10^5)^2$$

$$AML = AML_{FH} \times \text{FH} + AML_{FC}$$

$$AMLC = AML \times R$$

式中：AML_{FH}——与飞行小时有关的机体维修小时数（单位：维修小时数/
　　　　飞行小时）；

　　　AFW——机体重量（单位：磅），AFW 等于制造空重减去发动机干重；

　　　AML_{FC}——与飞行循环有关的机体维修小时数（单位：维修小时数/
　　　　飞行循环）；

　　　AML——机体维修劳务小时数（单位：维修劳务小时/航段）；

　　　FH——每航段飞行小时数（单位：飞行小时/航段），通常地面机动
　　　　时间是 15 分钟，因而 FH 等于轮挡小时减去 0.25 小时；

　　　R——维修劳务费率（单位：美元/小时），Liebeck 方法中取 25 美元/
　　　　小时，在应用中，应采用与经济环境相适应的维修劳务费率；

　　　$AMLC$——机体维修劳务成本（单位：美元/航段）。

② 机体维修材料成本 AMMC：

$$AMM_{FH} = (12.39 + 29.80 \times (AFW/10^5) + 0.180\ 6 \times (AFW/10^5)^2) \times F_{CPI}$$

$$AMM_{FC} = (15.20 + 97.33 \times (AFW/10^5) - 2.862 \times (AFW/10^5)^2 \times F_{CPI}$$

$$AMMC = AMM_{FH} \times FH + AMM_{FC}$$

式中：AMM_{FH}——与飞行小时有关的机体维修材料成本（单位：美元/飞行小时）；

$\quad\quad AMM_{FC}$——与飞行循环有关的机体维修材料成本（单位：美元/飞行循环）；

$\quad\quad AMMC$——机体维修材料成本（单位：美元/航段）；

$\quad\quad F_{CPI}$——消费者价格指数修正系数，对于 1993—2009 年，$F_{CPI} = 1.47$。

③ 机体维修管理成本 AMOC：

$$AMOC = 2.0 \times AMLC$$

④ 发动机维修劳务成本 EMLC：

$$EML = (0.645 + (0.05 \times SLST/10^4)) \times (0.566 + 0.434/FH) \times FH \times N_E$$

$$EMLC = EML \times R$$

式中：EML——每航段发动机维修小时数（单位：维修小时数/航段）；

$\quad\quad$ SLST——单台发动机未安装海平面静推力（单位：磅力）；

$\quad\quad N_E$——每架飞机的发动机数；

$\quad\quad$ EMLC——每航段发动机维修劳务成本（单位：美元/航段）。

⑤ 发动机维修材料成本 EMMC：

$$EMMC = ((25 + (0.25 \times SLST/10^4)) \times (0.62 + 0.38/FH) \times FH \times N_E) \times F_{CPI}$$

式中：EMMC——每航段发动机维修材料成本（单位：美元/航段）。

⑥ 发动机维修管理成本 EMOC：

$$EMOC = 2.0 \times EMLC$$

（2）AEA 方法。

维修成本 MC 由机体维修劳务成本和材料成本、发动机维修劳务成本和材料成本构成。该方法的特点是，在发动机维修成本计算中，考虑了发动机设计参数的影响。

① 机体维修劳务成本 AMLC（单位：美元/轮挡小时）：

$$AMLC = R[(0.09AFW + 6.7 - 350/(AFW + 75)) \times (0.8 + 0.68(t - 0.25)/t)]$$

式中：AFW——机体重量（单位：吨），即制造空重减去发动机重量；

t——轮挡时间（单位：小时），其中地面时间是 0.25 小时，即空中时间是（$t - 0.25$）；

R——维修劳务费率（包含消耗）（单位：美元/工时），在应用中应采用与经济环境相适应的维修劳务费率。

② 机体维修材料成本 AMMC（单位：美元/轮挡小时）：

$$AMMC = [4.2 + 2.2(t - 0.25)]/t \times 机体交付价$$

式中的机体交付价（百万美元）指的是飞机交付价减去发动机价格

③ 发动机劳务成本 EMLC：

与时间有关的发动机劳务成本 L_t（单位：美元/飞行小时）：

$$L_t = 0.21RC_1C_3(1 + SLST)^{0.4}$$

式中：$C_1 = 1.27 - 0.2BPR^{0.2}$；

$C_3 = 0.032n_c + k$；

SLST——海平面起飞静推力（单位：吨）；

BPR——函道比；

n_c——压气机级数（包括风扇）；

k——轴数的函数。当轴数为 1、2、3 时，k 分别为 0.52、0.57、0.64。

与起落次数有关的发动机劳务成本 L_C（单位：美元/飞行循环）：

$$L_C = 1.3L_t$$

④ 发动机材料成本 EMMC：

与时间有关的发动机材料成本 M_t（单位：美元/飞行小时）：

$$M_t = 2.56(1 + T)^{0.8}C_1(C_2 + C_3)$$

式中：$C_2 = 0.4(OAPR/20)^{1.3} + 0.4$；

OAPR——总压比。

与起落次数有关的发动机材料成本 M_C（单位：美元/飞行循环）：

$$M_C = 1.3L_t$$

发动机维修成本（EMC）由上述四项构成，它们的单位不同，当单位统一为"美元/轮挡小时"时，可综合写为下式：

$$EMC = N_E(L_t + M_t)(FH + 1.3)/(FH + 0.25)$$

式中：N_E——每架飞机的发动机数；

　　　　FH——空中时间，等于（$t - 0.25$）。

综上所述，飞机维修成本 MC（单位：美元/轮挡小时）：

$$MC = AMLC + AMMC + EMC$$

（3）Harris 方法。

该方法是 Franklin Harris 在 2005 年发表的《An Economic Model of U. S. Airline Operating Expense》（NASA CR-2005-213476）中采用的方法。该模型基于对 67 家美国航空公司 1999 年向美国运输部报告的运营数据的回归分析。该方法的特点是，考虑了航空公司营运特点的影响，适用于对现役机队进行经济性分析。

维修成本 MC 是机体维修成本 AMC 与发动机维修成本 EMC 之总和。

① 机体维修成本 AMC：

$$AMC = K[(W_{REF})^{0.721\,18}(FH)^{0.460\,50}(DEP)^{0.320\,62}(NAC)^{0.207\,00}(1 + 公司内维修比例)^{-0.431\,77}]$$

② 发动机维修成本 EMC：

$$EMC = K[(SLST)^{0.896\,50}(N_E)^{0.923\,40}(FH)^{0.153\,44}(DEP)^{0.375\,35}(NAC)^{0.442\,9}(1 + 公司外维修比例)^{-0.347\,04}]$$

式中：K(常数) = ST × 1.73 × (CF)(MF)(ET)。

　　　ST——服务类型。客机取 1，货机取 1.325 2。

　　　ET——发动机类型。涡扇取 1，涡桨取 1.264 4。

　　　MF——飞机型别因子。最早期机型取 1（例如 B737-1/2），早期机型取 0.710 4（例如 B737-300），近期机型取 0.514（例如 B737-500），较新机型取 0.426 0（例如 B737-800），最新机型取 0.35（例如 B777）。

CF——航空公司成本因子。很低取 0.447 0；低取 0.833 9；平均取 1.0，高取 1.301 9。

W_{REF}——参考重量（单位：磅），W_{REF} 等于最小使用空重减去发动机干重。

FH——机队全年的飞行小时数。

DEP——机队飞机全年的起降次数。

NAC——该年份机队的飞机数。当 NAC = 1，FH 和 DEP 仅对应于一架机时，维修成本 MC 的计算结果就对应于一架机的全年维修成本。

SLST——海平面标准大气条件下的动力装置推力（单位：磅）。

N_E——每架飞机的发动机数。

图 4.11 中以 A320 飞机为例，对不同的维修成本分析方法进行了比较。其中，在 AEA 方法中，采用了与 IATA 统计数据中相同的维修劳务费率（38美元/小时）；在 Liebeck 方法中，采用了较低的维修劳务费率（32 美元/小时），因为该方法单独考虑了管理成本。AEA 方法和 Liebeck 方法的结果与 IATA 统计数据吻合性较好。Harris 方法由于依据的是十多年前的统计数据，结果偏低。

中国航空公司目前缺乏多机型长期积累的、可利用的维修成本统计数据，难以建立自己的维修成本分析模型，建议在飞机维修成本分析中，在维修劳务费率作相应调整的基础上，直接借用 AEA 方法或 Liebeck 方法。

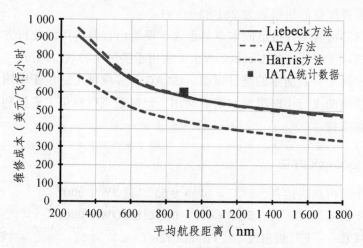

图 4.11 A320 飞机：不同维修成本分析方法比较

四、飞行机组成本 (Flight Crew Cost)

飞行机组成本包括工资（含社会福利）、驻外津贴和培训费。飞机的吨位不同，飞行速度不同，飞行机组的工资和福利待遇等级有差异。地区不同、航空公司运营的市场（低成本航线、国内干线或国际干线）不同，飞行机组的工资和福利待遇会有很大差异。培训费有改装费和复训费两种，涉及飞行模拟器租金和出差补贴等。当航空公司机队的机型具有较高共通性（同一系列机型）时，可以大幅降低改装培训费。中国民用航空的迅速发展，造成了飞行员暂时短缺的问题，航空公司为此付出了飞行员引进和培训的巨额代价。

现代民机通常配备两人机组（机长和副驾驶），在远程航线上，可能需要增加备份机组。中国民航规定，值勤时间（包含航前、航后、过站和飞行时间）11 小时以上配备双机组。中国民航对在高高原机场运行飞机的飞行机组，提出了严格的飞行员资格和培训要求，这将大幅增加飞行机组成本。飞行机组每年的飞行小时数是有条例限制的，欧美飞行机组每年的飞行小时数一般为 800 飞行小时，中国民航规定每年的飞行小时不超过 1 000 小时（每月 83 小时）。因此，每架飞机需要配备的机组数，要依据飞机的利用率和机组的限定飞行小时数来确定。假设飞机的有效年利用率 3 126 轮挡小时，平均分配到 11 个月，每月 281 轮挡小时，那么按照中国民航的规定，需要配备的机组数为 281/83 = 3.41。

航空公司的飞行机组成本差异很大，要给出普遍适用的分析方法是不切实际的。下面给出的 Liebeck 方法（适用于美国）和 AEA 方法（适用于欧洲）实际上只是简单的统计模型。CAAC 计算模型（适用于中国）考虑了飞行机组的飞行小时限制和培训费用，但缺乏飞行机组工资福利的实际统计数据支持。

1. Liebeck 方法

对于国内航线运营，FCC = 440 + 0.532(MTOW/1 000)

对于国际航线运营，FCC = 482 + 0.590(MTOW/1 000)

式中：FCC——飞行机组成本（Flight Crew Cost）（单位：美元/轮挡小时）；

MTOW——最大起飞总重（单位：磅）。

2. AEA 方法

飞机配备两人机组时，飞行机组成本为 380 美元/轮挡小时。

3. CAAC 方法

$$N_{FC} = U/11/BH_{FCM}$$
$$TRN = 2 \times (SR + TDA) \times D \times ER$$
$$FCC = N_{FC} \times (S_C + S_F + TRN)/U$$

式中：N_{FC}——每架飞机需要配备的飞行机组数；

$\qquad$ U——飞机有效年利用率（轮挡小时/年）；

$\qquad$ BH_{FCM}——飞行机组每月飞行的轮挡小时数，中国民航规定为 83 轮
$\qquad\qquad$ 挡小时/月；

$\qquad$ TRN——每年飞行机组的复训成本（单位：元/年）；

$\qquad$ SR——飞行模拟器日租金（Simulator Rental per Day）（单位：美元/日）；

$\qquad$ TDA——培训每日津贴（Training Daily Allowance）（单位：美元/日）；

$\qquad$ D——飞行机组每年复训天数，通常假设为 8 天；

$\qquad$ ER——美元/人民币兑换率；

$\qquad$ FCC——飞行机组成本（单位：元/轮挡小时）；

$\qquad$ S_C——机长年薪（包括各类福利和补贴）（单位：元/年）；

$\qquad$ S_F——副驾驶年薪（包括各类福利和补贴）（单位：元/年）。

$\qquad$ 假设 A320 飞机在国内航线运营，MTOW = 73.5 吨（162 040 磅），飞机有效利用率为 3 126 轮挡小时/年，飞行模拟器租金 667 美元/日，培训津贴 150 美元/日，机长年薪 100 万元，副驾驶年薪 20 万元，美元/人民币兑换率 6.3。依据 Liebeck 方法，飞行机组成本为 526 美元/轮挡小时。依据 AEA 方法，飞行机组成本为 328 美元/轮挡小时。依据 CAAC 方法，飞行机组成本为 222 美元/轮挡小时。

五、客舱乘务员成本 (Cabin Crew Cost)

虽然 ATA 和 AEA 等组织把客舱乘务员成本归属于间接运行成本，认为客舱乘务员是为旅客服务的，不是飞机运行成本，但是多数航空公司依然把该项成本归属于直接运行成本。从飞机设计角度来看，客舱乘务员的

安排是客舱设计的一部分，因此，在飞机优化设计中，把客舱乘务员成本视为直接运行成本。

客舱乘务员成本的构成类似于飞行机组成本，只是可以不考虑培训费。每架飞机需要配备的空乘机组数，也要依据飞机的利用率和空乘机组的限定飞行小时数来确定。每个空乘机组的乘务员人数要依据客舱座位数和舱位划分来确定。

适航条例规定每 50 名旅客座位至少配备一名客舱乘务员。由于航空公司的服务标准、飞机的舱位划分和飞行距离不同，实际的差异很大，普遍采用了高于适航条例规定的配备标准。中国民航规定，有配餐任务的每 25 ~ 30 客座配备一名乘务员；无配餐任务的每 35 ~ 40 客座配备一名乘务员。在同类竞争飞机的 DOC 比较中，应注意到不要因客舱乘务员的配备标准不一致造成结果的不可比较。

下面给出了计算客舱乘务员成本的 Liebeck 方法（适用于美国）、AEA 方法（适用于欧洲）和 CAAC 方法（适用于中国）。CAAC 计算模型考虑了空乘机组的飞行小时限制，但缺乏空乘机组工资福利的实际统计数据支持。作为反恐措施，许多民用客机上配备了安全员，在目前的计算模型中并未考虑此项附加成本。

1. Liebeck 方法

对于国内航线运营：$CCC = (S/35) \times 60$

对于国际航线运营：$CCC = (S/30) \times 78$

式中：CCC——客舱乘务员成本（单位：美元/轮挡小时）；

　　　　S——客舱座位数，$S/35$ 和 $S/30$ 分别表示每 35 和 30 个旅客座位配备一名客舱乘务员。

2. AEA 方法

$$CCC = (S/35) \times 60$$

式中：CCC——客舱乘务员成本（单位：美元/轮挡小时）；

　　　　S——客舱座位数，$S/35$ 表示每 35 个旅客座位配备一名客舱乘务员，当结果是小数时，向上取整。

3. CAAC 方法

$$N_{CC} = U/11/\text{BH}_{CCM}$$
$$CCC = N_{CC} \times S_{CA} \times (S/35)/U$$

式中：N_{CC}——每架飞机需要配备的空乘机组数；

U——飞机有效年利用率（单位：轮挡小时/年）；

BH_{CCM}——空乘机组每月飞行的轮挡小时数。中国民航规定为 83 轮挡小时/月；

CCC——客舱乘务员成本（单位：元/轮挡小时）；

S_{CA}——客舱乘务员年薪（包括各类福利和补贴）（单位：元/年）；

S——客舱座位数，$S/35$ 表示每 35 个旅客座位配备一名客舱乘务员，当结果是小数时，向上取整。

假设 A320 飞机在国内航线运营，客舱座位数 150，飞机有效利用率为 3126 轮挡小时/年，客舱乘务员年薪 15 万元，美元/人民币兑换率为 6.3。Liebeck 方法和 AEA 方法的客舱乘务员成本计算结果均为 300 美元/轮挡小时。CAAC 方法的客舱乘务员成本计算结果为 104 美元/轮挡小时。

六、机场收费 (Airport Fee)

中国机场收费项目包括：起降费、停场费、旅客服务费、安检费和客桥费等，与欧洲机场所公布的收费项目是基本一致的。应当注意到，在 Liebeck 方法和 AEA 方法中，该项成本被称之为"起降费"（Landing Fee）。从计算公式来分析，它们的确不包含除起降费之外的其他机场收费项目。

大多数机场的起降费是按最大起飞重量收取的，只有美国机场是按最大着陆重量收取的。在一些繁忙的枢纽机场，机场当局为鼓励航空公司避开机场的高峰时段，会在高峰时段征收附加费。在欧洲一些机场，机场当局在征收起降费时，要考虑最大起飞重量和飞机噪声水平两项要素。

各市场区的起降费差异很大。欧美机场数量众多，起降费也各不相同。下面分别给出了计算机场收费的 Liebeck 方法（适用于美国）、AEA 方法（适用于欧洲）和 CAAC 方法（适用于中国）。Liebeck 方法和 AEA 方法仅是简单的统计模型。CAAC 方法详细给出了中国各类机场所有收费项目的收费标准。

1. Liebeck 方法

对于国内航线运营：LF = 1.5 × (MLW/1 000)

对于国际航线运营：LF = 4.25 × (MTOW/1 000)

式中：LF——着陆费（单位：美元/航段）；

　　　MTOW——最大起飞重量（单位：磅）；

　　　MLW——最大着陆重量（单位：磅）。

2. AEA 方法

$$LF = 6 \times MTOW$$

式中：LF——着陆费（单位：美元/航段）；

　　　MTOW——最大起飞重量（单位：吨）。

3. CAAC 方法

表 4.17 给出了中国民航机场类别。表 4.18 ~ 表 4.21 给出了 2008 年 3 月生效的机场收费标准。

表 4.17　中国民航机场类别

机场类别	机场
一类 1 级	首都、浦东
一类 2 级	广州、虹桥、深圳、成都、昆明
二　类	杭州、西安、重庆、厦门、青岛、海口、长沙、大连、南京、武汉、沈阳、乌鲁木齐、桂林、三亚、郑州、福州、贵阳、济南、哈尔滨
三　类	其　他

表 4.18　中国民航机场起降费收费标准（国内航班）

机场类别	起降费（元/架次）				
	≤25 吨	26~50 吨	51~100 吨	101~200 吨	201 吨以上
一类 1 级	240	650	1 100 + 22 × (T − 50)	2200 + 25 × (T − 100)	5000 + 32 × (T − 200)
一类 2 级	250	700	1 100 + 23 × (T − 50)	2250 + 25 × (T − 100)	5050 + 32 × (T − 200)
二　类	250	700	1 150 + 24 × (T − 50)	2350 + 26 × (T − 100)	5100 + 33 × (T − 200)
三　类	270	800	1 300 + 24 × (T − 50)	2500 + 25 × (T − 100)	5150 + 33 × (T − 200)

注：T 为飞机最大起飞重量。

表 4.19 中国民航机场起降费收费标准（国际及中国港澳航班）

机场类别	起降费（元/架次）				
	≤25 吨	26～50 吨	51～100 吨	101～200 吨	201 吨以上
所有机场	2 000	2 200	$2\,200+40\times(T-50)$	$4\,200+44\times(T-100)$	$8\,600+56\times(T-200)$

注：T 为飞机最大起飞重量。

表 4.20 中国民航机场停场费、客桥费、旅客服务费和安检费收费标准（国内航班）

机场类别	停场费（元/架次）	客桥费（元/小时）	旅客服务费（元/人）	安检费	
				旅客行李（元/人）	货物邮件（元/吨）
一类 1 级	2 小时内免收；超过 2 小时，每停场 24 小时（包括不足 24 小时）按照起降费的 15% 计收	单桥：1 小时以内 200 元；超过 1 小时每半小时（包括不足半小时）100 元。多桥：按单桥标准的倍数计收	34	5	35
一类 2 级			40	6	40
二 类			42	7	41
三 类			42	7	42

表 4.21 中国民航机场停场费、客桥费、旅客服务费和安检费收费标准（国际及我国港澳航班）

机场类别	停场费（元/架次）	客桥费（元/小时）	旅客服务费（元/人）	安检费	
				旅客行李（元/人）	货物邮件（元/吨）
所有机场	2 小时内免收。超过 2 小时，每停场 24 小时（包括不足 24 小时）按照起降费的 15% 计收	单桥：1 小时以内 200 元；超过 1 小时每半小时（包括不足半小时）100 元。多桥：按单桥标准的倍数计收	70	12	70

CAAC 的有关文件规定，当国内航空公司飞行国际和我国港澳航班时，按照表 4.19 和表 4.21 标准的 60% 收费；国内航班、国际与我国港澳航班"双轨制"的收费标准将限期并轨。

假设 150 座的 A320 飞机，MTOW = 73.5 吨（162 040 磅），MLW = 64.5 吨（142 195 磅）。Liebeck 方法（假设在国内航线运营）的起降费计算结果为 213 美元/航段；AEA 方法的起降费计算结果为 446 美元/航段。CAAC

方法（假设在二类机场起飞和着陆，国内航线运营）的机场收费计算结果为 9 322 元/航段（1 480 美元/航段，假设美元/人民币兑换率 6.3）。其中起降费为 1 726 元/航段（274 美元/航段）。结果表明，欧洲的机场收费标准比较高。

七、导航费（Navigation Charge）

导航费包括航路导航费和进近指挥费，按飞机重量及航线距离收费。与机场收费类似，导航费存在明显的地区差异。有时，从燃油消耗角度是经济的航路，可能因该航路的导航收费昂贵而变得不一定合算。在美国，导航不收费。在欧洲，各国普遍采用公式：

$$导航费 = [K × 轮挡航程 × (MTOW/50)^{0.5}]$$

来计算导航费，但各国的费率 K 不相同。

1. Liebeck 方法

对于国内航线运营：NC = 0

对于国际航线运营：$NC = 0.136 × 500 × (MTOW/1\ 000)^{0.5}$

式中：NC——导航费（单位：美元/航段）；

    MTOW——最大起飞重量（单位：磅）。

2. AEA 方法

$$NC = 0.5 × BR × (MTOW/50)^{0.5}$$

式中：NC——导航费（单位：美元/航段）；

    BR——轮挡航程（单位：千米）；

    MTOW——最大起飞重量（单位：吨）。

3. CAAC 方法

表 4.22～表 4.25 给出了中国民航 2012 年 6 月生效的导航费和进近指挥费收费标准。计算收费时，以吨为单位的最大起飞全重向上取整。

表 4.22 中国民航导航费收费标准（国内航班）

最大起飞全重（吨）	收费标准（元/公里）
0～25	0.11
26～50	0.23
51～100	0.39
101～200	0.52
200 以上	0.56

表 4.23 中国民航进近指挥费收费标准（国内航班）

最大起飞全重（吨）	收费标准（元/吨）		
	一类机场	二类机场	三类机场
0～25	2.46	2.42	2.2
26～50	3.22	3.17	2.88
51～100	3.64	3.58	3.25
101～200	5.1	5.01	4.55
200 以上	6.27	6.16	5.6

表 4.24 中国民航导航费收费标准（国际及我国港澳航班）

最大起飞全重（吨）	收费标准（元/公里）
0～25	4.19
26～50	5.47
51～100	6.19
101～200	8.67
200 以上	10.66

表 4.25 中国民航进近指挥费收费标准（国际及我国港澳航班）

最大起飞全重（吨）	收费标准（元/公里）
0～25	0.60
26～50	1.20
51～100	1.40
101～200	1.50
200 以上	$(T/50)^{0.5}$

假设 A320 飞机飞行 500 海里航段，MTOW = 73.5 吨（162 040 磅）。Liebeck 方法（假设在国内航线运营）的导航费计算结果为 0 美元；AEA 方法的导航费计算结果为 561 美元/航段。CAAC 方法（假设在二类机场起飞和着陆，国内航线运营）导航费计算结果为 626 元/航段（99 美元/航段，假设美元/人民币兑换率 6.3）。结果表明，在区域不大但国家众多的欧洲，导航费是一项不小的成本。

八、地面服务费（Ground Handling Charges）

属于直接运行成本的地面服务费包括：配载、通信、集装设备管理及旅客与行李服务费；客梯、装卸和地面运输服务费；过站服务费；飞机例行检查和放行费。这些项目大多都是按飞机最大商载或座位数收费。

在 Liebeck 方法和 AEA 方法中，不考虑地面服务成本，因为 ATA 和 AEA 把地面服务成本列入间接运行成本。因此下面仅列出 CAAC 方法。

表 4.26 给出了中国民航地面服务费收费标准。

表 4.26　中国民航地面服务费收费标准

地面服务项目	收费标准
配载/通信/集装设备管理/旅客/行李服务	飞机最大商载≤10 吨时，30 元/吨 ＞10 吨时，33 元/吨
客梯、装卸和地面服务（当使用客桥时，不考虑客梯、旅客和机组摆渡车的费用；当飞机有随机客梯时，不考虑客梯的费用）	飞机最大商载≤10 吨时，5 元/吨 ＞10 吨时，6 元/吨 客梯　　　　45 元/小时 旅客摆渡车　55 元/次 机组摆渡车　40 元/次
货物和邮件服务（分析时假设无货载，则不考虑该项成本）	飞机最大商载≤10 吨时，25 元/吨 ＞10 吨时，28 元/吨
过站服务	≤100 座，　　　　　100 元/架次 100～200（含）座，120 元/架次 200～300（含）座，240 元/架次 ＞300 座，　　　　　480 元/架次
飞机勤务	一般勤务≤100 座，100 元/架次 100～200（含）座，150 元/架次 200～300（含）座，300 元/架次 ＞300 座，　　　　　600 元/架次 例行检查　160 元/人时（通常假设 1 个人时） 飞机放行　50% 例行检查费

假设 150 座的 A320 飞机，最大商载 19.756 吨，无货载，使用客桥。CAAC 方法的地面服务费计算结果为 1 290 元/航段（205 美元/航段，假设美元/人民币兑换率 6.3）。

九、民航发展基金 (CAAC Development Fund)

民航发展基金是中国特有的直接运行成本项目，在中国境内乘坐国内、国际及我国港澳航班的旅客都将承担，国家按照飞机最大起飞重量、航段距离和航线类型向航空公司征收（见表 4.27）。收费政策向西部和东北倾斜；为支持支线航空的发展，政策规定当飞机最大起飞重量低于 50 吨、航线距离等于或低于 600 公里时，按照表 4.27 的征收标准减半征收民航发展基金。

表 4.27　民航发展基金征收标准　　　（单位：元/千米）

飞机最大起飞重量	第一类航线	第二类航线	第三类航线
≤50 吨	1.15	0.90	0.75
51~100 吨	2.30	1.85	1.45
101~200 吨	3.45	2.75	2.20
>200 吨	4.60	3.65	2.90
第一类航线	东中部 16 省市范围内航线：北京、天津、上海、河北、山西、江苏、浙江、福建、山东、安徽、江西、河南、湖北、湖南、广东、海南		
第二类航线	东中部 16 省市与西部、东北 15 省市之间的航线		
第三类航线	西部、东北 15 省市范围内航线		

假设 A320 飞机在国内第一类航线运营，航线距离 500 海里，MTOW = 73.5 吨。CAAC 方法的民航发展基金计算结果为 2 130 元/航段（338 美元/航段，假设美元/人民币兑换率 6.3）。

十、餐饮费 (Catering Cost)

餐饮费是旅客服务成本，ATA 和 AEA 把它列入间接运行成本，因此在 Liebeck 方法和 AEA 方法中，不考虑餐饮费。在客舱乘务员成本分析中我们提到，客舱乘务员的安排是客舱设计的一部分，同样为旅客提供所需的餐饮服务的客舱厨房设计也是客舱设计的一部分，一些低成本航空公司把不提供机上免费餐饮作为降低运营成本的一项措施。因此，在 CAAC 方法中考虑了餐饮费。

　　餐饮费是航线距离和舱位等级的函数。由于中国民航缺乏可利用的旅客餐饮费统计数据，CAAC 方法利用少量实际数据和国外餐饮费数据趋势得到一条描述中国民航经济舱餐饮费的模拟曲线（见图 4.12），并假设，公务舱旅客的餐饮费是经济舱旅客餐饮费的 1.6 倍，头等舱旅客的餐饮费是经济舱旅客餐饮费的 2 倍。据此可写出餐饮费估算解析式如下：

$$\text{CAC} = k_{\text{CA}} \times (13.63 \times \ln(\text{BR}) - 69.45)$$

式中：CAC——餐饮费（单位：元/航段）；

　　　　BR——轮挡距离（单位：海里）；

　　　　k_{CA}——舱位因子，对于经济舱、公务舱和头等舱，k_{CA} 分别为 1、1.6和 2。

　　假设 150 座的 A320 飞机的客舱布局是经济舱 138 座，公务舱 12 座，航线距离 500 海里。CAAC 方法的餐饮费计算结果为 2 389 元/航段（381美元/航段，假设美元/人民币兑换率 6.3）。

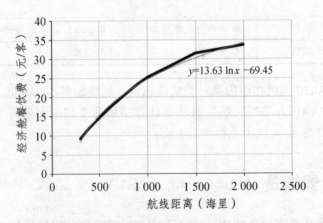

图 4.12　中国民航经济舱餐饮费

第五节　飞机直接运行成本计算分析方法

第四节已详细讨论了各直接运行成本项目的定义和计算方法，如图 4.13 所示，只要确定了飞机直接运行成本（DOC）分析的计算条件，利用第四节给出的各成本项目的计算方法，就可以得到飞机 DOC 分析结果。本节主要讨论选择 DOC 分析计算条件的准则、DOC 分析模型和 DOC 分析结果的表达形式。

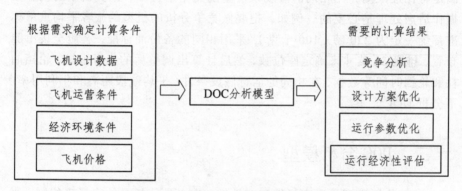

图 4.13　DOC 分析的输入条件和输出结果

一、选择 DOC 分析计算条件的准则

选择 DOC 分析计算条件，应遵循下述两条准则：第一，所选择的计算条件，应与该机型预期运营的航空市场相符；第二，对同类机型做 DOC 竞争分析时，各机型的运营条件、基本性能和舒适性等应遵循可比性准则。

选择 DOC 分析的计算条件，实质上就是选择与飞机运营相对应的市场条件。涡桨支线机、喷气支线机、窄体机和宽体机所运营的市场不同，它们的年利用率、平均航段距离、所运营的航线和使用的机场不同，应选择与机型相对应的市场条件。骨干航空公司与低成本航空公司有不同的经营模式，低成本航空公司强调高的飞机利用率，不提供免费餐饮，可以通过 DOC 分析计算条件的选择，体现出它们经营模式的差异。中国的航空市场环境与欧美有明显差异：在中国，按航线类型征收民航发展基金；进口的支线机和干线机、国产飞机面临不同的购机税收政策；机场按类别收费；在西部运营有不同于东部的优惠政策，因此在中国航空市场，不能套用 AEA 或波音的 DOC 分析模型，应该利用 CAAC 的 DOC 分析模型，选择符合中国航空市场的计算条件。

可比性准则经常被忽视。当对同类机型进行竞争分析时，如果它们的技术标准（例如旅客平均重量标准）不同，或者客舱舒适性标准（例如座椅排距）不同，或者采用的平均航段距离不同，或者年利用率的假设不同，其 DOC 分析结果将不具有可比性，无法得到合理的竞争分析结论。为了满足可比性准则，用相同的尺度来衡量同类竞争机型，同类机型的技术数据作适当处理是必要的。例如，把要做竞争分析的机型的旅客平均重量标准都统一定为 220 磅（100 千克），采用相同的备份油标准，客舱全按单舱布置、排距 32 英寸来确定座位数，然后计算出调整后的飞行重量、轮挡油耗和轮挡时间等数据，在相同的运行假设条件（平均航段距离和年利用率）下分析 DOC。

二、DOC 分析模型

DOC 分析模型具有市场性和时效性，它必须依托具体市场来编制，当市场环境变化时，分析模型必须做相应的修正或改变。下面介绍三种 DOC 分析模型：适用于美国市场的 Liebeck 模型；适用于欧洲市场的 AEA 模型；适用于中国市场的 CAAC 模型。应当注意到，这些分析模型都不是唯一的，许多制造商和航空公司都建立了自己的分析模型。

1. Liebeck 分析模型

该分析模型是 Robert Liebeck 在 1995 年发表的研究报告《*Advanced Subsonic Airplane Design & Economic Studies*》（NASA CR-195443）中采用的分析模型，是以 ATA67 方法为基础发展形成的，用于飞机构型优化分析。Anthony P Hays 在其 2009 年发表的著作《*Aircraft and Airline Economics*》中引用了 Liebeck 分析模型，由于 1993 年至 2009 年美国消费者价格指数（CPI）上升了 1.47 倍，因而在机体和发动机维修材料成本上考虑了修正系数 1.47。

应当注意到，Liebeck 分析模型中所讨论的直接运行成本项目，仅限于与飞机运行有关的直接成本项目，不包含与旅客、货物和地面操作等有关的直接成本项目。这对于飞机竞争分析和构型优化是简单且合理的，但对于航空公司分析直接运行成本来说，则不够系统和完整。

（1）Liebeck 模型的基本规则和假设条件。

表 4.28 列出了 Liebeck 模型的基本规则和假设条件，这些基本规则和假设条件基于波音公司、原麦道公司和 NASA（National Aeronautics and Space Administration）路易斯研究中心的共同研究。

表 4.28 Liebeck 模型的基本规则和假设条件

假设基础	短程 150 座级客机：用于美国国内航线
	其他座级客机：用于国际航线
设计航程/DOC 分析用的平均航段距离（海里）	短程 150 座级客机：2500/500
	中程 225 座级客机：4500/3000
	中程 275 座级客机：6000/3000
	远程 600 座级客机：7500/4000
利用率（航段/年）	短程 150 座级客机：2100
	中程 225 座级客机：625
	中程 275 座级客机：625
	远程 600 座级客机：480
维修劳务费率（美元/小时）	25（注：1993 年经济环境）
维修管理费率	200% 的直接维修劳务成本
空勤人数	2
空乘人数	短程 150 座级客机：1/35 座
	其他座级客机：1/30 座
着陆费	短程 150 座级客机：最大着陆重量的函数
	其他座级客机：最大起飞重量的函数
导航费	短程 150 座级客机：无
	其他座级客机：最大起飞重量的函数
机身保险费率	0.35% 飞机价格
折旧年限	15
残值	10% 价格（包括备件）
备件投资：机体	6% 机体价格
备件投资：发动机	23% 发动机价格
贷款比例	100%（飞机 + 备件）
贷款年限	15 年
贷款年息	8%，每年付款两次

（2）Liebeck 模型的成本项目。

表 4.29 给出了 Liebeck 模型分析的直接运行成本项目。所有成本项目的计算方法已在第四节中给出。

表 4.29　Liebeck 模型的直接运行成本项目

	飞行机组成本
	客舱乘务员成本
	着陆费
现金成本	导航费
	维修成本（机体和发动机）
	燃油成本
	折旧成本（飞机和备件）
所有权成本	利息成本（飞机和备件）
	保险成本

（3）Liebeck 模型的计算实例。

表 4.30 给出了 A320 飞机 DOC 分析的输入数据表。图 4.14 给出了利用 Liebeck 模型对 A320 飞机进行 DOC 分析的结果。

表 4.30　A320 飞机 DOC 分析的输入数据表

平均航线距离（海里）	500	单台发动机干重（吨）	2.381
平均轮挡时间（小时）	1.52	单台发动机海平面静推力（磅力）	25 000
平均过站时间（小时）	0.5	每架飞机的发动机数	2
轮挡燃油（千克）	3416	发动机压气机级数	14
年起落数	2100	涵道比	5.7
客座数	150	总压比	29.3
MTOW（最大起飞重量）（吨）	73.5	燃油价格（美元/加仑）	2.5
MLW（最大着陆重量）（吨）	64.5	燃油密度（磅/加仑）	6.5
OEW（使用空重）（吨）	41.244	飞机价格（万美元）	4 075
MEW（制造空重）（吨）	37.646	单台发动机价格（万美元）	560

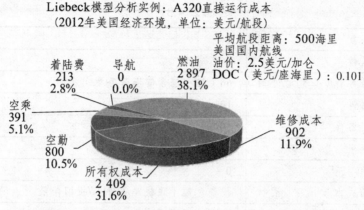

图 4.14 Liebeck 模型 DOC 分析实例：A320 飞机

2. AEA 模型

欧洲航协的 AEA 模型最初于 1988 年公布，至今仍广泛应用于商用飞机的竞争分析和构型优化。1988 年公布的 AEA 模型包含有"地面操作"成本项目，但在后来的使用中省去了"地面操作"成本项目，使得其成本项目与 Liebeck 模型基本一致。

（1）AEA 模型的基本规则和假设条件。

表 4.31 列出了 AEA 模型的基本规则和假设条件。

表 4.31 AEA 模型的基本规则和假设条件

DOC 分析平均航段距离（nm）	当设计航程（nm）≤3 000 时：500
	当 3000＜设计航程（nm）≤5 000 时：1 000
	当 5000＜设计航程（nm）≤7 000 时：3 000
	当设计航程（nm）＞7 000 时：4000
利用率（小时/年）	当平均航段距离（nm）＜1 000 时：4 000
	当 1000≤平均航段距离（nm）≤2 000 时：5 100
	当平均航段距离（nm）＞2 000 时：6 500
过站时间（小时）	当平均航段距离（nm）＜1 000 时：0.5
	当 1 000≤平均航段距离（nm）≤2 000 时：1.4
	当平均航段距离（nm）＞2 000 时：3
商 载	标准商载（100% 上座率，无货载）

续表 4.31

空勤人数	2
空乘人数	1/35 客座
维修劳务费率（美元/小时）	66（注：包含管理劳务费）
机体备件	10% 机体价格
发动机备件	30% 发动机价格
折旧年限	14
残　值	0
年折旧成本	投资总额（飞机＋备件）/折旧年限
年保险费	0.006×飞机价格
年利息	0.05×投资总额（飞机＋备件）

（2）AEA 模型的成本项目。

AEA 模型的直接运行成本项目与 Liebeck 模型基本一致（见表 4.29），只不过把所有权成本改称为"资金成本"。现金成本项目的计算方法已在第四节中给出，资金成本的计算方法在表 4.31 中给出。

（3）AEA 模型的计算实例。

图 4.15 给出了利用 AEA 模型对 A320 飞机进行 DOC 分析的结果。A320 飞机 DOC 分析的输入数据见表 4.30。AEA 模型与 Liebeck 模型对 A320 飞机 DOC 分析的结果存在明显差异，这种差异部分可能来自模型本身的简化假设，但基本体现出了欧洲和美国航空市场运营环境的差异。

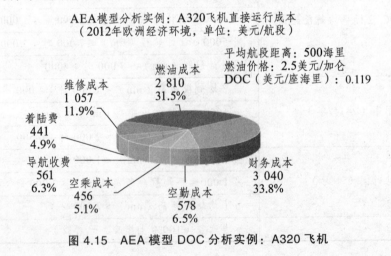

AEA模型分析实例：A320飞机直接运行成本
（2012年欧洲经济环境，单位：美元/航段）

平均航段距离：500海里
燃油价格：2.5美元/加仑
DOC（美元/座海里）：0.119

燃油成本 2 810 31.5%
维修成本 1 057 11.9%
着陆费 441 4.9%
导航收费 561 6.3%
空乘成本 456 5.1%
空勤成本 578 6.5%
财务成本 3 040 33.8%

图 4.15　AEA 模型 DOC 分析实例：A320 飞机

3. CAAC 模型

CAAC 模型是一种由上海飞机设计研究院建立的、适合于中国航空运输市场的分析方法，考虑了中国民航（CAAC）公布的、至今有效的收费标准和中国民航运营的实际情况。由于缺乏足够的有效统计数据的支持，CAAC 模型尚在不断的完善之中。

（1）CAAC 模型的基本规则和假设条件。

在确定 CAAC 模型的基本规则和假设条件时，我们必须注意到中国航空市场与欧美航空市场的差异。图 4.16 给出了中国民航国内航线的航线距离和日航班频率统计数据（2010 年），航班频率加权平均航线距离为 1 081 km（584 nm）。受到"四纵四横"高铁网络的影响，短途航线的市场不断萎缩，平均航线距离有增加的趋势。进一步分析我们发现，喷气支线飞机的平均航线距离取 500 海里，窄体机的平均航线距离取 650 海里，符合当前的中国航空市场环境。此外，在确定 CAAC 模型的假设条件时，应考虑到喷气支线飞机和窄体机运营的航线和机场类型存在的差异。

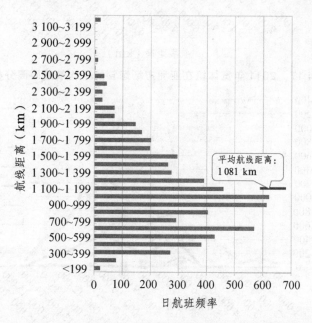

图 4.16　2010 年中国民航国内航线平均航线距离分析

宽体机主要运营国际航线，图 4.17～图 4.19 分别给出了宽体机在亚洲、北美和西欧航空市场运营的航线距离和航班频率统计数据（2011 年）。

统计数据表明，Liebeck 模型和 AEA 模型对宽体机的平均航线距离的选择
（中程 3 000 海里，远程 4 000 海里）是合理的。但是，由于受到短程、高
航班频率的日本国内宽体机航线和中国京沪穗宽体机航线的影响，宽体机
在亚洲市场运营的平均航线距离仅为 2 158 海里，明显短于欧美市场。

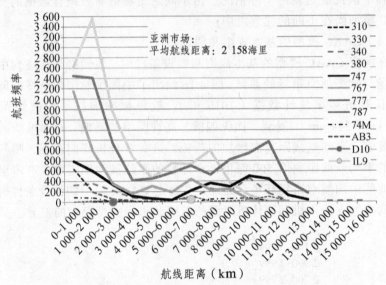

图 4.17　2011 年宽体机在亚洲市场运营的平均航线距离分析[①]

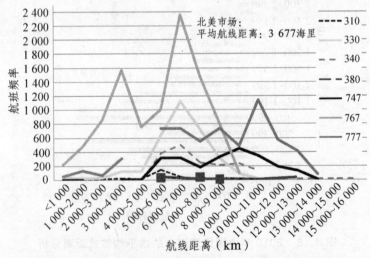

图 4.18　宽体机在北美市场运营的平均航线距离分析[②]

①、②　资料来源：OAG。

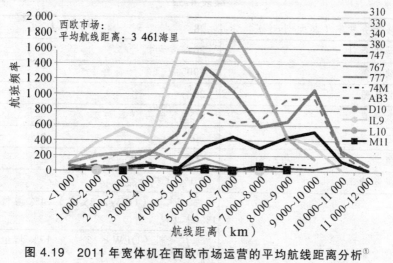

图 4.19　2011 年宽体机在西欧市场运营的平均航线距离分析[①]

CAAC 模型的基本规则和假设条件见表 4.32，该表仅列出了喷气支线机和窄体机在国内航线运营的假设条件。主要运营国际航线的宽体机，需要综合考虑多国的航空市场，我们尚缺乏足够的统计数据来建立合理的数学模型，可参考 AEA 模型进行 DOC 分析，但应注意到亚洲市场平均航线距离偏短带来的影响。

表 4.32　CAAC 模型的基本规则和假设条件（国内航线）

DOC 分析平均航段距离（nm）	喷气支线机：500
	窄体机：650
利用率（小时/年）	3 900
过站时间（小时）	0.5
运营机场等级	喷气支线机：在二类与三类机场之间运营
	窄体机：在二类机场之间运营
运营航线类型	喷气支线机：二类航线
	窄体机：一类航线
商载	标准商载（100% 上座率，无货载）
空勤人数	2
空乘人数	1/35 客座
机体备件	6% 机体价格

① 资料来源：OAG。

续表 4.32

维修劳务费率（美元/小时）	28
发动机备件	20% 发动机价格
贷款比例	100%（飞机＋备件）
贷款年限	20 年
贷款年息	6.5%，每年付款两次
折旧年限	20
残值	5%
年保险费率	0.1% 飞机价格
征税政策	进口飞机（OEW≥25 吨）：4% 增值税，1% 进口税
	进口飞机（OEW＜25 吨）：17% 增值税，5% 进口税
	进口零备件：17% 增值税，5% 进口税
	国产飞机：免税

（2）CAAC 模型的成本项目。

表 4.33 给出了 CAAC 模型的直接运行成本项目。除维修成本外，其他成本项目的计算方法已在第四节中给出。维修成本借用了 Liebeck 方法。

表 4.33　CAAC 模型的直接运行成本项目

	飞行机组成本
	客舱乘务员成本
	着陆费
	导航费
现金成本	维修成本（机体和发动机）
	燃油成本
	地面服务费
	民航发展基金
	餐饮费
财务成本	折旧成本（飞机和备件）
	利息成本（飞机和备件）
	保险成本

（3）CAAC 模型的计算实例。

图 4.20 给出了利用 CAAC 模型对 A320 飞机进行 DOC 分析的结果。分析的平均航段距离 650 海里，A320 飞机的轮挡时间 1.85 小时，轮挡耗油 4 193 千克，燃油价格 7 000 元/吨（相当于 3.28 美元/加仑），其余输入数据见表 4.30。

CAAC 模型对 A320 飞机在平均航段距离 650 海里时进行的 DOC 分析结果是 0.424 元/座公里。如果仅考虑与 AEA 模型和 Liebeck 模型相同的成本项目，即不计及民航建设基金、地面服务费和餐食费，在机场收费中仅考虑起降费，那么 CAAC 模型的 DOC 分析结果是 0.101 美元/座海里（假设美元/人民币兑换率 6.3）。这一结果虽然难以与 AEA 模型和 Liebeck 模型的分析结果进行比较（较长的平均航段距离使得座海里 DOC 有所下降，较高的油价使得燃油成本上升），但是可以看出量值上是相仿的。

CAAC模型分析实例：A320直接运行成本
（2012年中国经济环境，单位：元/航段）

平均航段距离：650海里
燃油价格：7 000元/吨
DOC（元/座公里）：0.424

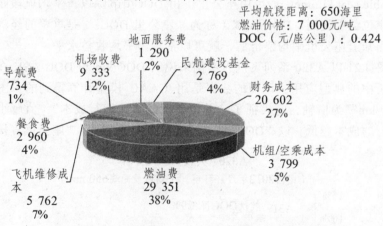

图 4.20　CAAC 模型 DOC 分析实例：A320 飞机

三、DOC 分析结果的表达形式

DOC 分析结果通常有下述四种表达形式。

1. DOC/trip

DOC 是在设定的平均航段距离下分析得到的，因此，DOC/trip（trip：

航段）是基本形式。当轮挡距离增加时，机票收入正比增加，但 DOC/trip 增加较慢，因为加长段是巡航段，耗油率低，不增加机场收费、地面服务费以及与飞行循环有关的维修成本等。因而运营的平均航段距离越长，经济性越好。短程支线机经济性较差的主要原因是平均航段距离偏短。

2. DOC/hr

DOC/hr（hr：轮挡小时）由 DOC/trip 除以平均轮挡小时得到。航空公司管理人员希望知道他的飞机每轮挡小时要花费多少直接成本以及如何控制这些成本，DOC/hr 以及各成本项目的小时直接成本数据可为他提供必要的依据。

3. DOC/km 和 DOC/ASK

DOC/km 由 DOC/trip 除以平均航段距离（km）得到；DOC/ASK（ASK：Available seat kilometers 可用座公里）由 DOC/trip 除以（平均航段距离 × 可用座位数）得到。DOC/ASK（称为"座公里 DOC"）是重要的经济性参数，当知道座公里平均票价后，就可以估算出平均收益水平。

图 4.21 以 A320 系列飞机为实例来说明 DOC/km 和 DOC/ASK 在经济性分析中的典型应用，该图的数据是用 CAAC 模型计算得到的。图中以"DOC/km"为横轴，它表征了"单位航段的直接运行成本"，值越小则一次飞行的成本越低；以"DOC/ASK"为纵轴，它表征了"座公里直接运行

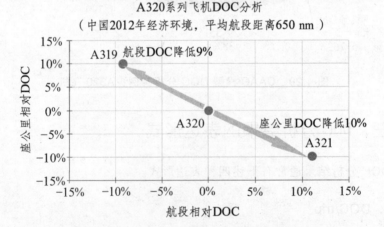

图 4.21　经济性分析实例：A320 系列飞机

成本"，飞机的座级越高，通常座公里直接成本越低。图中的数据是以相对量给出的，以 A320 飞机为基准，给出 A321 和 A319 的相对变化。从该图可以清楚看出，185 座的 A321 飞机的座公里直接成本，要比 150 座的 A320 飞机低 10%，如果客流量足够大，航空公司选择 A321 飞机是明智的；但是，如果客流量偏低，航空公司选择 124 座的 A319 飞机更为合理，可以保持高的航班频率和高的上座率，每次飞行的直接成本可比 A320 飞机降低 9%。

第六节　飞机直接运行成本分析的应用

本节以 CAAC 模型为基础，讨论飞机 DOC 分析在竞争分析、飞机运营经济性评估、运行优化（成本指数分析）、价格敏感性分析、飞机优化设计和机载系统选型等方面的应用。

一、竞争分析

同类机型 DOC 竞争分析，是航空公司购机选型、制造商新机研制及销售时对飞机经济性进行评估的重要工具。

前面提到的选择 DOC 分析条件的两条准则，是进行合理 DOC 竞争分析的必要前提，也就是说，所选择的分析条件应与该机型预期运营的航空市场相符；同类机型的运营条件假设、基本性能所依据的设计基准和客舱布置的舒适性标准等应遵循可比性准则。如果两款要进行 DOC 比较分析的机型，采用不同的平均航段距离，一款采用单舱高密度布局，另一款采用舒适性较好的两舱型布局，则它们的 DOC 比较分析是没有意义的。

图 4.22 以喷气支线机为例，给出了同类机型 DOC 竞争分析的一种典型图线。该图中 6 款现役支线机的 DOC 数据是在 2012 年中国经济环境条件下利用 CAAC 模型计算得到的。6 款飞机采用相同的平均航段距离（500 nm）和相同的座椅排距，符合 DOC 分析条件的两条准则。图线以 "DOC/公里" 为横轴，以 "DOC/座公里" 为纵轴。横轴与纵轴坐标之比正好是座位数，因此可以画出一组描述座位数的射线作为参考线，这种扇形的 DOC 比较图线被称作 "扇形图"。图线表明，飞机的座位数越多，座公里成本越低，但每次飞行的直接成本越高。不同座位数的飞机不宜直接比

较 DOC，但沿着这些射线方向可以合理比较 DOC。从该图线可以看出，航程较短的 ERJ190AR，与同座级的但航程较长的 ERJ190LR 相比，座公里成本有一定的优势。假设某飞机制造商计划研发一款 90 座级的新型喷气支线机，目标 DOC 比现役支线机低 5%。在图 4.22 上我们可以沿 90 座射线找到比现役支线机经济性平均线低 5% 的点，该点的座公里 DOC 是 0.543元，这就是新型支线机期望达到的经济性指标。

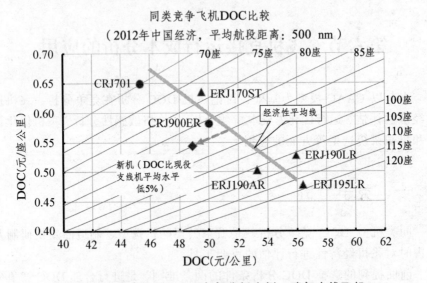

同类竞争飞机DOC比较
（2012年中国经济，平均航段距离：500 nm）

图 4.22　同类机型 DOC 竞争分析实例：喷气支线飞机

二、飞机运营经济性评估

　　飞机运营经济性评估，指的是分析和评估机队在航空公司实际运营条件下，执行预定的航线网络和航班表所体现出的经济性。这种分析比 DOC 分析要复杂得多，实际航线有长有短，要使用实际飞行剖面和巡航高度，而不是平均航线距离和标准飞行剖面；使用实际客舱布置（例如两舱布局），而不是标准客舱布置；要考虑各种实际可能发生的飞机日利用率、上座率、机票折扣和间接运营成本。

　　按照航线网络和航班表去评估机队运营经济性有一定的复杂性，需要大量的实际运营数据，利用 CAAC 模型进行简化的模拟分析，也可以得到一些有价值的结果。下面以 A320 飞机在国内航线营运为例，讨论这种简化的模拟分析方法。分析基于下述与中国航空市场基本相符的假设条件：

（1）飞机总利用率 3 900 小时/年，过站时间 0.5 小时；

（2）在二类机场起降，运营一类航线；

（3）油价 7 000 元/吨，收益考虑燃油附加费（按有关规定计算，航线距离≤800 km 时，燃油附加费 60 元；航线距离＞800 km 时，燃油附加费 120 元）；

（4）货邮收益为全票价收益的 5%；

（5）美元/人民币兑换率 6.3；

（6）上座率为 80%；

（7）机票价格采用中国民航 2008 年公布票价的统计数据并经幂函数回归得到的公式来计算（见图 4.23），经济舱考虑不同的机票折扣率，公务舱不打折；

（8）机票收益中，扣除机票代理费 3%，营业税 3.5%。

（9）间接运行成本取 0.065 元/座公里；

（10）单位轮挡小时的资金成本（折旧、贷款计息和保险）基于平均航段距离 650 海里计算得到；

（11）A320 飞机的重量和价格数据见表 4.30，轮挡性能数据见图 4.4，飞机座位数 150 座（经济舱 138 座，公务舱 12 座），考虑上座率对飞机轮挡油耗的影响（见图 4.4，假设旅客标准重量为 102 kg，每减少一名旅客，轮挡油耗减 0.1285%）。

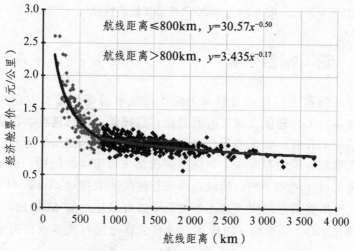

图 4.23　中国民航机票价格统计（2008 年）

　　图 4.24 给出了在上述假设条件下，利用 CAAC 模型得到的 A320 飞机运营经济性分析结果。这种图线给予航空公司清晰的飞机运营经济性评估，当收益曲线高于总成本曲线时，航空公司可赢利，反之则亏损。该算例表明，当平均上座率为 80%、机票折扣率 6 ~ 7 折时航空公司可达到盈亏平衡。航线距离 > 800 km 时，燃油附加费固定为 120 元，因而该算例呈现出航线距离越长，飞机赢利能力越差的不合理现象。不过，中国国内航线距离超过 3 000 km 的情况并不多见。

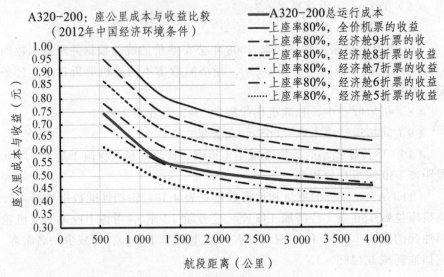

图 4.24　A320 飞机运营经济性分析

三、成本指数分析

　　飞行时间和飞行耗油是影响飞机运行成本的两个重要方面。一般来说，选择高的飞行速度，将省时但费油；选择低的飞行速度，将省油但费时。当油价上升时，省油的重要性会增加；反之，当油价下降时，省时的重要性会增加，因此存在一个如何合理选择飞行速度的问题。由于爬升和下降剖面是设计规定了的，所以选择飞行速度主要指选择巡航 M 数。

　　现代民用客机是利用"成本指数"来选择最佳巡航 M 数的。"成本指数"分析是 DOC 分析的一项应用。飞机的直接运行成本项目可分为以下三类：

1. 与时间有关的成本项目

与时间有关的成本项目包括：资金成本（或租金）、维修成本中与飞行时间有关的部分以及与时间有关的机组成本。这类成本是固定的，当速度高，飞行的航程远或航段多，单位航程分摊的成本将降低。

2. 与燃油有关的成本项目

与燃油有关的成本项目即燃油成本，它取决于燃油价格和轮挡耗油，飞行速度对轮挡耗油产生影响。

3. 与起落次数（即飞行循环）有关的成本项目

与起落次数（即飞行循环）有关的成本项目包括：导航费、机场费、地面服务费、餐饮费、民航建设基金、维修成本中与起落次数有关的部分以及与时间无关的机组成本（相当于基本工资）。这类成本与飞行时间（或速度）无关。

飞行速度的选择，对前两类成本产生影响，但不影响第三类成本。与时间有关的成本（元/分钟）与燃油价格（元/公斤燃油）之比就是"成本指数"，单位是"公斤燃油/分钟"。

下面以 A320 飞机在国内航线营运为例，讨论成本指数的确定方法，A320 飞机和运营的假设条件与前一节相同。依据上面的叙述，我们需要确定资金成本、与飞行时间有关的维修成本和机组成本。在 Liebeck 模型中，可以分别计算机体的与飞行时间有关的和与飞行循环有关的维修成本，而在 AEA 模型中，可以分别计算发动机的与飞行时间有关的和与飞行循环有关的维修成本。因此我们分别借用两种模型来计算机体和发动机的维修成本。由于缺乏有效的统计数据，暂且假设机组成本中，1/2 与飞行时间有关（即 1/2 是与飞行时间无关的基本工资）。表 4.34 给出了 A320 飞机在三种航线距离下成本指数的计算结果。

成本指数的计算结果为 34 公斤燃油/分钟，其含义是"34 公斤的燃油与 1 分钟的飞行时间的价值相等"，也就是说，如果增加速度，每减少 1 分钟的飞行时间，燃油的增加量低于 34 公斤，则增加速度是经济的，否则是不经济的。图 4.25 给出了 A320 飞机飞行重量 65 吨时最佳巡航 M 数与成本指数、巡航高度的关系曲线（数据来自 A320 飞机《机组操作手册》）。当 A320 飞机在 35 000 ft 高度上巡航时，由图 4.25 可查出最佳巡航 M 数是 0.785。

表 4.34　成本指数计算实例：A320-200 飞机

航线距离（海里）	300	650	1 200
轮挡时间（小时）	1.055	1.825	3.035
与时间有关的成本总计（元/航段）	14 311	25 173	42 241
所有权成本	11 778	20 378	33 893
与时间有关的机组成本	1 083	1 873	3 116
与时间有关的机体维修成本	1 233	2 413	4 267
与时间有关的发动机维修成本	579	1 133	2 004
与时间有关的成本（元/分钟）	232	236	238
燃油价格（元/公斤）	7	7	7
成本指数（公斤燃油/分钟）	33	34	34

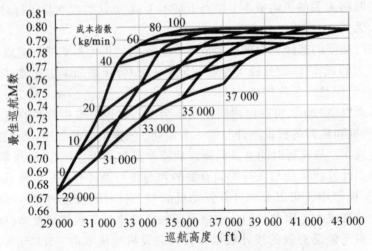

图 4.25　A320 飞机最佳巡航 M 数（飞行重量 65 吨，无风）

四、价格敏感性分析

飞机价格和燃油价格，是 DOC 分析中两个既重要又难以确定的输入数据。燃油价格的激烈浮动和难以预测一直困扰着航空公司的经营者。飞机价格首先取决于飞机的航程能力和客座（或商载）能力，其次取决于速度、舒适性、运行成本和产品系列化等，同时受到航空市场和产品竞争的影响。对于飞机制造商，飞机价格是最敏感的赢利杠杆；对于航空公司，飞机价格是制造商给出的最清晰的合作意愿。因此，飞机价格的确定是飞机制造商的一项重要决策。

飞机目录价（List Price）是制造商的建议价格，实际上很少有航空公司付出目录价来购机；合同价格（Contract Price）通常是商业机密；市场价格（Market Value）是专业评估机构依据市场条件给出的、接近于成交价的评估价格。对于已进入市场的飞机，DOC 分析中的飞机价格应采用市场价格。对于研制中的飞机，通常采用"制造商研究价格"（Manufacturer's Study Price，MSP）。"制造商研究价格"的确定，既要参照已服役的同类机型的市场价格，也要考虑飞机的制造成本。单架飞机的制造成本等于单架飞机的重复成本（Recurring Cost）加上分摊到每架的非重复成本（Non- Recurring Costs）。

利用 DOC 分析模型，分析飞机价格和燃油价格对飞机经济性的敏感性，有助于飞机制造商对飞机价格做出合理决策，有助于对燃油价格变化的影响做出量化判断。图 4.26 利用 CAAC 模型、用"地毯图"的形式、以A320 飞机为例给出了飞机和燃油价格对 DOC 影响敏感性分析结果。

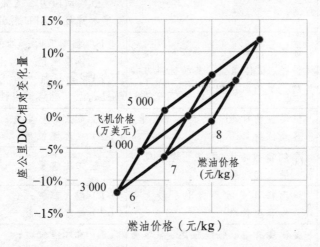

图 4.26　A320 飞机价格和燃油价格对 DOC 影响敏感性分析

五、DOC 分析应用于飞机优化设计

表 4.35 列出了影响 DOC 的主要参数以及这些参数所涉及的设计参数。我们注意到，这些设计参数大多是在初步设计阶段结束时确定的。由于

DOC 与这些设计参数的相关性，在初步设计阶段，DOC 分析已成为飞机优化设计的一个重要工具。

表 4.35　影响 DOC 的主要参数和涉及的设计参数

成本项目	影响成本的参数	涉及的设计参数
折　旧	飞机价格、初始备件、折旧年限、残值、利用率、轮挡时间、平均航段距离	（1）飞机价格：与航程能力、座位数、速度、舒适性、运行成本、系列化等有关；
贷款付息	飞机价格、初始备件、贷款总额、贷款年限、贷款年息、利用率、轮挡时间、平均航段距离	（2）发动机价格：与发动机选型、发动机推力要求、机场适应性等有关；（3）轮挡时间：与速度和过站时间等有关；
保　险	飞机价格、保险费率、利用率、轮挡时间、平均航段距离	（4）飞机利用率：与可靠性和维修性设计等有关
燃油成本	燃油价格、轮挡耗油、平均航段距离	轮挡耗油：涉及发动机推力和耗油率、气动阻力、飞机重量、巡航高度和速度、APU 耗油
维修成本	维修工时费率、维修工时、维修材料费、机体重量、发动机推力和参数、平均航段距离	（1）维修工时：涉及维修性设计、机体重量；（2）发动机推力和参数：涉及发动机选型、机场适应性等
机场收费	机场收费标准、最大起飞重量、旅客座位数	（1）最大起飞重量；（2）旅客座位数
导航费	导航费收费标准、平均航段距离、最大起飞重量	最大起飞重量
地面操作费	地面操作费收费标准、最大商载、旅客座位数	（1）最大商载；（2）旅客座位数
餐饮费	餐饮费标准、航线距离、旅客座位数、舱位划分	（1）旅客座位数；（2）舱位划分
民航发展基金	收费标准、航线类型、航线距离	最大起飞重量
空勤成本	空勤/空乘薪酬、空勤/空乘每月飞行的轮挡小时数规定、空勤/空乘培训要求、飞机利用率	（1）旅客座位数；（2）培训成本：系列化和共通性设计有利于降低培训成本，有利于空勤转机型

在 DOC 分析应用于飞机优化设计时，首先应该认识到，飞机的设计航程、座级（或商载能力）、单发升限以及机场适应性（起降距离、进场速度和 ACN 值等）等描述飞机市场适应性的总体设计参数，是飞机开发商依据目标市场需求确定的，它们不属于飞机总体设计参数优化的范畴。

DOC 分析应用于总体设计参数优化的基本方法和步骤如下：

（1）给定基准型飞机（Baseline Aircraft）的总体参数、设计重量和性能数据。基准型飞机应满足目标市场需求。基准型飞机设计数据的正确性很重要，因为它是总体设计参数优化的基础，不正确的基准型飞机设计数据可能导致总体设计参数优化的谬误。

（2）利用总体参数设计软件，在满足目标市场需求的前提下，选择基准型飞机的某些几何和气动参数（机翼面积、展弦比、根梢比、翼尖装置、高升力装置和机身长细比等）、动力装置参数（发动机推力、涵道比和耗油特性等）、设计速度参数（失速速度 V_S 和最大使用速度 V_{MO}/M_{MO} 等）、或新技术和新型结构材料的应用等进行敏感性分析，得出总体参数变化引起的飞机重量、发动机推力需求和轮挡性能等的变化量。在以往的总体参数优化设计中，设计师采用"最小阻力"或"最小重量"准则来优选总体参数。在经济性为导向的总体参数优化设计中，还需进行下面两个步骤的工作。

（3）评估总体参数变化引起的飞机和发动机价格变化。新技术和新型结构材料应用引起的飞机价格变化需要专门研究和确定，飞机重量和发动机推力需求变化导致的价格变化，可采用下面给出的经验公式来估算：

$$AP_{VAR} = 1/3 AP_{BASE} \times MWE_{VAR}/MWE_{BASE} + 2/3 AP_{BASE}$$
$$EP_{VAR} = EP_{BASE} \times (SLST_{VAR}/SLST_{BASE})^{0.8}$$

式中：AP_{BASE}——基准型飞机的价格；

AP_{VAR}——参数变化后飞机的价格；

MWE_{BASE}——基准型飞机的制造空重；

MWE_{VAR}——参数变化后飞机的制造空重；

EP_{BASE}——基准型飞机的发动机价格；

EP_{VAR}——参数变化后飞机的发动机价格；

$SLST_{BASE}$——基准型飞机的发动机海平面静推力；

$SLST_{VAR}$——参数变化后飞机的发动机海平面静推力。

（4）利用 DOC 分析模型，对参数变化后的飞机进行 DOC 敏感性分析。最后，以 DOC 最低为基本准则，来优选各项总体参数。在某些情况下，为了给飞机系列化发展或潜在构型的需求留有设计余量，可能需要在某些程度上牺牲一点经济性，选择 DOC 略高的总体参数。例如，A320 飞机的机翼面积是偏大的，但为后来的 A321 飞机留下了设计余量。在此步的 DOC 敏感性分析中，通常采用 100% 的上座率，平均航段距离采用设计航程，因为飞机是在满座和设计航程状态下进行优化设计的。

图 4.27 给出了 DOC 分析应用于总体设计参数敏感性分析常见的"地毯图"。

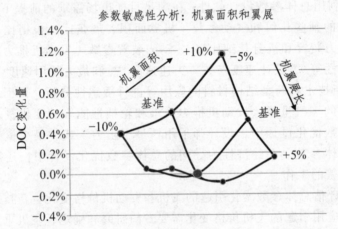

图 4.27　DOC 分析应用于总体设计参数敏感性分析的地毯图

六、DOC 分析应用于机载系统选型

表 4.36 列出了按 ATA-100 定义的飞机系统。一般来说，民用飞机机载系统的重量，约占全机制造空重的 1/3（见表 4.37）；飞机研制和生产成本中约 1/3 来自飞机系统；飞机售价中的 1/3 来自飞机系统；飞机的直接运行成本（DOC）和直接维修成本（DMC）中的 1/3 来自飞机系统。在飞机系统选择和设计的初期，对飞机各备选系统的经济性进行分析，为合理优选飞机系统提供依据，对于提升飞机的经济性和竞争力具有重要意义。

表 4.36　按 ATA-100 定义的飞机系统

ATA 章节号	系　　统
21	空调（Air Conditioning）
22	自动飞行（Auto Flight）
23	通讯（Communications）
24	电源（Electrical Power）
25	设备/内设（Equipment / Furnishings）
26	防火（Fire Protection）
27	飞控（Flight Controls）
28	燃油（Fuel）
29	液压（Hydraulic Power）
30	防冰/除雨（Ice And Rain Protection）
31	指示/记录（Indicating / Recording Systems）
32	起落架（Landing Gear）
33	照明（Lights）
34	导航（Navigation）
35	氧气（Oxygen）
36	气源（Pneumatic）
38	水/废水（Water / Waste）
49	APU（Airborne Auxiliary Power）

表 4.37　实例：民用飞机机载系统重量的比例

	重量（kg）					
	A330-300		B767-400ER		B777-200	
		占制造空重比例（%）		占制造空重比例（%）		占制造空重比例（%）
制造空重	121 914		98 359		131 821	
结构重量	67 391		53 297		76 169	
其中：起落架	8 990	7.4	7 979	8.1	11 645	8.8

续表 4.37

	重量（kg）					
	A330-300		B767-400ER		B777-200	
		占制造空重比例（%）		占制造空重比例（%）		占制造空重比例（%）
发动机	17 236		15 395		21 087	
固定系统和设备	37 287	30.6	29 667	30.2	34 564	26.2
内 设	23 530	19.3	17 926	18.2	20 752	15.7
操纵面控制	2 246	1.8	1 890	1.9	2 323	1.8
燃油系统	382	0.3	385	0.4	410	0.3
液 压	1 762	1.4	1 361	1.4	1 854	1.4
电 气	1 346	1.1	1 279	1.3	1 359	1.0
航 电	1 380	1.1	1 207	1.2	1 407	1.1
APU	804	0.7	717	0.7	718	0.5
空 调	1 586	1.3	1 332	1.4	1 336	1.0
其 他	4 249	3.5	3 570	3.6	4 404	3.3

"最佳性价比"（Cost-Performance Optimum）方法，是选择飞机机载系统的一种常用方法，即在满足飞机设计技术要求的条件下，以"最低研发成本"为目标选择飞机系统。该方法符合飞机制造商的利益，但对客户"低运行成本"的需求考虑不足。机载系统的选择并不总是基于理性分析，常受到非理性因素（例如，仅考虑初始采购价格，领导的决策，对某品牌产品或制造商的偏好或信任）的限制。

民用飞机的整机经济性评估，广泛采用符合航空公司利益的 DOC 方法。该方法对影响飞机 DOC 的各种因素（包括飞机重量、轮挡耗油、轮挡时间、飞机利用率、维修性和价格等）进行综合分析，得到单一的 DOC 数值（DOC/航段、或 DOC/座公里），对飞机经济性或飞机设计参数优化做出明确的评定。把应用于全机的 DOC 分析方法进行适当裁剪，也可用于飞机机载系统的经济性评估和选型。这种机载系统 DOC 分析方法被简称为"DOC$_{SYS}$ 方法"。下面简要介绍 DOC$_{SYS}$ 方法及其各成本项目的评估模型。

1. DOC_{SYS} 方法概述

机载系统选择的先决条件，是满足飞机的设计技术要求。"满足飞机的设计技术要求"意味着：无论选择哪一款备选系统，将不影响飞机的座位数、最大商载、最大设计起飞重量和设计航程等目标设计参数，不影响任务飞行剖面和平均航段距离的假设，飞机的基本定价也不受机载系统选择的影响。据此不难对飞机 DOC 分析方法进行裁剪。

（1）可以裁剪掉的 DOC 成本项目（见表 4.38）：取决于飞机的价格和平均航段距离的贷款付息和保险成本；取决于飞机的座位数、最大商载、最大设计起飞重量和平均轮挡距离等设计参数的机场收费、导航费、地面操作费、餐饮费和民航发展基金。飞机系统选择虽然可能影响培训需求，但影响量小到可忽略不计，因此空勤/空乘成本也可以裁剪掉。

表 4.38 DOC_{SYS} 分析中对 DOC 成本项目的裁剪

DOC 分析的成本项目		影响成本的主要设计参数	DOC_{SYS} 是否考虑？
现金成本	飞行机组/客舱乘务员成本	座位数、利用率	×
	起降费	最大起飞重量、旅客座位数	×
	导航费	平均航段距离、最大起飞重量	×
	维修成本（机体和发动机）	维修工时和材料、机体重量、发动机推力	√
	燃油成本	轮挡耗油	√
	地面服务费	最大商载、旅客座位数	×
	民航发展基金	航线类型、航线距离	×
	餐饮费	航线距离、旅客座位数	×
财务成本	折旧成本（飞机和备件）	利用率、轮挡时间、平均航段距离	√
	利息成本（飞机和备件）	飞机价格、平均航段距离	×
	保险成本	飞机价格、平均航段距离	×

（2）需要补充的成本项目：系统派遣可靠性导致的航班延误或取消的附加成本；所需系统备件储备导致的附加财务成本。实际上，这两项成本已隐含在 DOC 分析模型中："飞机年利用率"综合考虑了飞机派遣可靠性的影响，"初始备件"计入了所需备件储备对财务成本的影响。

依据上述分析，可以得到描述机载系统直接运行成本（DOC$_{SYS}$）的表达式：

$$DOC_{SYS} = Depr_{SYS} + Fuel_{SYS} + DMC_{SYS} + Delay_{SYS} + SHC_{SYS}$$

式中：DOC$_{SYS}$——某备选机载系统的直接运行成本

Depr$_{SYS}$——系统引起的折旧成本（Depreciation Cost）；

Fuel$_{SYS}$——系统引起的燃油成本（Fuel Cost）；

DMC$_{SYS}$——系统引起的直接维修成本（Direct Maintenance Cost）

Delay$_{SYS}$——系统引起的航班延误/取消成本（Delay and Cancellation Cost）；

SHC$_{SYS}$——系统引起的备件储备成本（Spare Holding Costs）。

机载系统的选择，要对满足飞机总体设计技术要求的备选系统的下述要素进行综合评估，我们看到，上述方程恰好包含了这些要素对经济性的影响：

（1）重量：重量对飞机油耗的影响，包含 Fuel$_{SYS}$ 中；

（2）维修性：包含在 DMC$_{SYS}$ 中；

（3）可靠性：包含在 Delay$_{SYS}$ 和 SHC$_{SYS}$ 中；

（4）价格：包含在 Depr$_{SYS}$ 和 SHC$_{SYS}$ 中；

（5）其他特定准则（例如对电源和引气的要求，机外凸出物的附加阻力）：系统所需的功率提取、引气和附加阻力对飞机油耗的影响，包含在 Fuel$_{SYS}$ 中。

2. 系统引起的折旧成本 Depr$_{SYS}$ 的确定

Depr$_{SYS}$ 的计算方法与 DOC 模型中的计算方法一样，即

$$Depr_{SYS} = P_{SYS} \times (1 - R_{SYS})/N$$

式中：Depr$_{SYS}$——系统的年折旧成本；

P_{SYS}——系统的初始采购价格；

R_{SYS}——系统的残值（表示为系统价格的百分数）；

N——系统的折旧年限。

3. 系统引起的燃油成本 Fuel$_{SYS}$ 的确定

系统引起的燃油消耗，可能是系统重量造成的，可能是消耗来自发动机的引气或功率提取所引起的，也可能是系统部件突出飞机气动外形的附

加气动阻力造成的。任何系统每次飞行引起的燃油重量 FW_{SYS} 可写出下述通用方程式：

$$FW_{SYS} = FW_{WF} + FW_{WV} + FW_P + FW_B + FW_D$$

式中：FW_{SYS}——系统每次飞行消耗燃油的重量；

　　　　FW_{WF}——每次飞行系统固定重量（Fixed weight，指系统自身的重量，在飞行中保持不变）引起的油耗重量；

　　　　FW_{WV}——每次飞行系统可变重量（Variable weight，例如水/废水系统中的废水，在飞行中被排出机外）引起的油耗重量；

　　　　FW_P——每次飞行系统消耗来自发动机的轴功率提取（Power offtakes）所引起的油耗重量；

　　　　FW_B——每次飞行系统消耗来自发动机的引气（Bleed air off-takes）所引起的油耗重量；

　　　　FW_D——每次飞行系统的附加阻力（Additional drag，例如水/废水系统的外部排水管、通讯系统的机外天线和大气数据系统的机外传感器）所引起的油耗重量。

系统的年燃油成本 $Fuel_{SYS}$ 的可用下式表示：

$$Fuel_{SYS} = FW_{SYS} \times FP \times NFY$$

式中：$Fuel_{SYS}$——系统的年燃油成本；

　　　　FP——单位重量的燃油价格；

　　　　NFY——年飞行次数。

FW_{SYS} 表达式中各项油耗重量的计算，说明如下：

（1）数据准备：机载系统飞行中功率提取和引气需求。

民用飞机典型任务飞行剖面见图 4.3。各个飞行阶段的飞行时间、高度和速度不同，机载系统工作所需的发动机轴功率或发动机引气流量可能不同，所消耗的燃油量也将不同，系统的燃油消耗量 FW_{SYS} 是各飞行阶段消耗量的总和。对于任何一个要进行评估的系统，需要准备一份如表 4.39 所示的飞行中功率提取和引气需求表，功率提取和引气需求量应由系统供应商提供。

（2）系统固定重量引起的燃油消耗量 FW_{WF}。

系统的固定重量指的是系统自身的重量（包括系统正常运行所需的附加项目的重量）。FW_{WF} 的计算有两种途径：一种是利用飞行性能计算软件，

表 4.39　××系统飞行中功率提取和引气需求表

飞行阶段	飞行时间（分）	飞行高度（英尺）	耗油率磅/（磅力·分钟）	系统功率提取需求（千瓦）	系统引气流量需求（磅/分）
滑　　出					
起　　飞					
爬升段					
巡航段					
下降段					
进场和着陆					
滑　　进					

在规定的平均航段航程和典型飞行任务剖面条件下，确定出飞行重量的增加（指系统固定重量）引起的燃油消耗量 FW_{WF}。另一种是借用图 4.9 给出的轮挡耗油修正曲线，当缺乏设计数据时可以获得粗略的分析结果。该方法用于确定飞机商载增减时轮挡耗油的变化量，当然也可以用于系统固定重量所引起的油耗变化。

（3）系统可变重量引起的燃油消耗量 FW_{WV}。

飞行中重量变化的机载系统，主要指带有排水的水/废水系统，废水在飞行中被排出机外，重量的逐渐减轻将使得燃油消耗量的增量略有减少。有的水/废水系统带有废水循环处理系统，需要排出机外的废水较少。也有的水/废水系统没有废水排出系统。

废水排出机外的流速不是连续的、匀速的，要建立系统可变重量在 7 个飞行阶段中引起的燃油消耗量的精确计算模型是不切实际的和不必要的。假设系统排出机外废水的总量（即可变重量）是 WV，我们可以合理地认为：可变重量 WV 所引起的燃油消耗量，与重量为 0.5 WV 的固定重量引起的燃油消耗量是相当的。因此，可以用系统固定重量引起的燃油消耗量 FW_{WF} 的方法来计算。

（4）系统消耗来自发动机轴功率引起的油耗重量 FW_P。

飞机上驱动发电机和液压泵、为机载系统提供工作动力的机械能，提取自发动机的轴功率。提取发动机轴功率将增加发动机的耗油率 S. F. C.（Specific Fuel Consumption），或者说将引起的附加的油耗重量 FW_P。

依据表 4.36 中提供的各飞行阶段的功率提取需求，利用飞行性能计算软件，在规定的平均航段航程和典型飞行任务剖面条件下，计算出 7 个飞行阶段的飞行时间、需用推力、功率提取和不提取条件下的耗油率，然后确定出轴功率提取引起的总的附加油耗重量 FW_P。

应该注意到，各飞行阶段的功率提取量可能不同，因而各飞行阶段应分别来计算，需要把后一个飞行阶段计算得到的附加油耗重量，附加到前一个飞行阶段的飞行重量上，最简便的做法是从滑进段开始计算，此时 $FW_P = 0$。

（5）系统消耗来自发动机的引气引起的油耗重量 FW_B。

发动机和 APU 的引气是飞机空调和防冰系统的动力源。当引气取自发动机时，将引起的发动机油耗的增加。

依据表 4.36 中提供的各飞行阶段的引气需求，可以利用飞行性能计算软件，在规定的平均航段航程和典型飞行任务剖面条件下，计算出 7 个飞行阶段的飞行时间、需用推力、引气和不引气条件下的耗油率，并考虑后一个飞行阶段的附加油耗重量对前一个飞行阶段飞行重量的影响，确定出引气产生的总的附加油耗重量 FW_B。

（6）系统附加阻力引起的燃油消耗量 FW_D。

系统突出飞机气动外形的部件（例如：水/废水系统的外部排水管、通讯系统的机外天线和大气数据系统的机外传感器）可能导致附加气动阻力。对于任一飞行阶段 i，附加气动阻力 D_i 和附加阻力引起的油耗重量 FW_{D_i} 可用下式计算，附加阻力引起的总的附加油耗重量 FW_D 是所有飞行阶段 FW_{D_i} 计算结果的总和：

$$D_i = 0.5 \times \rho_i \times V_i^2 \times C_D \times A_{ref}$$
$$FW_{D_i} = D_i \times SFC_i \times t_i$$

式中：FW_{D_i}——飞行阶段 i 附加阻力引起的油耗重量（单位：lb）；

D_i——飞行阶段 i 的附加阻力（单位：lb）；

C_D——系统突出物的阻力系数，由系统供应商提供；

A_{ref}——系统突出物的参考面积（单位：ft^2），由系统供应商提供；

ρ_i——飞行阶段 i 的大气平均密度（单位：$lb/(sec^2 \cdot ft^4)$）；

V_i——飞行阶段 i 的平均真空速（单位：ft/sec）；

SFC_i——飞行阶段 i 的发动机耗油率（单位：$lb/(lb \cdot min)$）；

t_i——飞行阶段 i 的飞行时间（单位：min）。

4. 系统引起的直接维修成本 DMC$_{SYS}$ 的确定

系统引起的直接维修成本 DMC$_{SYS}$，应该由系统供应商提供。飞机制造商与系统供应商在签署系统采购协议之前，供应商应该提供在特定条件下，该系统每飞行小时直接维修成本的担保值。

DMC$_{SYS}$ 可分原位维修和离位维修两类，所以可用下式表达：

$$DMC_{SYS} = (MMH_{ON} + MMH_{OFF}) \times LR + MC$$

式中：DMC$_{SYS}$——系统引起的直接维修成本（单位：美元/年）；

　　　MMH$_{ON}$——原位维修工时数（单位：小时/年）；

　　　MMH$_{OFF}$——离位维修工时数（单位：小时/年）；

　　　LR——劳务费率（单位：美元/小时）；

　　　MC——维修材料成本（单位：美元/年）。

DMC$_{SYS}$ 也分为与飞行时间有关的维修成本以及与飞行循环有关的维修成本，此时 DMC$_{SYS}$ 的表达式如下：

$$DMC_{SYS} = (MMH_{FT} + MMH_{FC}) \times LR + MC_{FT} + MC_{FC}$$

式中：MMH$_{FT}$——与飞行时间有关的维修工时数（单位：小时/年）；

　　　MMH$_{FC}$——与飞行循环有关的维修工时数（单位：小时/年）；

　　　MC$_{FT}$——与飞行时间有关的维修材料成本（单位：美元/年）；

　　　MC$_{FC}$——与飞行循环有关的维修材料成本（单位：美元/年）。

各种系统有不同的维修特性。维修成本主要取决于飞行时间的机载系统，包括空调、自动飞行、电源、飞行控制、燃油、液压、仪表、照明、导航和氧气等。飞行时间和飞行循环对维修成本作用大致相当的系统，包括内设、防冰/除雨。维修成本主要取决于飞行循环的机载系统，包括起落架、气源、水/废水和 APU。

表 4.40 给出了支线机和窄体机各种机载系统 DMC 占机体 DMC 百分比的统计值，以便对 DMC$_{SYS}$ 的给定值做出评估。

表 4.40　支线机和窄体机各种机载系统 DMC 占机体 DMC 百分比的统计值

ATA 章节	系统或项目	占机体 DMC 的百分比（%）
5	维修检查	4.6
21	空　调	4.4
22	自动飞行	3.7

续表 4.40

ATA 章节	系统或项目	占机体 DMC 的百分比（%）
23	通　信	1.8
24	电　源	3.0
25	内饰/设备	13.5
26	防　火	0.5
27	飞　控	7.1
28	燃　油	1.4
29	液　压	2.7
30	防冰/除雨	0.8
31	指示/记录	1.0
32	起落架	19.5
33	照　明	2.2
34	导　航	9.0
35	氧　气	1.0
36	气　源	1.1
38	水/废水	0.7
45	中央维护系统	0.2
49	APU	6.4
50	标准施工/结构	2.0
52	舱　门	2.7
53	机　身	2.8
54	短舱/吊舱	0.7
55	安定面	1.1
56	窗	2.7
57	机　翼	3.2
合　计		100

5. 系统引起的航班延误/取消成本 Delay$_{SYS}$ 的确定

系统引起的航班延误/取消成本 Delay$_{SYS}$ 可用下式表达：

$$Delay_{SYS} = (P_D \times C_D \times t_D + P_C \times C_C) \times NFY$$

式中：$Delay_{SYS}$——系统引起的航班延误/取消成本（单位：美元/年）；

　　　　P_D——系统引起的航班延误概率（单位：次/年），由系统供应商提供；

　　　　C_D——航班延误每分钟的成本（单位：美元/分）

　　　　t_D——系统引起的航班延误的平均时间（单位：分/次），由系统供应商提供；

　　　　P_C——系统引起的航班取消概率（单位：次/年），由系统供应商提供；

　　　　C_C——航班取消的成本（单位：美元/次）

　　　　NFY——年飞行次数。

下面给出两种有代表性的关于航班延误/取消成本的研究结论。

（1）中国民航大学 2010 年发表的《航空公司航班延误损失分析》。

该文献仅分析了航班延误的损失，未涉及航班取消的损失。该文献认为，航班延误的损失可分为下述三类：

① 地面延误损失：地面延误与空中延误的比例为 91% 和 9%。地面延误损失应该为主营业务成本的 45%，因为地面延误不引起航油成本（约占主营业务成本的 40%）和机场服务成本（约占主营业务成本的 15%）的增加。

② 空中延误损失：空中延误损失应该为主营业务成本的 85%，因为地面延误不引起机场服务成本的增加。

③ 机会成本：指的是延误导致航空公司不能执行其他飞行任务带来的潜在损失。该文献认为，可按单位时间的净利润来衡量单位时间的机会成本。

该文献依据中国五家上市航空公司 2007 年的财务数据，给出了表 4.41 所示的航班延误损失分析值（表中的美元/人民币兑换率为 6.3）。

表 4.41　中国五家上市航空公司 2007 年航班延误损失分析值

损失	单位	国际航空	南方航空	东方航空	海南航空	上海航空
地面延误损失	元/分	372	400	445	380	507
	美元/分	59	63	71	60	80
空中延误损失	元/分	702	755	840	717	957
	美元/分	111	120	133	114	152

（2）欧洲航管 2004 年发表的《*Standard Inputs for Eurocontrol Cost Benefit Analyses*》。

　　表 4.42 给出了欧洲航管对航班延误和航班取消成本的推荐值。表 4.42 中的航班延误成本推荐值取自表 4.43 中给出的英国西敏寺大学 2004 年发表的航班延误成本研究（该研究假设 15 分钟以内的延误成本为 0）。从表 4.43 可以看出，"€72/分钟" 的值对应于地面延误，考虑了航线网络影响（即考虑了初始航班延误对后续航班延误的影响），且考虑了旅客机会成本。所谓"旅客机会成本"，指的是旅客由于当前经历的延误可能不愿再次选择特定的航班，使得航空公司丧失未来潜在的收益。

　　取消航班的成本"€6 380/次"中，未考虑货物晚交付的成本。

表 4.42　欧洲航管的航班延误和航班取消成本推荐值

运行成本项目	2004 年欧洲航管推荐值（欧元）	备　注
航班延误成本	€72/分钟（$93.5/分钟）	假设：1 欧元 = 1.3 美元
取消航班成本	€6 380/次（$8294/次）	

表 4.43　西敏寺大学研究结论（2004 年）：每分钟航班延误的成本分析

	不考虑网络影响		考虑网络影响	
	地面	空中	地面	空中
燃油成本	0.4	10.6	0.5	10.7
维修成本	0.5	1.0	0.6	1.1
机组成本	8.7	8.7	10.4	10.4
地面和旅客操作	—			
机场收费	0.3	− 0.0	0.4	0.1
飞机所有权成本	—			
旅客补偿	13.4	13.4	24.0	24.0
航空公司直接成本合计	23.2	33.7	35.9	46.3
旅客机会成本	20.0	20.0	36.1	36.1
成本总计	43.3	53.7	72.0	82.4

　　比较上述两种航班延误/取消成本的研究我们认为，欧洲航管的推荐值全面考虑了航空公司的直接运行成本损失、航线网络影响和旅客机会成本损失；如果不考虑旅客机会成本则与中国民航大学的结论比较接近。因而，采用欧洲航管的推荐值是比较合适的。

6. 系统引起的备件储备成本 SHC$_{SYS}$ 的确定

系统引起的备件储备成本 SHC$_{SYS}$ 可用下式表达：

$$SHC_{SYS} = r \times k_P \times P_{SYS} \times RQS/FS$$

式中：SHC$_{SYS}$——系统引起的备件储备成本（单位：美元/年）；

      r——贷款的年息；

      k_P——价格系数，综合考虑备件价格与初始采购价之比、储备备件占整个系统之比以及系统余度的参数，由系统供应商提供；

      P_{SYS}——系统的初始采购单价（单位：美元）；

      RQS——所需备件套数，是备件可获得性的函数，通常以 RQS/FS 形式（机队的所需备件套数），由系统供应商提供；

      FS——机队规模。

在应用机载系统 DOC 分析方法时应注意到下述几点：

（1）由于不同地区（北美、欧洲和中国）的经济和市场环境不同，因此 DOC 分析方法有所不同。机载系统直接运行成本分析方法，是依据中国航空市场的 DOC 方法推导得到的。由于所裁剪掉的成本项目恰恰是那些随地区变化的项目（例如起降费、地面操作收费和导航费等），因此该方法是普遍适用的，与地区无关。

（2）在系统选型中，我们关心的是备选系统直接运行成本（DOC$_{SYS}$）相对量的高低，不需要知道 DOC$_{SYS}$ 绝对量。因此，如果备选系统的耗能（即 Fuel$_{SYS}$）相近或很小，我们可以不做分析，仅做影响量大的成本项目，使得分析大为简化。

（3）系统引起的航班延误/取消成本 Delay$_{SYS}$ 很重要，文中给出的推荐值只是"平均值"，实际上与机型大小有关，详细数据可参阅有关文献[18]。

参考资料

[1]　Air Transport Association of America. Standard Method of Estimating Comparative Direct Operating Costs of Turbine Powered Transport Airplanes, Dec. 1967.

[2]　LIEBECK, ROBERT H, ET AL. Advanced Subsonic Airplane Design &

Economic Studies, NASA CR-195443, April 1995.

[3] HARRIS, FRANKLIN D. An Economic Model of U.S. Airline Operating Expenses, NASA/CR 2005-213476, Dec. 2005.

[4] JUPP, JEFF. Aircraft Operating Economics or What the Customer Really Cares about. Feb. 2009.

[5] Association of European Airlines. Operating Economy of AEA Airlines 2007, Dec. 2007.

[6] Center for Financial Research and Analysis, Inc., Overview of Airline Industry Depreciation Policies, Dec. 1999.

[7] European Aviation Safety Agency (EASA), Survey on standard weights of passengers and luggage, May 2009.

[8] Federal Aviation Administration (FAA), Aircraft Weight and Balance Control, AC 120-27D, Nov. 2004.

[9] Transport Studies Group University of Westminster, Dynamic Cost Indexing. 02 June 2008.

[10] IATA's Maintenance Cost Task Force, Airline Maintenance Cost Executive Commentary, Jan. 2011.

[11] Airport Nuremberg, List of Service Charges of Flughafen Nürnberg GmbH, Mar. 2011.

[12] SCHOLZ D. DOCSYS-A Method to Evaluate Aircraft Systems. May 2004.

[13] SCHOLZ D. Aircraft Systems Reliability, Mass, Power and Costs. 2002.

[14] WESTPHAL, ROUVEN, SCHOLZ D. A Method for Predicting Direct Operating Costs During Aircraft System Design. Jun. 1997.

[15] SCHOLZ D. Fuel Costs due to Aircraft System. Dec. 2007.

[16] KING J RUSSEL. A Decision-Making Framework for Total Ownership Cost Management of Complex Systems: A Delphi Study. Nov. 2007.

[17] 邢有洪，李晓津. 航空公司航班延误损失分析[J]. 会计之友，2010（2）.

[18] EUROCONTROL. Standard Inputs for Eurocontrol Cost Benefit Analyses. Feb. 2005.

[19] SCHUMER CHARLES. Maloney Carolyn (the Joint Economic Committee), Flight Delays Cost Passengers, Airlines, and the U.S. Economy Billions, May 2008.

第五章 飞机残值

第一节 导 论

图 5.1 给出的全球民用飞机机队所有权分布概况表明，民用飞机的所有者不一定是飞机运营者，而大多是飞机的投资者。飞机被作为一项实物资产投资，由航空公司、租赁公司或银行财团出资购买。飞机在未来二手飞机市场的价值（即"残值"），将是投资人购机决策时关注的焦点。一般而言，民用飞机永久退役前的经济使用寿命为 20 ~ 30 年。在飞机经济使用寿命期间，飞机可能数易其主，多次转手，飞机的残值表征了投资人能够从二手飞机市场回收多少购机投资。

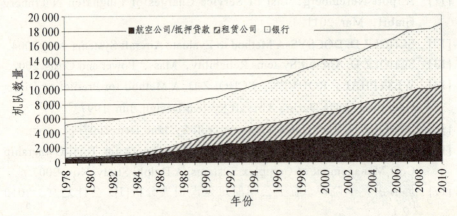

图 5.1 全球机队所有权分布概况（1980—2010 年）①

资金充足的大型航空公司倾向于保持庞大的新机机队，被置换出的旧飞机进入二手飞机市场。当航空公司无法偿还购机贷款或无法按期支付租、

---

① 数据来源：Ascend。

金时，飞机也会进入二手飞机市场转售或出租。新组建的航空公司和小型航空公司由于资金短缺或筹款困难，往往采用购置二手飞机或租赁方式来构建和扩大其机队。大型航空公司有时也会购买二手机，以便迅速增加机队运力或扩充其机队中已停产飞机的机队规模。各类航空公司通过"置换和再循环"的方式来构建、更新和扩大适合自己经营模式和市场的机队。通过在适当的时机购进和出售飞机，也成了一些航空公司、租赁公司或投资人进行飞机资产投资、管理和增值的重要手段。上述种种行为，使得二手飞机市场交易一直很活跃。

在市场体系中，买卖双方相互作用并共同决定商品价格和交易数量。较高的价格趋于抑制消费者购买，同时刺激生产；较低的价格趋于鼓励消费而抑制生产。价格在市场机制中起着重要的平衡作用。本章提到的"基本价值"是在供求平衡的假设前提下对商品潜在价值的评估。

但是，宏观经济发展的周期性、新技术的出现、石油等资源的短缺、外部因素的影响（例如高速铁路发展和环保限制对航空运输业的影响）、不完全竞争（例如市场垄断）和政府税收政策的调节等，常常打破市场均衡的格局，使飞机的交易价格往往偏离基本价值。本章提到的"市场价值"就是要研究在实际市场条件下可能的飞机的交易价格。

总之，对飞机未来价值的预测，包括在供求平衡条件下的"基本价值"预测和在市场条件下的"市场价值"预测。飞机价值预测的基础，是分析飞机价值的历史趋势以及与各种市场因素的关联性。预测是困难的，因为现实充满着各种不可预测事件，历史趋势和各种关联性对突变事件不很敏感，并非总能有效地描述未来。然而，飞机价值的评估和预测，虽然不一定能够准确预测未来飞机的价格，但是可以理性地判断飞机的价值在哪里，何时具有投资机会，什么样的飞机保值能力相对较强，这些对于投资者评估投资的风险和回报来说具有重要意义。

应该顺便指出的是，本章中讨论的飞机残值（Residual Value），指的是飞机未来在二手飞机市场的价值，并不是飞机退役拆解时可用于其他飞机的零部件的"残余价值"（Salvage Value）、或是作为废料回收的"废料价值"（Scrap Value），也不是在非正常交易条件下的"强迫售价"（Forced Sale Value）或"清算价值"（Liquidation Value）。

第二节　飞机价值的定义和术语

讨论飞机的价值，首先必须了解飞机价值的有关定义和专业术语，以及飞机状态的界定，以免误读飞机价值的有关信息。

一、飞机状态的假设

飞机价值的评估与飞机状态有关。飞机状态的假设基于下述飞机信息的组合：飞机制造商、机型、型别、生产年份、技术规范（包含最大起飞重量、发动机制造商、发动机机型和型别）等。飞机价值评估一般针对典型构型（例如客机型、货机型、客/货混合型、或客/货快速转换型），对于特殊构型（例如公务机型和专机型），还需要附加信息。所评定的飞机无损伤记录，遵守和执行适航指令和有效的服务通报，有完善的技术记录和文档，并假定：

（1）飞机制造商（或合格证持有人）将继续有效支持飞机运营；

（2）发动机制造商将继续有效支持发动机运营；

（3）在典型的利用率和合理维护条件下，与其他同类机型和相同机龄飞机相比，飞机的设计和构造不会导致不适当的维修和大修成本；

（4）不考虑因新的噪声或其他政府立法生效对飞机及其价值产生的不利影响；

（5）飞机保持良好的维护状态，以同类飞机相当的平均利用率和航段距离运行；

（6）不考虑飞机遭受到对飞机未来价值会产生不利影响的设计或材料缺陷、或意外事故。

二、"半寿期"（Half-Life）

飞机价值与飞机的维修状态有关。"半寿期"是飞机评估业的标准术语，它的含义并不是"使用寿命的一半"，而是指在价值评估时不考虑飞机的实际维修状态。这样使得在不同的机型和机龄之间，可以进行价值比较，不受维修状态的影响。"半寿期"假设飞机的机体、发动机、起落架和所有主部件处于两次大修的中期，所有时限件（Life Limited Parts）使用到寿命的一半。

三、全寿期（Full-Life）

"全寿期"的含义并不是飞机处于"全新"状态，而是飞机价值评估时假设的一种典型维修状态，指的是飞机处于下述维修状态：

（1）机体刚做过大修（即D检）；

（2）发动机刚做过返厂大修和性能复原；

（3）所有发动机时限件是新换的；

（4）起落架刚做过大修；

（5）所有其他维修参数假设为"半寿期"（即不做价值调整）。

对于一架新的或接近全新的飞机，要在二手机市场出售，残值评估应该采用什么维修状态呢？显然，采用"全寿期"状态是不合适的，应该采用"半寿期"状态。因为即使是一架不久前全新交付的飞机，飞机的短期运行或交付前的演示飞行可能已消耗了一定量的飞行小时或飞行起落；向新用户转交时，将产生飞机交接成本；按新用户要求重新喷漆和客舱改装将产生成本。

一般而言，"全寿期"和"半寿期"之间的价值差，不低于新机价格的10%。为了说明飞机价值与飞机的维修状态的关系，图5.2以A320-200飞机为例给出了飞机锯齿形维修剖面图，表5.1详细给出了A320-200飞机在"蜜月期"、成熟期和老化期的"全寿期"和"半寿期"维修价值的分析数据。从图5.2的锯齿形维修剖面图可以看出，A320-200飞机在"蜜月期"维修状态运行72个月，直至恢复到"全寿期"维修状态，维修投入（包括日常维护、C检和D检）总计1 112.5万美元（515美元/飞行小时）。与A320-200新机价格4 000万美元左右相比，维修投入是个不小的比例。随着机龄的增加，飞机价值下降，而维修投入不断增加，维修状态的影响更大。

图 5.2　飞机维修剖面示例（A320-200 飞机）

表 5.1　A320-200 飞机"全寿期"和"半寿期"维修价值

假设条件	年利用率（飞行小时）	3 600		
	轮挡小时	1.8		

	部　件	维修检查	全寿期价值（美元）	半寿期价值（美元）	直接维修成本（美元/飞行小时）
蜜月期（0~6年）	机　体	4C/6YSI，间隔 72 个月，10 830 美元/月	780 000	390 000	36.1
	机　体	8C/12YSI，间隔 144 个月，5 900 美元/月	850 000	425 000	19.7
	起落架	120 个月大修一次，3 500 美元/月	420 000	210 000	11.7
	APU	7 500 小时修复一次，35 美元/APU 小时	265 000	132 500	23.0
	发动机模块	24 300 小时首次修复，92 美元/飞行小时	4 470 000	2 235 000	184.0
	发动机时限件	13 500 循环首次更换，94.5 美元/循环	4 340 000	2 170 000	105.0
	总　计		11 125 000	5 562 500	379
	部　件	维修检查	全寿期价值（美元）	半寿期价值（美元）	直接维修成本（美元/飞行小时）
成熟期（6~12年）	机　体	4C/6YSI，间隔 72 个月，12 450 美元/月	897 000	448 500	41.5
	机　体	8C/12YSI，间隔 144 个月，5 900 美元/月	850 000	425 000	19.7
	起落架	120 个月大修一次，3 500 美元/月	420 000	210 000	11.7
	APU	7 500 小时修复一次，35 美元/APU 小时	265 000	132 500	23.0
	发动机模块	40 500 小时二次修复，154 美元/飞行小时	5 000 000	2 500 000	308.6
	发动机时限件	22 500 循环二次更换，94.5 美元/循环	4340000	2 170 000	105.0
	总　计		11 772 000	5 886 000	509
	部　件	维修检查	全寿期价值（美元）	半寿期价值（美元）	直接维修成本（美元/飞行小时）
老化期（12年之后）	机　体	4C/6YSI，间隔 72 个月，12 450 美元/月	986 700	493 350	45.7
	机　体	8C/12YSI，间隔 144 个月，5 900 美元/月	1 020 000	510 000	23.6
	起落架	120 个月大修一次，3 500 美元/月	420 000	210 000	11.7
	APU	7 500 小时修复一次，35 美元/APU 小时	265 000	132 500	23.0
	发动机模块	40 500 小时二次修复，154 美元/飞行小时	5 000 000	2 500 000	308.6
	发动机时限件	22 500 循环二次更换，94.5 美元/循环	4 340 000	2 170 000	105.0
	总　计		12 031 700	6 015 850	518

四、基本价值（Base Value）

依据协调和指导飞机贸易的国际专业机构——国际运输飞机贸易协会（International Society of Transport Aircraft Trading，ISTAT）1994 年 1 月公布的定义，飞机基本价值指的是当飞机处于开放的、不受约束的、供求合理平衡的稳定市场环境中，并假定飞机被"高效和最佳"使用的情况下，评估者对飞机潜在经济价值的判定。飞机的基本价值，是按照飞机价值的历史趋势和对未来价值趋势的预测确定的，并且假设具备意愿、能力和相关知识的各方之间，在谨慎行事、没有强迫的情况下，以及在销售中拥有合理的时间段进行公平的现金交易。

五、市场价值（Market Value）

依据 ISTAT 给出的定义，飞机市场价值，指的是评估者认定的、飞机处于当时感知的市场环境下所可能产生的、最可能的交易价格。市场价值假定，该飞机按"高效和最佳"使用来评估，销售交易的各方具备意愿、能力、谨慎行事和相关知识，没有匆忙销售的不寻常压力，交易应该在公开的、不受约束的市场以公平交易为基础进行协商，可以是现金交易或其他等价交易，有充分的时间向准买家进行有效的展示。

依据基本价值与市场价值的定义，可以看出它们的主要差异在于：基本价值是在供求平衡的前提下飞机的潜在经济价值，而市场价值是当时的市场状态下飞机最可能的实际交易价。没有飞机是按照基本价值进行交易的，基本价值实际上是市场价值剔除了市场波动影响后所形成的飞机价值随机龄和技术老化逐步衰退的长期趋势线。基本价值有助于我们理解如何去预测市场价值。图 5.3 给出了基本价值与市场价值的区别。

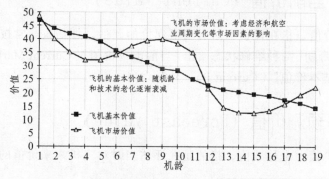

图 5.3 飞机基本价值与市场价值区别示意图

六、疲软市场价值 (Soft Market Value)

疲软市场价值由基本价值导出，是用于描述经济持续低迷阶段飞机的价值。当全球主要航空运输市场区域处于经济不景气或处于经济持续低迷阶段时，正如美国"9·11"事件随后几年人们所看到的那样，飞机价值会不同程度地疲软。从定义我们知道，基本价值本质上是飞机的理论价值。通常认为，在经济持续低迷阶段，飞机价值从基本价值经 3 年到达疲软市场价值，此后疲软市场价值的走势将与基本价值的走势平行。

图 5.4 以 A320-200 为例给出了依据 2013 年的市场环境得到的基本价值和疲软市场价值的预测结果。

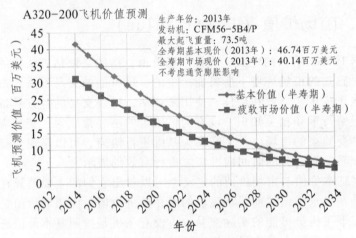

图 5.4　A320-200 基本价值和疲软市场价值预测[①]

七、当前价值 (Current Value)

当前价值，指在评估当时对飞机现价的评估。评估人通常按照"半寿期"和"全寿期"两种维修状态给出"当前市场价值"（Current Market Value）和"当前基本价值"（Current Base Value）。

八、预测价值 (Forecast Value)

预测价值，也称残值，指的是在评估当时对飞机未来价值的评估。评

---

① 资料来源：Ascend。

估人通常按照"半寿期"和"全寿期"两种维修状态给出"预测基本价值"（Forecast Base Value）和"预测疲软市场价值"（Forecast Soft Market Value）。

图 5.5 示例给出了基本价值预测。图例表明，基本价值预测基于市场价值的历史值，通常按照"半寿期"维修状态给出预测值，并考虑通货膨胀率的影响（图例中假设通货膨胀率为 2%～3%）。

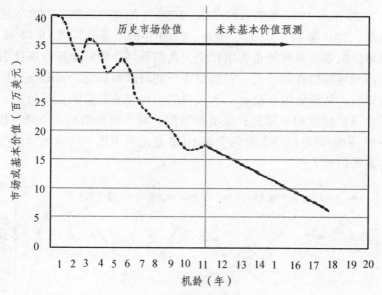

图 5.5 基本价值预测示例

九、残值（Residual Value）

依据 ISTAT 给出的定义，残值指的是飞机、发动机或其他资产项目在未来某一日期的价值。按照这一定义，预测的飞机基本价值，就是相应日期飞机的残值。当飞机用于经营租赁时，租赁期终结时飞机的价值应等于此时飞机的残值。

第三节　影响飞机价值的因素

决定飞机当前和未来残值、并影响航空公司和租赁公司购机决策的主要因素可以归结为四类：宏观经济形势、航空市场状态、制造商因素和飞机因素。

一、宏观经济周期性变化的影响

从 1973 年和 1978 年的石油危机、1990 年的海湾危机、1998 年的亚洲金融风暴、2001 年的"9·11"事件、2003 年的"非典"（SARS）和 2008 年的金融危机等一系列的重大事件中，我们看到，各种全球性事件引发的全球经济景气周期性的波动，对航空市场的需求和航空公司的支付能力产生显著影响，从而影响新机和二手飞机的市场交易数量和交易价格。经济上升期，飞机价值相应提升；经济疲软期，则飞机价值相应下降。图 5.6 告诉我们，表征宏观经济态势的全球 GDP 变化与飞机平均市场价值变化之间存在紧密的相关性。

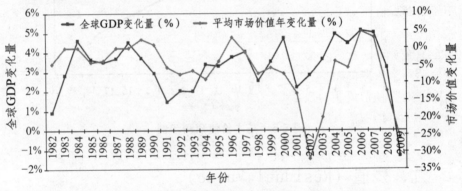

图 5.6　飞机平均市场价值变化与全球 GDP 变化的相关性

图 5.7 以 5 年机龄的 A320-200 和 B747-400 飞机为例给出了全球性事件（或经济周期性变化）对飞机市场价值的影响。一般而言，航空运输业的衰退会超前于 GDP 的衰退，而航空运输业的恢复却滞后于 GDP 的恢复，飞机市场价值的恢复要比 GDP 的恢复滞后 2 年左右；航空运输业的衰退首先体现在航空货运的衰退；不同机型受影响的程度有明显差异，老旧机型受经济衰退的影响更为强烈，且恢复更慢。

交通需求与 GDP 增长密切相关，因而航空公司的收益也随着全球经济的周期性变化而上下波动。航空公司一般资产信用等级不高，具备投资能力的航空公司极少，它们采购飞机的能力取决于资产负债表上的收益状况，

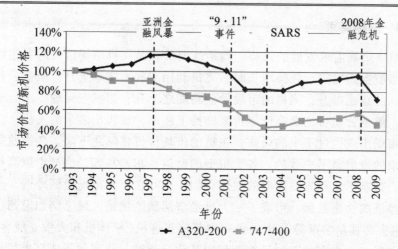

图5.7 5年机龄飞机市场价值受全球性事件的影响①

因此航空公司总是在高收益时期下订单，此时飞机的市场价值往往较高。不幸的是，在下订单后2～3年飞机交付时，市场境况可能已经时过境迁，风光不再。经济波动周期平均长度约为8年，航空公司在偿还购机贷款期间至少会遇到一次经济衰退，届时航空公司难免陷入捉襟见肘的经济困境。然而，资金雄厚的租赁公司正好可以利用飞机订购与交付的时间差，在市场谷底期市场价值相对较低时订购飞机，在市场增长期售出或出租飞机，既迎合了市场需求，又获得丰厚的回报。

二、航空市场状态

航空市场的基本状态，主要取决于全球经济的周期性变化。除此之外，还有许多因素影响着航空市场的状态。近年来，油价快速波动和上升；环保压力日趋增强；"天空开放"范围的扩展不断刺激航空市场需求的增长，市场竞争加剧；低成本航空浪潮拓宽了航空市场的需求，也增加了经营者的风险和成本压力；由中国和印度领跑的亚洲航空市场，正在取代北美成为全球最大的航空市场。

航空市场的这些变化，对飞机当前和未来残值带来什么影响呢？不同的市场区可能出现不同的发展特点，不同的机型可能有不同的感受，可以从下述三个方面来判断：

---

① 数据来源：Ascend。

1. 市场需求

航空市场需求发展的强势、均衡或弱势，是飞机市场价值的决定性因素。当航空运输需求强势增长时，飞机利用率和上座率上升，航空公司扩大机队的意愿提升，飞机的市场价值将随之上升；当航空运输需求处于弱势时，航空公司可能会降低票价来维持上座率，或售出多余的飞机，二手飞机市场出现供过于求的局面，飞机的市场价值将随之下降。各类航空市场需求的发展是不一致的，各类机型的命运也相差甚远，例如中国高铁的发展，抑制了短程支线航空的发展，CRJ 200 在中国市场遭到冷遇。中国区域经济的快速发展，形成了一大批经济活跃的城镇区域（例如温州、义乌、包头和鄂尔多斯等），引发了对中等座级客机（窄体机和大型支线客机）的强劲需求。中东的航空运输业利用其地处亚洲、欧洲和非洲交界的地缘优势和石油的资源优势，在经济全球化趋势推动下，大力发展枢纽航空，成为宽体机的重要市场。

2. 市场流动性

二手飞机市场是航空运输业发展的产物，飞机在市场中的流动有利于航空公司应对周期性变化的市场，合理配置资金、资源和运能。

在役飞机数量、飞机后续订单数量、制造商生产线的规模、延续生产的时间、营运人数量和地理分布，是衡量市场流动性的基本指标。市场流动性对飞机残值有着极为重要的影响。市场流动性强的机型，机队数量庞大，用户的地域分布宽广，依附该机型而生存的供应商和维修基地遍布各地，因而航材备件和发动机供给有望得到长期保证、来源充足且价格稳定，维修便利，机组获得性强，便于在运营商之间转手，因此具有较高的残值。例如，客舱构型较为单一、市场适应性宽的窄体机（例如 B737-800 和 A320-200），在役飞机机队庞大、飞机后续订单数量多，市场流动性强，具有较高保值能力，受到租赁公司和航空公司的青睐。宽体机的市场流动性稍为逊色。

表 5.2 给出了波音和空客商用飞机订单和交付量（截至 2012 年 12 月月底），从中可以对机型的市场流动性做出基本判断。由此我们联想到一个事实：波音和空客公司早就对替代 B737 和 A320 系列飞机的全新构型的后继机进行了充分的技术可行性研究，但是它们都宣称在 2024 年之前不会推出 B737 或 A320 飞机的后继机，而是利用 B737 或 A320 飞机换装新型先

进涡扇发动机（即 Geared Turbofan）来满足未来十余年窄体机航空市场的需求，使得这两款机型的延续生产时间超过了 40 年。两家制造商的决策，不仅在商务上达到了低研发成本获得稳定市场的结果，而且也稳定了数以千计的现役 B737 和 A320 飞机在二手飞机市场的残值。试想，如果突然宣布这两款机型将停止生产，飞机的市场流动性必然难以继续，飞机持有人必将蒙受飞机残值快速下跌的巨大损失。

表 5.2　波音和空客商用飞机订单和交付量（截至 2012 年 12 月月底）

机　型	交付量	订单量	未交付量
A318	79	81	2
A319	1 357	1 526	169
A320	3 192	6 094	2 902
A321	775	1 330	555
A330	938	1 244	306
A340	377	377	0
A350	0	582	582
A380	97	262	165
空客总计	6 815	11 496	4 681
737-700	1 225	1462	237
737-800	2 791	4 193	1 402
737-900/900ER	208	579	371
737 MAX	0	1 064	1 064
767	1 040	1 108	68
777	1 066	1 431	365
747-8	40	107	67
787	49	848	799
波音总计	6 419	10 792	4 373

3. 航空公司的利润空间

航空公司的利润空间与飞机的市场价值之间有很强的相关性，利润空间大其市场价值随之增加。油价的上升，使得燃油成本从原先约占飞机直接运行成本的 15% 上升到占 40% ~ 50%，单位座公里油耗高的小型喷气支线机（例如 CRJ 200 和 ERJ 145）丧失了利润空间，在二手机市场无人问津，许多飞机被送去美国沙漠封存，支线航空转向使用大型喷气支线机或涡桨支线机。

三、制造商因素

制造商的状态对飞机的残值有不可忽视的影响。

1. 制造商的新机开发策略

制造商不断寻求新技术、新材料和提高安全性，并期望体现在飞机价格的提高上。不过，价格的提高不是一厢情愿的事，新技术和新材料只有体现在飞机经济性和安全性的改善上，有利于扩大航空公司的利润空间，才能为市场所接受。210 ~ 290 座级的 B787 飞机，其机体结构材料按重量计，50% 复合材料，20% 铝合金，15% 钛合金。机翼带倾斜式翼尖，发动机挂架采用减噪的锯齿形边缘。机头的气动外形更光洁，采用四块风挡。驾驶舱兼容性设计使得有资质的 B777 驾驶员能够操作该机型。直接运行成本比相似座级的 B767 飞机低 20%。该机型从客户利益出发，在设计上尽可能地简化设计，把客户化选项降至最低，并且大量向海外扩展制造工作，以降低制造成本，提升客户的利润空间，因此该机型尚未问世就有大量订单收入囊中。

如果制造商持续依靠高折扣出售飞机和扩大市场，飞机残值将难以回到基本价格的趋势线水平。

2. 飞机生产线

高的飞机产能和大批生产，有利于增加市场流动性，趋于提升飞机残值。在生产线上的时间位置也对残值产生影响，最终阶段生产的飞机的残值较低。无论是飞机制造商还是发动机制造商，终止业务将严重损害飞机残值。图 5.8 比较了 MD-83 前期产品与最后期产品的市场价值，最终阶段生产的飞机的残值大幅下降，其原因主要是担忧机体、系统和发动机的售后服务和航材供给难以得到必要的保障。

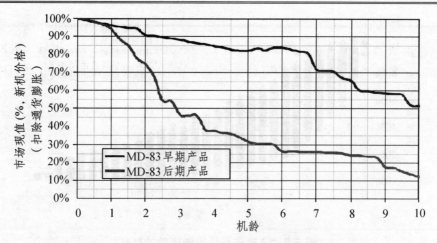

图 5.8　MD-83 早期产品与最后期产品市场价值比较

3. 制造商的选择

目前飞机制造商和机型的选择余地很小，大型飞机制造商仅波音公司和空客公司两家。飞机制造商和机型的选择余地有限，使得航空公司购机谈判的筹码很少。但是，由于机型的选择集中于少数几款，有些机型的机队数量庞大，有利于二手飞机市场的流动性，也有利于飞机保值。

更换制造商和机型对于航空公司来说存在较大的风险，是一项困难的选择。新制造商和新机型的进入，航空公司必然担忧更换制造商和机型带来的难以预测的成本增加的风险；购置新机型的技术和市场风险往往高于购置成熟机型，航空公司必然担忧二手飞机市场的流动性不足飞机难以保值的风险。因此，中国商用飞机制造业要成功进入全球航空运输市场，必然有一个漫长和艰辛的过程。

四、飞机因素

1. 机　龄

机龄是决定飞机基本价值和市场价值的重要因素（见图 5.9）。飞机的价值随机龄而降低，既有飞机性能随机龄衰减的内在因素，也有新的市场需求、新技术的开发和新适航法规的实施等外部因素，不同的机型其价值随机龄降低的速率是不同的。

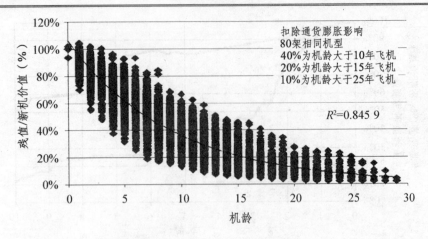

图 5.9　飞机市场价值随机龄的变化

2. 机　型

市场分散度是决定飞机市场流动性的基本因素，从而对飞机残值产生重要影响。表 5.3 比较了宽体机与窄体机的市场分散度。

表 5.3　现役窄体机与宽体机市场分散度比较

项　目	窄体机	宽体机
平均使用寿命	24～28 年	22～24 年
机型和衍生型数量	2 种主要机型 8 种主要衍生型 12 种机型/发动机组合	8 种主要机型 30 种主要衍生型 50 余种机型/发动机组合
技术更新换代时间跨度	每 14～16 年推出一款新机	每 8～10 年推出一款新机

前面提到，市场流动性对飞机残值有着极为重要的影响。从表 5.2 可以看出，与宽体机相比，窄体机的平均使用寿命较长，机型和衍生型的选择余地较小，加上窄体机的更新换代较慢，因而主要窄体机型的产量较大，延续的生产时间也较长，客户基础很宽。这使得窄体机的市场流动性很强，便于在运营商之间转手，老旧飞机也不难找到第三层次的买家，因而有较高的飞机残值（见图 5.10）。

　　宽体机由于机型和衍生型较多，更新换代较快，市场分散度较高，每款机型的客户基础较小，市场流动性较差，在二手飞机市场要找到适合的运营商机会稍差，飞机残值必然受到影响。图 5.11 比较了 A320-200 与 B747-400飞机的基本价值，B747-400 残值随机龄下降速度明显快于 A320-200。

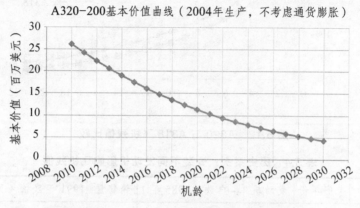

图 5.10　A320-200 飞机基本价值随机龄的变化[①]

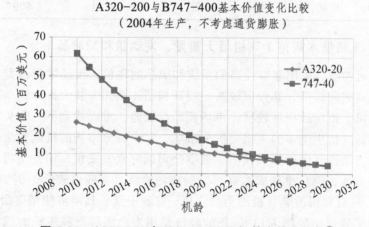

图 5.11　A320-200 与 B747-400 飞机基本价值比较[②]

　　窄体机并非都有良好的市场流动性。机队规模相对较小的 A318 飞机，其市场流动性较差。图 5.12 比较了 A320 与 A318 飞机残值预测结果。

　　类似机型安装不同的发动机，也可能因客户数和市场流动性不同，飞机的残值显示出很大差异（见表 5.4）。

---

①、② 资料来源：Ascend。

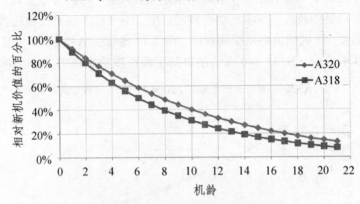

图 5.12　A320 与 A318 飞机残值比较[①]

表 5.4　历史案例：安装不同发动机影响飞机残值

型　号	生产年份	发动机	客户数（1985 年）	销售量	1991 年残值（万美元）
DC10-30	1980	GE	39	183	3 500
DC10-40	1980	P. W	2	41	1 500

3. 飞机技术规范（飞机最大重量、发动机和驾驶舱）

普通构型、采用兼容性高的系统和成品的飞机，市场适应性宽，便于在运营商之间转手，其残值较高。特殊构型（例如安装大推力发动机的高原型飞机）市场适应性较窄，市场流动性较差，难以找到下一个买家，其残值较低。衍生型多的飞机会拆分市场，每个细分市场的机队数量低，影响市场流动性，因而降低残值。航空公司偏好双发飞机，四发飞机虽然有利于安全性，但是维修成本高，受到市场冷落，其残值较低（例如 A340飞机）。具有客机改装货机潜力的飞机，有利于延长其经济使用寿命，从而也提升了残值（见图 5.13）。长的经济使用寿命能够推高飞机的残值，高的飞机残值也能够延长飞机的经济使用寿命。

4. 飞机系列化和技术先进性

具有发动机和机载系统高度共通性、装载灵活性的飞机系列化，为客户提供机队和客座能力的灵活性，有利于扩大市场和提升残值。

————————

① 资料来源：Ascend。

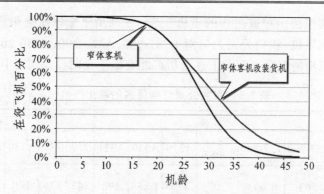

图 5.13 窄体客机改装货机延长飞机经济寿命

图 5.14 以四款窄体客机为例说明了技术先进性对飞机市场价值的影响。先进技术有利于降低运行成本和延长有效使用寿命，提升其在二手飞机市场的销售前景。

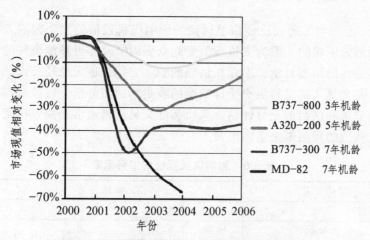

图 5.14 技术先进性对飞机市场价值的影响

5. 飞机运行经济性

同类飞机无论新旧，其直接运行成本中的空勤/空乘成本、所有权成本、机场收费、地面操作收费和民航发展基金等是一样的，影响飞机运行成本和价值的关键因素是维修成本和燃油成本，因而维修成本和燃油成本是航空公司考量飞机价值的重要指标。先进技术发动机、复合材料用于机体主结构和先进的气动设计都是降低维修成本和燃油成本的重要手段。

航空租赁公司是靠投资飞机挣钱的，它们总是精心挑选保持残值潜力最佳、能够很快出租或出售的飞机。表 5.5 列出了全球航空租赁公司订购最多的商用飞机。租赁公司为何对 B737-800，A320-200，A330-200 和 B777-300ER 等机型情有独钟呢？上述分析可能有助于我们寻找到其中缘由。

表 5.5　租赁公司订购最多的商用飞机[①]

机　型	窄体机						宽体机				
	737-700	737-800	737-900ER	A319	A320	A321	777	787	A330	A350	A380
租赁公司订单数	563	1 495	207	325	1 865	190	343	879	390	505	177

第四节　飞机残值预测

表 5.6 归纳了前面已做简单讨论的影响飞机残值的主要因素。飞机残值的预测是困难的，因为飞机残值受到众多因素及不可预测事件的影响。预测不是一门精密科学，不存在精确的数学方程，也无捷径可走。预测的基础，是大量飞机交易历史统计数据的收集和回归分析，以及对当前和未来市场需求和供给的充分评估。飞机实际交易价格通常是商业机密，这也给飞机残值的预测带来诸多不便。

表 5.6　影响飞机残值的主要因素

飞机因素	市场因素
机　龄	在役飞机数
飞机座位数和航程	后续订单数
速　度	运营商数量
发动机型别	运营商集中度
技　术	运营商地理分布
直接运行成本	可获得性/存量
可靠性	制造商现状
改装性	竞争机型
共通性	政府法规
生产线上的位置/停产	市场预测（包含经济和航空运输业发展的影响）

---

① 资料来源：SPEEDNEWS，截至 2010 年 1 月 31 日。

一、基本价值预测：历史统计数据的回归分析

飞机交易历史统计数据的回归分析，是预测飞机基本价值的主要方法。

在飞机交易历史统计数据的回归分析中，我们首先来考虑影响飞机残值的独立变量机龄。飞机随机龄而贬值（或折旧），这是因为飞机的机体结构、发动机和机载系统随机龄的增加需要不断增加维修量和更换时限件；发动机随机龄的增加其推力会不断衰退、耗油率会不断上升；飞机在其使用寿命期间会因污垢、磨损、变形和修理而增加飞机的重量和阻力，从而引起飞行性能不断恶化。同时，市场上高性能和低运行成本新机型不断出现，适航要求不断更新，用户需求（例如旅客对舒适性和速度的追求）不断提高，油价不断上涨，加之日益严峻的排放限制，所有这些变化也将加速旧飞机的贬值进程，缩短旧飞机的经济使用寿命。只要适当维修，飞机的结构寿命几乎是无限的，但当它不再能够产生按现值计算的现金流，其经济寿命就终止了（即更换或舍弃它比继续维修它更省钱）。上述分析，指的是符合本章第二节"飞机状态的假设"条件下飞机资产的"正常"贬值进程。

图 5.15 给出了以机龄为变量的飞机交易价格数据图（包含 1970—2008 年约 3 000 个二手市场交易数据），纵坐标用转售价格/重置价格之比（％）来表示。"重置价格"（Replacement Price）指的是扣除了通货膨胀影响的新机名义原始交易价。对于已停产飞机，采用理论上的重置价格。通货膨胀掩盖了资产真实价值的缩减，通货膨胀的高低变化引起数据的扭曲，造成飞机价格缺乏可比性，因此需要把通货膨胀因素剔除掉。应当注意到，纵坐标不直接用飞机转售价格（即残值），而用转售价格与重置价格之比，使得不同价格的机型之间具有可比性，避开了飞机因素（座位数、航程、速度、技术、发动机和直接运行成本等）引起的飞机重置价格的影响。图 5.15 描述了飞机随时间而贬值的过程，图中的多项式回归曲线能够很好地描述残值与机龄的关系。

图 5.15 中数据点的散布告诉我们，仅用机龄为独立变量尚不足以解决实际残值问题，图中的多项式回归曲线仅仅反映了残值随机龄变化的平均值，还必须考虑其他变量的影响，如表 5.5 所示，我们尚未考虑市场因素的作用。

图 5.15 中数据点的散布，实际上体现出了市场需求的强弱。当我们把这些散布的数据点按市场需求的强弱，依次划分为 10 个条带，市场需求最强的称为"坚挺度 1"，市场需求最弱的称为"坚挺度 10"，并各自给出多

项式回归曲线，于是就得到了图 5.16 所示的确定飞机当前和未来基本价值（即残值）的市场需求条带图。当然，每两个条带之间还可以进一步不受限制地细分。

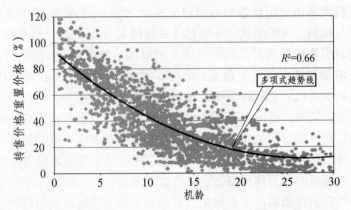

图 5.15　转售价格与重置价格之比与飞机机龄关系图

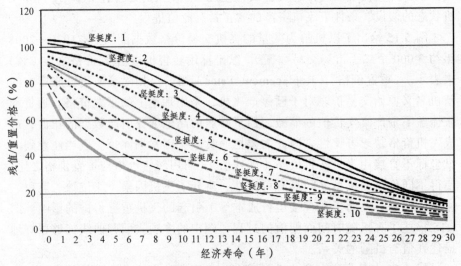

图 5.16　确定飞机残值的市场需求条带图

　　利用图 5.16 我们可以对飞机的残值做出判断。下面以 MD-83、B737-400 和 A320-200 三款竞争机型为例来说明。它们都是 20 世纪 80 年代进入市场的 150 座级飞机，MD-83 和 B737-400 已于 1999 年停产，A320-200 仍然在生产。这三款竞争机型的新机都以 100% 的新机价格为起点（相当于坚挺度 2.5），往后的趋势将取决于市场需求的强弱。A320-200 的技术、运行和经济性优于其他两款机型，被认为属于"坚挺度 5"；B737-400 稍逊于 A320-200，属于"坚挺度 6"；MD-83 的运营商数量和集中度较小，耗油率较高，制造商已终止商务（被波音收购），被认为属于"坚挺度 8"。

每一款机型都可以依据其技术经济性和市场行销情况，参照类似机型，确定其"坚挺度"。然后，根据每一款机型的经济寿命的假设和重置价格，可对残值做出判断。

当要求考虑通货膨胀对预测的基本价值的影响时，还必须把通货膨胀影响"加回去"。近年来，全球年通货膨胀率保持较低水平，通常假设为 2% ~ 3%。

市场是动态的，飞机的基本价值不是一成不变的，图 5.16 的数据[2]不一定符合今天的市场状态。因此，在飞机残值预测中，飞机交易历史统计数据应该不断补充、修正和更新。

二、市场价值预测：经济周期性影响分析

利用对飞机交易历史统计数据的回归分析，我们可以预测飞机的基本价值。但是，飞机的实际市场价值往往会偏离基本价值而波动，我们还必须进一步分析经济周期性变化对飞机市场价值的影响。

1. 通货膨胀影响

在飞机交易历史统计数据的回归分析中，为了分离出飞机价值衰减的真实趋势，我们剔除了通货膨胀影响。由于全球的飞机大都以美元计价和交易，所以在分析中通常以美国国内的通货膨胀率来分析。图 5.17 以 DC-10 飞机为例展示出了通货膨胀对市场现值的影响。从图 5.17 可以看出，20 世纪 70、80 年代的高通货膨胀率对飞机市场现值带来很大影响。剔除了通货膨胀后的市场现值曲线呈现出波动下降的趋势，这种波动在很大程度上来自全球 GDP 和油价的起伏变化。

2. 经济和航空运输业周期性波动的影响

当航空运输增长强劲或飞机供不应求，飞机价值将上升，反之亦然。如果供需平衡，此时的飞机价值就是"基本价值"。飞机价值的周期性波动有时是很大的，而且，这种波动的幅度与机型有关。图 5.18 比较了周期性波

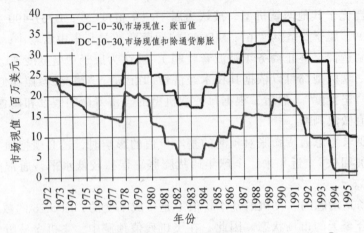

图 5.17　市场现值扣除与不扣除通货膨胀影响的比较[1]

动对不同机型的影响。较大的机型（图中的实例是 300 座级的 DC-10-30ER ）对周期性较为敏感，因为当航空运输需求强劲时，较大的客舱使得它挣钱相对容易；当航空运输需求弱势时，较大的客舱难以添满，损失比较小的机型（图中的实例是 160 座级的 B737-800）要大得多。B737-800 的波动幅度约为 ± 10%，而 DC-10-30ER 的波动幅度在其经济寿命的最后阶段高达 ± 60%。

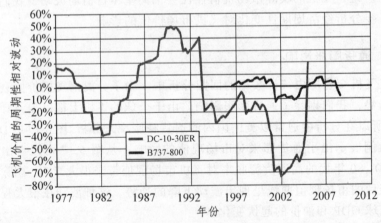

图 5.18　周期性波动对不同机型的影响比较[2]

3. 周期性波动分析方法简述

图 5.19 以 1988 年制造 B737-300 飞机为实例，给出了飞机的市场现值

---

①、② 资料来源：Ascend。

评估数据和价值趋势线。价值趋势线相当于飞机的基本现值。

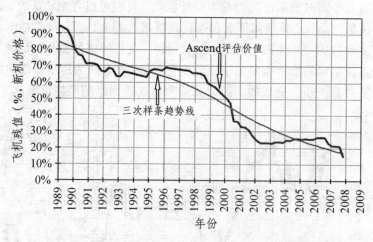

图 5.19　1988 年制造 B737-300 飞机评估价值和趋势线

　　把图 5.19 中的市场现值相对于基本现值的偏离量（以百分量表示），以年份为变量，我们可以得到如图 5.20 所示的飞机残值周期性波动曲线。从该图线可以清晰地看到因海湾战争引发的 1991—1993 年飞机价值衰退，"9·11"事件引发的 2001—2003 年飞机价值衰退，以及 2008 年金融危机引发的飞机价值衰退，波动幅度在 20 年间从 10% 增加到 30%。

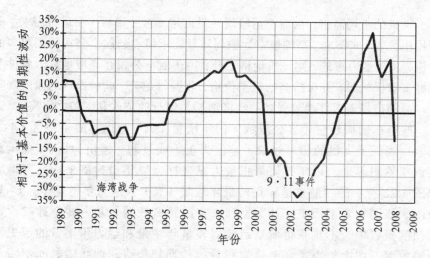

图 5.20　1988 年制造 B737-300 飞机价值的周期性波动

我们注意到，航空公司的信用等级和银行间拆借款利率（见图 5.21）等经济参数几乎同时显示出类似的周期性波动。我们可以直观地认为，无论是飞机价值的波动，还是信用等级和银行间拆借款利率的波动，都是因为经济周期性波动这同一个原因引起的。也就是说，飞机价值的波动，是经济周期性波动直接引起的航空市场需求强弱变化所致，不是因为信用等级和银行利率等经济参数波动后造成的，因此无须考虑这些因素的间接影响。

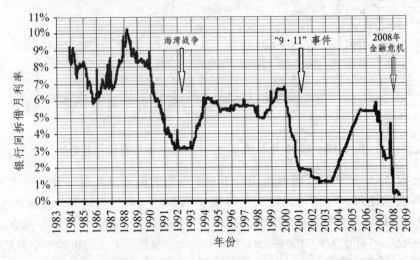

图 5.21　伦敦银行间一个月拆借款利率的周期性波动

飞机的市场需求，由航空运输周转量需求（客公里数）和运力需求（即可用座位数）来驱动。高的航空运输周转量需求将引起航空公司购买更多的飞机，飞机运力短缺，则飞机价格上升；由于航空公司在高市场需求条件下能够多卖出机票，并保持高的机票价格，收益将上升，购机违约的风险降降低。高的市场需求伴随着强劲的经济增长，银行的贷款利率随之提高。

航空运输周转量（客公里数）的年增量（％）与运力的年增量（％）之差，表征了飞机的相对短缺（差值为正）或过剩（差值为负）。把年差值逐年累积起来，以年差值累积量为纵坐标，以年份为横坐标，可得到如图 5.22 所示的"航空运输周转量年增量（％）－运力年增量（％）"累计图。该图包含了历史统计数据和未来的预测数据，从一些全球航空市场预测报告中，不难获得航空运输周转量年增量和运力年增量的历史和预测数据。图中给出了年差值累积量的长期趋势线。曲线随时间不断上升的趋势表明，由于飞机的速度、商载能力和利用率不断提高，飞机座位的产能不断上升。

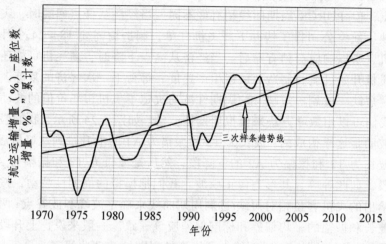

图 5.22 "航空运输周转量年增量（%）－运力年增量（%）"累计图线

以图 5.22 中的年差值累积量曲线相对于趋势线的偏离量为纵坐标，以年份为横坐标，我们得到如图 5.23 所示的曲线，这条曲线称为"飞机容量相对短缺/过剩曲线"（Pent-up Relative Capacity Shortage / Surplus，PURCS）。我们看到，PURCS 周期曲线的波峰和波谷点，与图 5.20 的 B737-300 飞机价值的周期性波动曲线的波峰和波谷点是一致的，与航空公司的信用等级（或违约率）及银行间拆借款利率的周期性也是一致的。

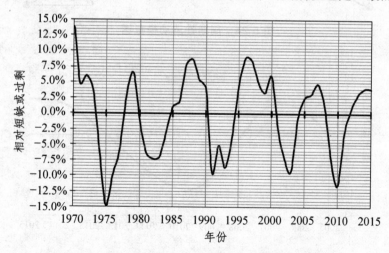

图 5.23 飞机容量相对短缺/过剩周期曲线

　　PURCS 周期曲线有点像单摆运动，遇到扰动会偏离平衡点，随后回到平衡点，但 PURCS 周期曲线稍有些不同。当经济从低点回暖时，飞机开始短缺，航空公司挣了钱并下新飞机订单，制造商需要 18 ~ 24 个月来生产飞机，所以响应会稍有滞后。当经济从高点下降时，新飞机可能还在交付，飞机开始过剩，制造商放慢生产速度，等待下一次经济的复苏。正是这种"短缺—过剩—短缺"的周期性波动决定了飞机市场价值的波动。

　　我们可以用数学方法来模拟周期性波动。如图 5.24 所示，我们假设周期性波动是这样构成的：波长为 T1 和振幅为 A1 的上升段到达峰值后，接着是波长为 T2 和振幅为 A2 的下降段，然后是波长为 T3 和振幅为 A3 的上升段，如此等等，其形态像正弦波。我们把模拟的周期性波动，按照图 5.23 给出的飞机容量相对短缺/过剩周期曲线来确定波峰和波谷点，两种曲线的波长和振幅的平均偏差和标准偏差应该一致。一般来说，上升段要比下降段长一些。图 5.25 示例给出了模拟的周期性波动曲线。

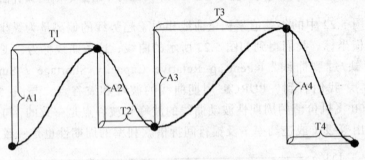

图 5.24　周期性波动模拟图

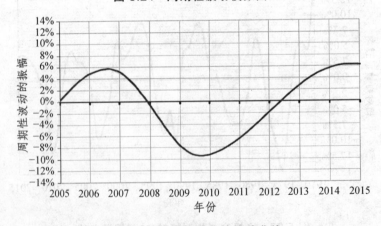

图 5.25　模拟的周期性波动曲线

　　依据 PURCS 周期曲线或模拟的周期性波动曲线，理论上我们能够对飞机的残值进行预测。实际面临的问题远非如此简单。首先，PURCS 周期曲线的建立，基于航空运输周转量的年增量与运力的年增量预测，其中运力的年增量预测受到复杂多变的新机交付量和老旧飞机退役量的影响，预测难度高，预测时间跨度越大，预测精度越低，对飞机容量相对短缺/过剩的影响较大。其次，前面已经提到，不同机型受周期性波动影响的程度有很大差异（见图 5.17），按照受周期性波动影响的敏感度，应该把机型分为不同敏感度等级。最好的飞机的敏感度系数约为 1.5，也就是说，市场现值与基本现值之比约为 PURCS 振幅的 1.5 倍。老旧或大型飞机的敏感度系数约为 3 或更高。虽然老旧或大型飞机的投资风险很高，但是只要在正确的时间进入和退出市场，其投资效益仍可能是可观的。临近结束其经济寿命的飞机，在最后一个周期的上升期，它的市场价值不再上升，何时终止运营却难以预测。图 5.26 图解了在周期性波动的下降段，不同机型面临的"机型漏斗"命运：好的机型的残值缩水小，老旧机型的残值缩水大，一部分飞机难以出现在下一次上升期。

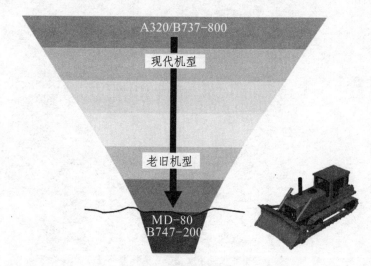

A320/B737-800

现代机型

老旧机型

MD-80
B747-200

图 5.26　周期性波动下降段的"机型漏斗"

　　众所周知，飞机价格始终存在着不确定性。飞机的交易价格不是公开的，即使是在相同的时间，完全等同的飞机，在两笔飞机交易中，它们的成交价格也可能是不同的。因此，PURCS 周期曲线或模拟的周期性波动曲线，仅仅是一种飞机残值预测的辅助手段。飞机的残值预测，不仅要求掌握充分的飞机交易历史统计数据，对当前和未来市场需求和供给进行周详的评估，还必须依靠评估者丰富的实践经验。

参考资料

[1] MANCILLA，DARCY OLMOS. Aircraft Asset Management: Tools & Airline Strategies during a World Market Downturn. ATRS World Conference，2010.

[2] KELLY，DOUGLAS B. Forecasting Aircraft values: An Appraiser's Perspective，Sep. 2008.

[3] ACKERT，SHANNON. The Relationship between an Aircraft's Value and its Maintenance Status. April 2011.

[4] HALLERSTROM，NILS. Modeling Aircraft Loans & Leases. Mar. 2010.

第六章 机队运营经济性分析

机队的经济性分析对航空公司的规划人员是一大挑战。引进飞机，保证飞机正常运行均需要巨大的资金投入，这意味着飞机的经济性十分重要，很多航空公司都因此将其列为机队规划决策的关键因素之一。经济性分析非常重要，对于航空公司的整体财务控制、各种商业模式的对比、制定产品价格策略等都必不可少。本章将介绍如何运营经济性分析的方法，评估一个机型在一条航线上或整个航线网络中的运营效率。

第一节 机型航线运行成本分析

第五章已经分析了直接运行成本（DOC），本章仅对间接运行成本（IOC）进行简要分析，其中主要包括地面服务费、销售费用和管理费用。

一、地面服务费

地面服务费由一般代理费，客梯、装卸和地面运输服务收费，飞机服务收费，设备管理及旅客与行李服务收费，飞机勤务收费构成，其中：

（1）一般代理费，按照服务方与承运方签订的协议收取。

（2）配载、通信、设备管理及旅客与行李服务收费，按照收费标准收费（见表6.1）。

（3）客梯、装卸和地面运输服务收费，分为基本项目和额外项目，基本收费与最大业载有关，额外项目可选（见表6.2）。

（4）飞机服务收费，按照收费标准收费（见表6.3）。

（5）飞机勤务收费，分为基本项目、额外项目，基本项目按收费标准收费（见表6.4），额外项目可选。

表 6.1　配载、通信、集装设备管理及旅客与行李服务

<table>
<tr><td colspan="2" rowspan="2">服务项目</td><td colspan="2">基准价</td></tr>
<tr><td>飞机最大业载 T（吨）</td><td>收费标准（元/吨）</td></tr>
<tr><td rowspan="3">基本项目</td><td rowspan="3">2.1.1 ~ 2.1.3
2.2.1 ~ 2.2.3
3.1 ~ 3.5
4.1.1 ~ 4.1.7
4.2.1 ~ 4.2.11
4.3.1 ~ 4.3.3
（登机牌、行李牌由承运方提供，由服务方提供的，则另行协议收费）</td><td></td><td></td></tr>
<tr><td>$T \leq 10$</td><td>30</td></tr>
<tr><td>$T > 10$</td><td>33</td></tr>
<tr><td>免费项目</td><td>4.1.3
无人陪伴儿童、轮椅服务、担架服务</td><td colspan="2"></td></tr>
</table>

表 6.2　客梯、装卸和地面运输服务

<table>
<tr><td colspan="2" rowspan="2">服务项目</td><td colspan="2">基准价</td></tr>
<tr><td>飞机最大业载 T（吨）</td><td>收费标准（元/吨）</td></tr>
<tr><td rowspan="2">基本项目</td><td rowspan="2">6.2.2 ~ 6.2.3，6.3.1</td><td>$T \leq 10$</td><td>5</td></tr>
<tr><td>$T > 10$</td><td>6</td></tr>
<tr><td rowspan="5">额外项目</td><td>6.1.1
客梯</td><td colspan="2">45 元/小时</td></tr>
<tr><td>6.1.2
旅客摆渡车</td><td colspan="2">55 元/次</td></tr>
<tr><td>机组摆渡车</td><td colspan="2">40 元/次</td></tr>
<tr><td>6.2.1
升降平台车</td><td colspan="2">65 元/小时</td></tr>
<tr><td>残疾人专用车</td><td colspan="2">30 元/次</td></tr>
</table>

表 6.3　飞机服务

<table>
<tr><td colspan="2" rowspan="2">服务项目</td><td colspan="2">基准价</td></tr>
<tr><td>飞机座位数</td><td>收费标准（元/架次）</td></tr>
<tr><td rowspan="4">基本项目
（过站服务）</td><td rowspan="4">7.1.1（除驾驶舱或机组休息间），7.1.2，7.2.1 ~ 7.2.3，7.3.1（含清水车、污水车、垃圾车）</td><td>100（含）座以下</td><td>100</td></tr>
<tr><td>100 ~ 200（含）座</td><td>120</td></tr>
<tr><td>200 ~ 300（含）座</td><td>240</td></tr>
<tr><td>300 座以上</td><td>480</td></tr>
</table>

注：航前服务按过站服务费的 110% 计收。
　　航后服务按过站服务费的 120% 计收。

表 6.4 飞机勤务

服务项目		基准价	
		飞机座位数	收费标准（元/架次）
基本项目	一般勤务：8.1.2，8.1.3，8.1.5，8.1.8	100（含）座以下	100
		100～200（含）座	150
		200～300（含）座	300
		300 座以上	600
	例行检查：8.2.1～8.2.6	160 元/人/工时	
	飞机放行：8.3.1	按例行检查收费的 50% 计收	
	非例行检查	协议收费	
额外项目	8.1.1 引导车	60 元/次	
	8.1.4 起源车	普通飞机 120 元/小时 宽体飞机 240 元/小时	
	8.1.6 电源车	普通飞机 100 元/小时 宽体飞机 200 元/小时	
	8.1.7 牵引车	普通飞机 80 元/次 宽体飞机 160 元/次	
	8.1.9 空调车	普通飞机 150 元/小时 宽体飞机 300 元/小时	
	8.1.10 除冰车（不含除冰液） 扫雪车	400 元/小时 500 元/架次	

注：表 6.1～表 6.4 中"服务项目"涉及的编号及服务内容见附件 1。

二、销售费用

销售费是指客货销售过程中发生的费用，主要包括客票销售代理费、支付给 GDS 系统运营商的订座系统使用费等。通过对 2010 年国内航班相关数据的统计分析，可以得到计算销售费用的经验公式如下：

$$销售费=销售收入×销售代理费用比例+$$
$$每张机票订座系统使用费×旅客数量 \qquad (6.1)$$

　　式（6.1）中，销售代理费用比例指销售代理费占到销售收入的比例，经过统计分析，建议国内航班该比例的经验取值为 5.4%。每张机票订座系统使用费因国内航空公司的规模、议价能力等存在较大差异，规模较大、议价能力较强的公司可以达到每张机票 6.5 元的水平，而一般航空公司需要为每张机票向 GDS 运营商支付 11 ~ 13 元的订座系统使用费。

三、管理费用

　　管理费是指行政管理部门为组织和管理机队的生产经营活动而发生的各项费用。它包括管理人员的工资、福利、差旅费、办公费、物料消耗、易耗品等。具体公式如下：

$$管理费 = 总运营成本 \times 管理费比例 \qquad (6.2)$$

管理费比例因航空公司的规模、运营管理水平的高低而有所差异。

第二节　机型航线运营收益

　　机型航线盈利水平分析是机型航线运营经济性评价的另一个基本环节，其主要任务是：分析航线运价、测算航班的运营收益水平（航班净收入），并结合机型航线运营成本，分析机型在该航线上运营时预期达到的盈亏平衡载运率。考虑到国内航线航班运营收入以客运为主，因此不失一般性，本节将主要基于对国内航线经济舱客票运价的统计分析建立航线运价分析模型，并在此基础上构建航班运营收益分析模型、机型航线盈亏平衡分析模型。

一、航线运价分析模型

1. 国内航线运价的影响因素

　　我国国内航线运价制订的基本原则是"首发定价"，即：首家在该航线开展定期航班运营的航空公司根据对航线运营成本、旅客流量的测算结果提出客票定价建议方案并报民航局运输司审核，批准后即成为该航线的公布运价。公布运价的确定需要综合考虑以下基本因素：

（1）机型航线运行成本。

机型航线运行成本是制订、核准航线公布运价的基础。不同机型、机队的新旧、航线类型、航空公司的运营管理水平等诸多因素都会影响到机型航线运营成本，因此民航局通过对多种机型在国内航线运营成本的统计分析，将国内航线基准运价确定为 0.75 元/公里，航空公司会以此基准运价为基础，结合其对航线运营成本的测算提出对一条新开航线的建议公布运价。

（2）航程的长短。

随着航程的增长，公布运价也相应提高但并非线性增长，实际上航程对运价的影响与对运营成本的影响具有高度的一致性。

（3）航线的类别。

航线类别的差异是制订、核准航线运价时需要考虑的重要因素，例如：

① 商务航线，即客流量很高、旅客构成中商务旅客占比很大的航线，此类航线全年一般没有明显的淡旺季，旅客对较高票价的承受力强，特别是考虑到此类航线的空域容量、机场容量、机场起降时刻等资源普遍紧张，因此航线运价可以高于一般航线，具体到国内，一般飞往上海（浦东、虹桥）、北京、广州、深圳等地的航线均属商务航线。

② 复杂航线，具体是指飞往复杂地形机场、高原机场（特别是高高原机场）的航线，这些航线的共同特点是地形环境、气象条件、运行程序复杂，对机组、飞机的要求高（如高原航线普遍要求配备具有相应级别高原运行资质的机长，且采用双机长编组，飞机的动力系统、氧气系统、客舱环境控制系统等必须经过特殊改装和适航审定，飞机、发动机组合必须处于"青壮年期"等），运行此类航线所需要的前期投入、航班运行成本均远高于一般航线，而这些势必在航线运价的制订上有所反映。

2. 国内航线运价分析模型

在对国内航线运价影响因素进行系统分析的基础上，项目组提取了近600 条国内典型航线的相关信息进行统计分析。首先，根据航线的客流特点、复杂程度，将上述航线分为以下三类：① 商务航线，飞往上海、北京、广州、深圳地区、客流量较高、商务旅客占比较高的航线；② 复杂航线，涉及高原、复杂地形、复杂气象条件机场的航线；③ 普通航线。其次，定义航线类别因

子 K，其中 $K=1$、2、3 分别代表普通航线、商务航线、复杂航线（见附件 2）。以下将运用数理统计、计量经济理论建立航线运价分析模型。

（1）对附表 1 中航线按照上述分类标准进行归类，得出每个类别航线与航程对应关系的数据散点图，可以发现：普通航线、商务航线以及复杂航线的运价均与航程具有强相关性，且其统计规律均符合多项式模型。

（2）利用多项式模型进行拟合，经过反复的分析计算发现：普通航线、商务航线的多项式分布规律具有二次型的特点，复杂航线的分布规律具有三次型的特点，如图 6.1、6.2、6.3 所示。

（3）针对每一类别航线，运用 Logit 模型进行回归分析，得出航线运价分析模型如下：

$$\text{Rate} = \begin{cases} -4.165\times10^{-5}\times\text{Range}^2 + \\ 0.876\times\text{Range}+179.5, & K=1 \\ -1.431\times10^{-5}\times\text{Range}^2 + \\ 0.790\,6\times\text{Range}+285.3, & K=2 \\ -1.26\times10^{-7}\times\text{Range}^3+5.171\times10^{-4}\times\text{Range}^2 + \\ 0.1875\times\text{Range}+409.1, & K=3 \end{cases}$$

式中：Rate 表示航线运价，Range 为相应航线的航程。对上述航线运价分析模型进行拟合优度分析，结果表明其可决系数在 0.94 ~ 0.95，由此说明所构造的航线运价分析模型具有较好的适应性。

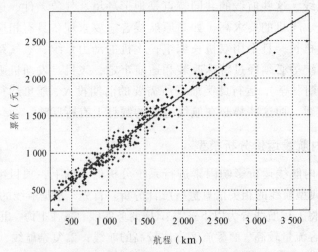

图 6.1　普通航线运价模型（可决系数 $R^2=0.94$）

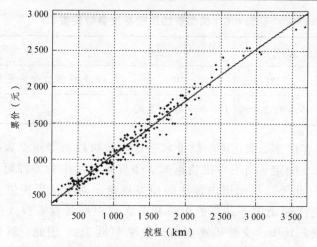

图 6.2　商务航线运价模型（可决系数 $R^2 = 0.95$）

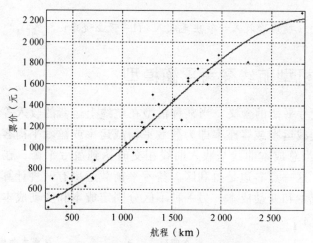

图 6.3　复杂航线运价模型（可决系数 $R^2 = 0.95$）

二、机型航线运营收益分析

机型航线运营收益是指飞机在某条航线上运营取得的客货运净收入总和，如下式所示：

$$航班毛收入 = 航班客运收入 + 航班货运收入$$
$$= 座位数 × 客座率 × 平均票价水平 +$$
$$货舱最大载量 × 货运载运率 × 平均货运单价 \qquad （6.3）$$

表 6.5　机型航线运营基准参数设置

	客座率	货运载运率	票价水平
定期航班	75%	50%	历史或类似航线平均票价水平
包机航班	95% 或 100%	0（若无特殊说明）	

其中，客座率、载运率、票价水平等参数可以参考历史数据确定，或者参考表 6.5 确定。当不考虑货运时，令货运载运率为零即可，式（6.3）仍然成立。此外，根据国内税法的相关规定，对于从事提供劳务服务、转让无形资产和销售不动产的单位和个人应根据其营业收入征收一定比例的营业税。其中，交通运输业的营业税率为 3%。因此，航班净收入的计算公式为：

$$航班净收入＝航班毛收入×(1－营业税率) \tag{6.4}$$

三、机型航线盈亏平衡模型

根据盈亏平衡的含义，当某种机型在航线上运营的收入等于运营成本时，达到的载运率或客座率即为盈亏平衡载运率或盈亏平衡客座率。如图 6.4 所示，当总成本曲线与收入曲线相交时达到盈亏平衡，在这一点左边是亏损区，这一点右边是盈利区。盈亏平衡载运率有两种计算方法：一种区分固定成本和变动成本，另一种不区分固定成本和变动成本。

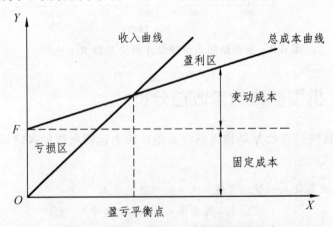

图 6.4　盈亏平衡载运率/客座率示意图

第一种方法：不区分固定成本和变动成本

将所有的成本综合到一起，即机型航线运营总成本，以此作为计算盈亏平衡点的成本变量，令总收入等于总成本，此时计算的载运率（Load Factor，LF）即盈亏平衡载运率（Break-Even Load Factor，BELF）。其公式可表述为：

$$盈亏平衡载运率（BELF）= \frac{机型航线运营总成本}{机型航线运营净收入} \times \frac{收入吨公里}{可用吨公里}$$

$$= \frac{机型航线运营总成本}{机型航线运营净收入} \times 机型航线设定载运率$$

（6.5）

第二种方法：区分固定成本和变动成本

从理论上说，这种方法更加准确，即将固定成本与运输生产能力进行关联，将可变成本与运输收入进行关联。此时面临区分机型航线的固定运营成本和变动成本的问题。按照第一种方法相同的计算原理，可以得到计算盈亏平衡载运率的公式：

$$盈亏平衡载运率（BELF）$$

$$= \frac{机型航线固定成本}{机型航线运营净收入 - 机型航线变动成本} \times \frac{收入吨公里}{可用吨公里}$$

$$= \frac{机型航线固定成本}{机型航线运营净收入 - 机型航线变动成本} \times 机型航线设定载运率$$

（6.6）

盈亏平衡载运率可以用来衡量航空公司整体的收入和成本水平，也可以用来衡量某一条航线的经营状况。上述两种计算盈亏平衡载运率的方法主要区别在于是否区分固定成本和变动成本。第一种方法的优点是比较简单直观，便于计算，缺点是较为粗略和不够准确；第二种方法的优点是符合经济学意义，较为合理和准确，但缺点是工作量较大，操作不方便，需要非常准确地区分固定成本和变动成本。因此，从现实实用的角度出发，如果不需要特别准确的数据，那么采用第一种不区分固定成本和变动成本来计算盈亏平衡载运率的方法更具实用性和经济性。

第三节 机队运营经济性评价

机队是航空公司大型的、长期的投资，其决策成败直接关系着航空公司未来的运营效益甚至生死存亡，因此航空公司在飞机引进决策时必须综合考虑机队的技术经济性能、拟运营航线网络的市场环境，对引进机队在规划服役期内的投资收益回报进行定量分析，评估机队的投资价值，这是机队运营经济性分析的最重要环节。只有当飞机引进项目在规划服役期内实现的净现金流折现后能够抵补初始投入并有盈余，或者说项目本身能够实现的收益率（内部收益率）超过投资人要求的必要报酬率，项目投资才算具备可行性。本节将重点介绍基于净现值法的机队投资回报分析模型。

一、投资收益回报分析方法概述

分析投资收益的方法有很多种，如回收期法、净现值法以及内部收益率法等等，但最常采用且较为科学的方法是净现值法和内部收益率法，因为这两种方法都考虑了项目全寿命期内资金的时间价值，而回收期法只能简单衡量项目的流动性和风险性，并没有考虑项目全寿命期内的盈利性。以下对这三种方法进行简要阐述。

1. 投资回收期法（PP）

投资回收期是指项目投资所产生净现金流的现值累计达到零所需要的时间，它代表收回投资所需要的年限。回收期越短，投资项目越有利。考虑到项目投资可能需要分若干期实现，且每年项目投资所贡献的净现金流不一定相等，因此一般以"动态回收期"表示，并可以通过求解如下方程得出：

$$\sum_{k=1}^{N} \frac{(I_k - O_k)}{(1+r)^k} = 0 \tag{6.7}$$

式中：I_k——第 k 期的现金流入；

　　　O_k——第 k 期的现金流出；

　　　r——折现率；

　　　N——动态回收期。

求解上述方程即可得出动态回收期 N，它考虑了资金的时间价值。该方法的缺点是没有考虑回收期之后所产生的现金流，因此无法完整衡量投资项目的盈利性。

2. 净现值法（NPV）

净现值法是一种评价投资方案的方法，其实质是通过计算项目投资回报期内未来净现金流的现值与初始投资额现值的差（即净现值），并依据净现值的大小来评价项目投资方案的优劣，一般要求确保投资回报期内的净现值为正值。净现值的计算公式如下：

$$\text{NPV} = \sum_{k=1}^{n} \frac{\text{CF}_k}{(1+r)^k} - I \tag{6.8}$$

式中：CF_k——第 k 期发生的净现金流量；

n——项目投资的回报期；

r——折现率；

I——初始投资额现值。

净现值法所依据的原理是：假设预定的现金流入在年底肯定可以实现，并把原始投资看成是按一定的折现率借入的，当净现值为正数时偿还本息后该项目仍有剩余收益，当净现值为零时偿还本息后一无所获，当净现值为负数时该项目收益不足以偿还本息。即如果 $\text{NPV} \geq 0$，投资方案可行；$\text{NPV} < 0$，投资方案不可行。

净现值法具有广泛的适用性，其应用的一个主要问题是如何确定折现率，简单说来，有两种办法：一是根据企业的资本成本来确定；另一种是根据企业要求的最低必要报酬率来确定。折现率的确定直接影响投资项目的取舍及选择。

3. 内部收益率法（IRR）

内部收益率（IRR）是指能够使未来净现金流的现值与初始投资额现值相等，或者是使未来现金流的净现值等于零时（$\text{NPV} = 0$）的折现率（r）。求解内部收益率需要经过一系列的反复试算，即通常采用"逐步测试法"，即：首先估计一个折现率，用以计算投资项目的净现值。如果净现值为正数，则说明项目本身的报酬率超过折现率，应提高折现率后进一步测试；如果净现值为负数，则说明项目本身的报酬率低于折现率，应不断降低折现率并进一步测试。经过反复测算，最终找出一个能够满足使净现值等于或接近于零的折现率，即内部收益率。

IRR 实质上反映的是企业对项目投资必须达到的最低投资回报率的要求，即如果项目投资的回报率低于 IRR，则说明该投资不具备财务可行性。

内部收益率的计算可以采用以下模型：

$$\text{NPV} = \sum_{k=1}^{n} \frac{\text{CF}_k}{(1+\text{IRR})^k} - I = 0 \quad\quad\quad (6.9)$$

式中：CF_k——第 k 期发生的净现金流量；

    n——项目投资的回报期；

    I——初始投资额现值。

求解式（6.9），即可得出内部收益率 IRR。

二、基于净现值法的机队投资回报分析模型

上一节介绍了企业进行项目投资收益回报分析时主要采用的三种方法，其中净现值法是目前采用最广泛也最科学的一种，因此本节主要介绍基于净现值法的机队投资回报分析模型。首先我们对这种评价机队投资回报的模型进行阐述，然后对其中最为关键的净现金流计算方法做具体介绍。

1. 基于净现值法的机队投资回报分析模型

基于净现值法的机队投资回报分析模型的基本思想是：首先，根据机队的构成、机型技术经济性能、对拟运营航线网络市场环境的分析预测，对机型在各航线上的运营经济性进行分析，测算航班预期运营利润。其次，根据航班计划或航线运力投放规划推算出机队的年度运营净利润及净现金流，并采用类似方法推算出机队在规划服役期内各年的净现金流量。最后，根据设定的折现率（最低必要报酬率或最低预期报酬率）计算机队投资回报的净现值。具体分析流程如下：

（1）机队在规划服役期内的运营环境分析。

① 设定机队在规划服役期内的运营网络环境，包括：

——机队拟运营的航线网络、航班计划，主要是拟运营的航线特点、各航线上的运力投放规划（即航班频次）；

——基于航线网络分析机队、机组的利用率水平、平均航段长度（ARPD）、平均轮挡时间（ATPD）。

② 机队引进方案的设定，具体包括：

——机队引进方式、引进飞机架数，如为购买，则需确定机队的规划

服役期限，以及相应的飞机残值率；如为租赁，则需确定机队的租赁期；

——其他初始投资，如航空备件及地面支援设备等。

③ 航线市场运营环境的预测分析，主要涉及：

——航班平均客流量、平均载货量预测；

——平均票价水平、平均货运单价预测；

——机场地面滑行时间的统计分析。

④ 财务条件设定。设定财务条件是计算成本效益、净现金流的重要前提，包括：

——营业税率、所得税税率；

——销售费、管理费的比例；

——利率、汇率、折现率；

——机身、发动机保险费率，机组、旅客保险费率；

——机队运营成本、运营收入的年均增长率。

（2）机队运营净现金流分析。

机队运营现金流分析是利用净现值法评价机队投资收益的关键环节，其核心是对规划服役期内每一年的机队运营净现金流进行测算。由于机队运营的年收入和成本在规划服役期内会出现波动，要精确估算每年的运营收入和成本既不可能也无必要，因此可以根据设定的收入成本增长率进行简化处理。计算机队运营现金流的思路为：首先计算第一年的净现金流，然后根据收入成本增长率依次计算规划服役期内剩余年份的净现金流。

（3）计算机队在规划服役期内的净现值。

根据净现金流可以计算机队在规划服役期内所产生的净现值 NPV。在计算 NPV 之前，首先需要确定折现率，并计算折现系数。

① 折现率及折现系数的确定。

确定折现率是计算净现值的一个重要步骤。所谓折现率就是将未来有限期现金流折算为现值的比率，折现率越高，未来现值会降低。折现率应该体现投资项目的风险水平，它是投资人（股东或者债权人）对项目要求的最低必要报酬率，风险越大，要求的必要报酬率越高，反之则越低。

如前所述，确定折现率的基本方法有两种：一种是计算投资项目本身的资本成本作为折现率；另一种是由航空公司设定一个"最低必要报酬率"作为折现率（如果回报达不到这一预期门槛，表明投资方案不可行）。为了简化分析，模型直接假设航空公司的最低必要报酬率为已知。假设航空公司设定的最低预期报酬率为 r，规划服役期为 n，则每期折现系数 DF_k 为：

$$DF_k = \frac{1}{(1+r)^k} \quad (k = 1, 2 \cdots, n) \tag{6.10}$$

式中：k 为年序号，表示距离基准期的长度。

② 净现值的计算。

在确定了机队在规划服役期内产生的净现金流以及每年的折现系数后，机队的投资回报净现值可以采用下式计算：

$$NPV = \sum_{k=1}^{n} (CF_k \times DF_k) - I \tag{6.11}$$

式中：NPV——机队在规划服役期内的净现值；

CF_k——第 k 年的净现金流；

DF_k——第 k 年的折现系数；

I——初始投资额现值。

式（6.11）中，初始投资额主要指购置飞机（如果飞机引进方式为购买）、备用发动机等高价周转件、地面支援设备如模拟机等支出。若净现值 $NPV \geq 0$，则机队引进是经济上可行的，如果净现值 $NPV < 0$，则机队引进是经济上不可行的。

2. 机队运营净现金流分析模型

采用净现值法分析机队投资收益回报的关键在于估算规划服役期内机队运营所获得的净现金流。净现金流是指机队在规划服役期内的净利润经过适当调整后的税后运营现金流，其基本分析方法是：首先对机队运营第一年的净现金流量进行估算，然后按照一定的增长率推算规划服役期内剩余年份的净现金流水平。

（1）机队运营第一年的净现金流分析。

分析机队运营第一年的净现金流有两种方法：一种是依据具体的航班计划，另一种是依据航线规划所确定的航线运力投放规划。

【方法一】 依据周航班计划

以周航班计划为依据，首先根据第二章、第三章中构造的模型测算机型在各条航线上的运营成本、运营收益，计算机队在一周的运营中预期能够产生的毛利润，然后推算出全年的机队运营净现金流。机队的周毛利润可以表示为：

$$P_{\text{week}} = \sum_{j=1}^{m} [(R_j - \text{cost}_j) \times F_{\text{week}}^{j}] \qquad (6.12)$$

式中：m ——机队运营的航线数量；

　　　P_{week} ——周毛利润；

　　　R_j ——机型在航线 j 上的航班运营净收入；

　　　cost_j ——机型在航线 j 上的航班运营总成本；

　　　F_{week}^{j} ——机型在航线 j 上的周航班频次。

机队运营第一年产生的净现金流 $\text{CF}_{\text{year}}^{1}$ 为：

$$\text{CF}_{\text{year}}^{1} = P_{\text{week}} \times 52 \times (1 - T) + D_{\text{year}}^{1} + \text{int}_{\text{year}}^{1} \qquad (6.13)$$

式中：T ——适用的所得税率（如果预计公司年度总利润小于或等于零，

　　　　　则 $T = 0$）；

　　　D_{year}^{1} ——机队运营第一年的折旧额，包括机身、发动机、航空备件

　　　　　及地面设备（具体计算方法参照第五章相关内容）；

　　　$\text{int}_{\text{year}}^{1}$ ——机队运营第一年产生的贷款利息。

【方法二】 依据航线规划

依据航线规划可以确定出每条航线上的运力投放规划(月航班频次)，因此同样可以对机队年运营的净现金流进行分析。首先计算机队的月毛利润：

$$P_{\text{month}} = \sum_{j=1}^{m} [(R_j - \text{cost}_j) \times F_{\text{month}}^{j}] \qquad (6.14)$$

式中：P_{month} ——月毛利润；

　　　R_j ——机型在航线 j 上的航班运营净收入；

　　　cost_j ——机型在航线 j 上的航班运营总成本；

　　　F_{month}^{j} ——机型在航线 j 上的月航班频次。

则机队运营第一年产生的净现金流 $\text{CF}_{\text{year}}^{1}$ 为：

$$\text{CF}_{\text{year}}^{1} = P_{\text{month}} \times 12 \times (1 - T) + D_{\text{year}}^{1} + \text{int}_{\text{year}}^{1} \qquad (6.15)$$

式中：T、D_{year}^{1} 及 $\text{int}_{\text{year}}^{1}$ 的含义与式（6.13）中一致。

（2）机队投资规划服役期内的净现金流分析。

现实中机队每年运营成本和收益会随着时间发生变化，这种变化大多

数时候是不可准确预测的，如航班运营收益会受到票价水平波动、市场需求及客座率变化等因素的综合影响，机型航线运营成本会随着燃油价格的波动、人员薪酬标准的变化、国家航空运输收费政策的变化，特别是机队维护成本的上升而变化，这就给我们分析未来每一年机队运营所产生的现金流量带来了困难，但总体的变化趋势是机型航线运营成本和收益是逐年增长的。因此，为简化分析同时兼顾合理性，我们假设机队每年的运营收入、运营成本分别按一定比例增长，然后以机队运营第一年的净现金流量（或是机队运营第一年的运营收入、运营成本）为基础，计算规划服役期内剩余年限的净现金流。

不失一般性，假设机队的年运营收入和年运营成本按照固定比例 g 逐年增长（意味着净利润按此比例增长），在规划服役期内不存在主要资产设备的回收，同时不增加维持运营所需资金。则机队运营第 k 年的净现金流 CF_{year}^{k} 可以表示为：

$$CF_{year}^{k} = \begin{cases} P_{month} \times 12 \times (1-T) + D_{year}^{k} + int_{year}^{k}, & k=1 \\ (CF_{year}^{1} - D_{year}^{1} - int_{year}^{1}) \times (1+g)^{k} + D_{year}^{k} + int_{year}^{k}, & k=2,3\cdots,n-1 \\ (CF_{year}^{1} - D_{year}^{1} - int_{year}^{1}) \times (1+g)^{k-1} + D_{year}^{k} + int_{year}^{k} + I_{sv}, & k=n \end{cases}$$

$$(6.16)$$

式（6.16）中，假定所有初始投资设备在整个规划服役期内按直线法折旧，贷款本息按年等额法支付，因此 D_{year}^{k} 和 int_{year}^{k} 分别保持与第一年相等，即：

$$D_{year}^{k} = D_{year}^{1}, \quad int_{year}^{k} = int_{year}^{1} \qquad (6.17)$$

式（6.16）中：I_{sv} 代表初始投资设备的残余价值，在规划服役期结束时收回。为便于规划决策时的分析，假定可以按照残余资产的账面价值取得现金流收入（不涉及纳税调整）。其中：

$$I_{sv} = I - \sum_{k=1}^{n} D_{year}^{k} = I - n \times D_{year}^{1} \qquad (6.18)$$

三、小　结

本章系统介绍了基于净现值法的机队投资回报分析模型，需要说明的是：机队投资回报分析的方法与一般企业的项目投资回报分析方法基本相同，其特殊之处在于如何根据机队的构成、机型技术经济性能、拟运营航线网络的市场环境、财务条件的设定，以及航线运力投放规划，分析机队在规划服役期内的净现金流量，其中尤其关键的是对机型航线运运营成本、航班运营收益的测算，以及航线运力投放规划的设定。

第四节　案例研究

某国内航空公司（以下简称"目标航空公司"）根据自身发展战略以及航线网络规划的需要，计划于 2010 年以经营租赁方式引进 5 架 150 座级的干线客机，租赁期为 10 年，备选机型为 A320 型飞机，为确保机型引进的成功，需要根据机型的技术经济性能、拟运营航线网络的市场运营环境特点，对 A320 机队在规划服役期内的机队运营经济性进行分析，评估机队的投资收益回报水平。以下将依据项目研究所构建的机队运营经济性分析模型进行案例研究。

一、目标航空公司 A320 机队运营环境分析

为了评估机队的运营经济性，需要首先对机队在规划服役期内的运营环境进行设定，包括运营网络环境、机队的引进规划、运营航线的市场环境、财务条件等。

1. 机队运营的网络环境分析

根据目标航空公司的航线网络规划，A320 机队运力将主要投放到以成都为中心的十五条高客流量航线，并逐步构建起以双流机场为运营基地、支线和干线相结合的航线网络。根据此规划，可以确定 A320 机队投入运营后第一年拟运营的航线以及在各条航线上的运力投放规划，见表 6.6。基于此网络环境可以得出 A320 机队运营的平均航段长度（ARPD）为 1 320 公里，平均轮档时间（ATPD）为 1.97 小时，飞机月平均利用率为 302 小时。

表 6.6 机队运营网络环境分析

航　　线	成都—大连	成都—广州	成都—贵阳	成都—杭州	成都—昆明
月班次	24	186	22	60	12
航段长度（km）	1 883	1 391	624	1 583	780
轮档时间（hrs）	2.63	2.07	1.08	2.28	1.27
航　　线	成都—济南	成都—丽江	成都—南昌	成都—南京	成都—南宁
月班次	42	48	32	60	58
航段长度（km）	1 506	780	1 174	1 433	1 087
轮档时间（hrs）	2.2	1.25	1.8	2.12	1.68
航　　线	成都—宁波	成都—三亚	成都—深圳	成都—西宁	成都—厦门
月班次	22	2	172	14	14
航段长度（km）	1 689	1 706	1 320	917	1 687
轮档时间（hrs）	2.42	2.43	1.98	1.42	2.42

2. 机队的引进规划分析

根据公司的发展战略，并考虑到公司自身财务状况、融资能力，目标航空公司预计通过经营租赁的方式引进 5 架全新的 A320 飞机，租期为 10 年。此外，为保证租赁的 5 架飞机机队的正常运营，需要投资购买航空备件、发动机及地面支援设备，其中机体备件比例 6%，发动机备件比例 20%，残值率均为 5%，地面设备按照飞机价格的 1.70% 计算，残值率 3%。

3. 运营航线的市场环境分析

对 A320 机队的航线市场环境进行分析是测算航线运营盈利水平的基础，分析的因素包括平均客座率、预计航班客流量、平均票价水平等。详细的分析结果见表 6.7。需要说明的是，所有航线机场地面滑行时间设定为 0.25 小时，滑行耗油率为 420 kg/h。

4. 机队运营的财务条件分析

对此类指标设定以下基准值（运营过程中可以根据实际需要进行调整）：

表 6.7　2010 年 A320 机队航线运行市场环境分析

航　　线	成都—大连	成都—广州	成都—贵阳	成都—杭州	成都—昆明
平均客座率（%）	88.95	80.46	84.35	81.34	86.39
平均票价水平（元）	955	711	469	1058	456
航　　线	成都—济南	成都—丽江	成都—南昌	成都—南京	成都—南宁
平均客座率（%）	86.16	87.35	81.00	78.34	82.19
平均票价水平（元）	938	472	804	927	575
航　　线	成都—宁波	成都—三亚	成都—深圳	成都—西宁	成都—厦门
平均客座率（%）	86.48	87.16	83.36	83.51	79.42
平均票价水平（元）	939	768	806	726	1041

（1）营业税：按航班运营收入的 3%。

（2）所得税：按年利润的 25%。

（3）销售支出：收入 3.6%。

（4）管理费用：总运营成本 10%。

（5）折现率：6%。

（6）燃油价格：6 000 元/吨。

（7）机队年度运营成本、年度运营收入的平均增长率：3%。

（8）机体备件：机身价格的 6%；发动机备件：发动机价格的 20%，机体备件、发动机备件残值率 5%，折旧年限 10 年；地面设备：飞机价格的 1.70%，地面设备残值率 3%，折旧年限 18 年。假定以上备件及地面设备投资在飞机引进当年一次支付。

基于上述条件可以对目标航空公司的机队运营经济性进行分析。

二、2010 年 A320 机队运营经济性分析

1. A320 机型航线运营成本分析

利用第五章及本章所构造的机型航线运运营成本分析模型对 2010 年 A320 机队在各条航线的运营成本进行分析，如表 6.8 所示。

表 6.8　A320 机型航线运营成本明细项目　　　（单位：元）

航　线	成都—大连	成都—广州	成都—贵阳	成都—杭州	成都—昆明	成都—济南	成都—丽江	成都—南昌
保　险	1 060	784	395	877	478	860	475	676
贷款付息	0	0	0	0	0	0	0	0
租　金	28 244	22 230	11 598	24 485	13 639	23 626	13 424	19 330
机组费	4 003	3 151	1 644	3 471	1 933	3 349	1 903	2 740
燃油费	39 828	29 736	14 820	33 588	18 240	32 208	18 000	25 584
飞机维修成本	7 897	6 723	4 649	7 163	5 047	6 996	5 005	6 158
餐食费	4 061	2 955	1 311	3 307	1 776	3 372	1 796	2 563
导航费	950	802	572	860	619	837	619	737
机场收费	8 936	8 897	8 936	8 936	8 897	8 936	9 011	9 011
地面服务费	1 422	1 422	1 422	1 422	1 422	1 422	1 422	1 422
民航发展基金	3 484	2 573	905	2 929	1 131	2 786	1 131	2 172
销售费	8 467	6 052	4 677	8 427	4 698	8 078	4 864	6 708
折　旧	2 546	2 004	1 045	2 207	1 229	2 130	1 210	1 742
飞机折旧	0	0	0	0	0	0	0	0
地面设备折旧	196	154	81	170	95	164	93	134
备件/高价件折旧	2 350	1 849	965	2 037	1 135	1 966	1 117	1 608
管理费	12 322	9 703	5 775	10 852	6 568	10 511	6 540	8 760
合　计	123 219	97 032	57 749	108 525	65 676	105 109	65 398	87 604
航　线	成都—南京	成都—南宁	成都—宁波	成都—三亚	成都—深圳	成都—西宁	成都—厦门	
保　险	797	633	955	964	757	537	924	
贷款付息	0	0	0	0	0	0	0	
租　金	22 767	18 042	25 988	26 096	21 263	15 249	25 988	
机组费	3 227	2 557	3 684	3 699	3 014	2 162	3 684	
燃油费	30 660	23 880	35 760	36 102	28 734	20 622	35 574	
飞机维修成本	6 828	5 906	7 457	7 478	6 535	5 361	7 457	

续表 6.8

航 线	成都—大连	成都—广州	成都—贵阳	成都—杭州	成都—昆明	成都—济南	成都—丽江	成都—南昌
餐食费	2 949	2 416	3 682	3 735	2 931	2 061	3 378	
导航费	815	711	892	897	781	660	891	
机场收费	8 936	9 011	9 011	8 936	8 897	9 011	8 936	
地面服务费	1 422	1 422	1 422	1 422	1 422	1 422	1 422	
民航发展基金	2 652	1 576	3 125	2 473	2 443	1 329	3 121	
销售费	7 275	5 268	8 119	6 962	6 917	6 387	8 119	
折 旧	2 052	1 626	2 343	2 352	1 917	1 375	2 343	
飞机折旧	0	0	0	0	0	0	0	
地面设备折旧	158	125	180	181	148	106	180	
备件/高价件折旧	1 894	1 501	2 162	2 171	1 769	1 269	2 162	
管理费	10 042	8 116	11 382	11 235	9 512	7 353	11 315	
合 计	100 421	81 165	113 818	112 350	95 123	73 529	113 152	

2. A320 机型航线运营收入分析

根据式（6.3）及式（6.4）计算 2010 年 A320 机队在各条航线上的航班净收入，如表 6.9 所示。需要说明的是，本案例中只考虑了航班的客运收入。

表 6.9 A320 机队航线航班净收入 （单位：元）

航 线	成都—大连	成都—广州	成都—贵阳	成都—杭州	成都—昆明
平均客座率（%）	88.95	80.46	84.35	81.34	86.39
平均票价水平	955	711	469	1 058	456
航班收入	132 510	89 175	61 648	134 242	61 387
扣除营业税	3 975	2 675	1 849	4 027	1 842
航班净收入	128 535	86 499	59 799	130 215	59 545

续表 6.9

航　　线	成都—济南	成都—丽江	成都—南昌	成都—南京	成都—南宁
平均客座率（%）	86.16	87.35	81.00	78.34	82.19
平均票价水平	938	472	804	927	575
航班收入	126 002	64 246	101 530	113 221	73 656
扣除营业税	3 780	1 927	3 046	3 397	2 210
航班净收入	122 222	62 318	98 484	109 824	71 446
航　　线	成都—宁波	成都—三亚	成都—深圳	成都—西宁	成都—厦门
平均客座率（%）	86.48	87.16	83.36	83.51	79.42
平均票价水平	939	768	806	726	1 041
航班收入	126 679	104 357	104 749	94 580	128 975
扣除营业税	3 800	3 131	3 142	2 837	3 869
航班净收入	122 879	101 226	101 606	91 743	125 106

注：航班收入=机型座位数×平均客座率×平均票价水平；
　　航班净收入=航班收入×（1-营业税率）。

3. A320 机型航线盈亏平衡分析

机型航线盈亏平衡分析是计算 A320 飞机在某条具体航线上达到多大的载运率时才能盈亏平衡，与航线上竞争机型的客座率进行对比分析对飞机引进决策和机型航线匹配工作具有一定的指导意义。当机型航线运营总成本与机型航线运营总收入相等时，计算此时的飞机载运率即盈亏平衡载运率。根据本案例数据及公式（6.5），计算 A320 机型在各条航线上的盈亏平衡载运率，如表 6.10 所示。

表 6.10　机型航线盈亏平衡载运率分析

航　　线	成都—大连	成都—广州	成都—贵阳	成都—杭州	成都—昆明
平均客座率（%）	88.95	80.46	84.35	81.34	86.39
航班运营成本	123 219	97 032	57 749	108 525	65 676
航班净收入	128 535	86 499	59 799	130 215	59 545
盈亏平衡载运率（%）	85.27	90.25	81.46	67.79	95.28

续表 6.10

航 线	成都—济南	成都—丽江	成都—南昌	成都—南京	成都—南宁
平均客座率（%）	86.16	87.35	81.00	78.34	82.19
航班运营成本	105 109	65 398	87 604	100 421	81 165
航班净收入	122 222	62 318	98 484	109 824	71 446
盈亏平衡载运率（%）	74.09	91.66	72.05	71.63	93.36
航 线	成都—宁波	成都—三亚	成都—深圳	成都—西宁	成都—厦门
平均客座率（%）	86.48	87.16	83.36	83.51	79.42
航班运营成本	113 818	112 350	95 123	73 529	113 152
航班净收入	122 879	101 226	101 606	91 743	125 106
盈亏平衡载运率（%）	80.10	96.74	78.04	66.93	71.83

注：表 6.10 盈亏平衡载运率计算没有区分固定成本和变动成本，按照全部成本
　　计算，且只考虑旅客运输。

从表 6.10 可以看到，成都—广州、成都—昆明、成都—丽江、成都—
南宁、成都—三亚五条航线的平均客座率未达到航线的盈亏平衡载运率。

三、A320 机队投资回报分析

利用上一节所构造的模型，计算 A320 机队在整个规划服役期内的净
现值，分析机队的投资回报水平。步骤如下：

1. 计算机队年现金流量

首先计算机型航线航班毛利润，再计算机队月度毛利润，进而得到机
队第一年净利润和净现金流，然后再按照收入成本年增长率，计算机队在
规划服役期内剩余年份的净现金流量；

（1）按照航线规划中的运力投放规划（月航班频次），根据公式（6.14）
可以计算机队的月利润 $P_{month} = 2\,075\,487$ 元，如表 6.11 所示。

表 6.11　机型航线月度利润测算　　　　（单位：元）

航　　线	成都—大连	成都—广州	成都—贵阳	成都—杭州	成都—昆明
月利润	127 576	− 1 959 040	45 100	1 301 382	− 73 570
航　　线	成都—济南	成都—丽江	成都—南昌	成都—南京	成都—南宁
月利润	718 721	− 147 834	348 175	564 161	− 563 683
航　　线	成都—宁波	成都—三亚	成都—深圳	成都—西宁	成都—厦门
月利润	199 345	− 22 248	1 115 057	254 994	167 352
机队月利润合计			2 075 487		

（2）按照公式 6.15 计算机队的第一年净现金流，首先计算机型航线第一年的折旧额 $D_{year}^1 = 17\,551\,600$ 元，第一年的贷款利息 $int_{year}^1 = 0$ ，则机队第一年产生的净现金流计算为：

$$
\begin{aligned}
CF_{year}^1 &= P_{month} \times 12 \times (1-T) + D_{year}^1 + int_{year}^1 \\
&= 2\,075\,487 \times 12 \times (1-25\%) + 17\,551\,600 + 0 \\
&= 36\,230\,983 \text{（元）}
\end{aligned}
$$

（3）机队投资规划服役期内的净现金流分析。根据本节前面设定的运营收入、运营成本的年均增长率，可以推算规划服役期内各年的净现金流，如表 6.12 所示。

表 6.12　规划服役期内机队运营的年净现金流　　　（单位：元）

年　　份	1	2	3	4	5
年净现金流	36 230 983	36 791 364	37 68 557	37 963 066	38 575 410
年　　份	6	7	8	9	10
年净现金流	39 206 124	39 855 760	40 524 885	41 214 083	41 923 958

第 10 年的年净现金流中包括机队运营现金流为 41 923 958 元，收回的残值收入 11 221 921 元，共计 53 145 879 元。

2. 计算各期折现系数

按照公式（6.10）首先设定折现率，如设为 6%。将机队规划服役期内各年的净现金流量折算成基准期的净现值，并利用公式（6.11）计算机队投资回报的净现值，如表 6.13 所示。

表 6.13 规划服役期内机队投资净现值计算 （单位：元）

年 份	1	2	3	4	5
折现系数	0.943 4	0.890 0	0.839 6	0.792 1	0.747 3
年净现金流（元）	36 230 983	36 791 364	37 368 557	37,963,066	38,575,410
现值（元）	34 180 172	32 744 183	31 375 361	30,070,304	28,825,790
年 份	6	7	8	9	10
折现系数	0.705 0	0.665 1	0.627 4	0.591 9	0.558 4
年净现金流（元）	39 206 124	39 855 760	40 524 885	41 214 083	53 145 879
现值（元）	27 638 770	26 506 357	25 425 814	24 394 553	34 632 040
现值合计	295 793 345				
减：初始投资额	195 612 754				
净现值	100 180 591				

3. 结果简要分析

以上经济性分析基于国内 15 条航线组成的航线网络，从分析结果可以看到，5 架 A320 飞机组成的机队在规划服役期内产生的现金流净现值为 10 018 万元，说明该投资方案具备经济可行性。

参考资料

[1] 李源生. 投资项目评估基础[M]. 北京：清华大学出版社，2002.

[2] 章连标. 飞机租赁[M]. 中国民航出版社，2005.

[3] 孙宏，文军. 航空公司生产组织与计划[M]. 成都：西南交通大学出版社，2003：15-22.

[4] 张培文，罗军，廖仲宇，孙宏. 航空公司飞行实力计划方法研究[R]. 中国交通研究与探索，2009：211-214.

[5] 孙宏，张培文，胡海青，廖仲宇. 航空公司机组飞行实力利用率影响因素分析[J]. 交通运输信息工程学报，2010.

[6]　A METHOD FOR PREDICTING DIRECT ORPERATING COSTS DURING AIRCRAFT SYSTEM DESIGN[J]. Cost Engineering，1997，39（6）.

[7]　都业富. 民用飞机经济评价新方法[J]，航空学报，1995（4）.

[8]　Commercial aircraft DOC methods[J]. AIAA PAPER，1990（1）.

[9]　孙宏，李锋，黎青松. 民用航空航班直接运行成本测算分析[J]. 2007（1）.

[10]　保罗·克拉克. 大飞机选购策略：航空公司机队规划[M]. 邵龙，译. 航空工业出版社，2009.

[11]　彼得 S 莫雷尔. 航空公司财务管理[M]. 邵龙，译. 中国民航出版社，2009.

[12]　曹子祥.论航空公司的成本管理[J]. 民航经济与技术，2000（10）.

[13]　WILLIAM GIBSON，PETER MORRELL. Theory and Practice in aircraft financial evaluation [J]. Journal of Air Transport Management，2004（10）：427-433.

附件 1　内地航空公司内地航班地面服务项目

第一节　一般代理服务

1.1　概则

1.1.1　服务方提供或安排担保或保证金，以便利承运方的各项活动，但上述费用由承运方另行支付。

1.1.2　与当地主管部门取得联系。

1.1.3　以适当方式向公众说明服务方是作为承运方的服务代表而行事。

1.1.4　将承运方飞机的有关动态通知有关单位。

1.2　行政职能

1.2.1　建立并维护当地代理操作程序。

1.2.2　对提交承运方的信息采取必要适当的措施。

1.2.3　准备、传送和留存相关报告、数据和文件，承担其他行政管理职能。

1.2.4　保存承运方的手册、业务通告等与代理服务操作有关的文件。

1.2.5　代表承运方检查、签署、传送账单、供货订单、代理费用票据和工作单。

1.2.6　以承运方的名义，代垫包含以下，但不局限于此的各项费用：

（1）机场、海关、警察及其他与提供服务有关的部门付费；

（2）因提供保证金而发生的费用；

（3）各种临时费用，如住宿、交通费用等。

1.3　监督和/或协调与承运方签有协议的第三方代理人的服务

1.3.1　监督并协调与承运方签有协议的第三方代理的服务。

1.3.2　确保第三方代理及时获得代理服务必须的运行数据、明确知晓承运方的要求。

1.3.3　与承运方的指定代表取得联系。

1.3.4　确认第三方代理的人员、设备、载量、文件和服务能够为承运方所用的可用性和有效性。

1.3.5　接机并与机组联系。

1.3.6　对非例行性服务做出决策。

1.3.7　核实拍发运行电报。

1.3.8　注意不正常情况并通报承运方。

第二节　配载和通信

2.1　平衡配载服务

2.1.1　在飞机和相应的机场设施之间传递并提交与航班有关的文件。

2.1.2　当平衡配载工作:

(1)由服务方提供;

(2)由承运方提供;

(3)由第三方提供。

准备、签署、分发、清除、存档业务文件,包括但并不仅限于装机单、载重表、平衡图、机长装机单和舱单等有关业务文件。

2.1.3　编集、分析、发送、保存数据和报告。

2.2　通信联络

2.2.1　使用相应承运方的代号或双签字程序:

(1)编制;

(2)发送和接收服务方提供服务有关的所有电报;

(3)提供 EDI(电子数据交换)业务;

(4)将电报内容通知承运方代表。

2.2.2　将与每个航班有关的上述电报建档并保存至少 90 天。

2.2.3　提供或操作在承运方飞机与地面航站之间的通信手段。

第三节　集装设备管理

3.1　提供或安排适当的集装器存放地点:

(1)行李集装器;

(2)货物集装器。

3.2　做好承运方集装设备的盘存记录,编制并发送集装器控制电报。

3.3　为所有转港的集装设备准备接收凭单,取得发运方、接收方或授权第三方的签字,并根据承运方的要求把凭单各联分发有关单位。

3.4　采取适当的措施,防止承运方集装设备在监管过程中的被盗、非法使用或损坏。如有任何丢失或破损,立即通知承运方。

3.5　处理集装设备的丢失、找回及损坏等不正常情况并及时向承运方报告。

第四节　旅客与行李服务

4.1　一般性服务

4.1.1　将承运方的航班及地面运输车辆到达和/或出发的时间通知旅客和或公众。

4.1.2　为经停、转港旅客及行李做出安排，并将机场可提供的服务通知旅客。

4.1.3　在承运方提出要求时，提供或安排特殊设备、设施以及专门人员，为下列旅客提供协助：

（1）无人陪伴儿童；

（2）病残旅客；

（3）重要旅客；

（4）其他。

4.1.4　遇延误、变更或取消时，为旅客提供协助。

4.1.5　（1）将承运方的旅客对承运方所提的意见和索赔要求转告承运方；

（2）处理此类索赔要求。

4.1.6　处理遗失、拣拾和破损物品：

（1）受理行李不正常运输报告；

（2）把相关信息录入行李查询系统；

（3）建立行李查询系统档案；

（4）补偿旅客临时生活日用品补偿费；

（5）安排把延误到达的旅客行李送交旅客；

（6）处理与旅客的联系沟通。

4.1.7　向承运方报告旅客和行李服务中出现的不正常情况。

4.2　离港

4.2.1　进行航班运行前编辑准备工作。

4.2.2　检查并确认旅客所出示的客票对该航班有效，但不包括对运价的检查。

4.2.3　检查旅客与该航班有关的旅行证件。

4.2.4　为始发航班和衔接航班提供：

（1）对交运行李和/或手提行李称重和/或度量尺寸；

（2）旅客客票上填写托运行李件数及总重量数。

4.2.5　逾重行李：

（1）判断是否逾重；

（2）填开逾重行李票；

（3）收取逾重行李费；

（4）撕下有关运输联。

4.2.6　为始发航班和衔接航班的托运行李和/或手提行李栓挂行李牌。

4.2.7　将交运行李运至行李分拣处。

4.2.8　将交运的大件行李运至行李分拣处。

4.2.9　为始发航班和后续航班：

（1）分配承运方航班的座位或由旅客自由选座；

（2）发放登机牌；

（3）撕下乘机联。

4.2.10　引导旅客通过各检查点直至登机。

4.2.11　在登机口，完成如下工作：

（1）值机；

（2）收运行李；

（3）确认旅行证件；

（4）升舱和降舱；

（5）处理候补旅客；

（6）确认手提行李；

（7）控制登机过程；

（8）根据随机业务文件清点旅客人数。

4.3　进港

4.3.1　完成或安排开关飞机舱门。

4.3.2　旅客下机后的引导。

4.3.3　提供或安排：

（1）中转柜台/联程服务；

（2）行李再托运。

第五节　货物和邮件服务

5.1　一般性服务

5.1.1　将承运方的航班始发、到达时间通知货主和/或公众。

5.1.2　为货主和/或公众提供问询、咨询等信息服务。

5.1.3　为进出港的货物提供存放场所和进行相关处理，采取适当的防盗、防破损措施：

（1）普通货物；

（2）特种货物，如易腐货、活体动物、贵重货物、易损货、新闻报纸、危险品等；

（3）有特殊要求的产品，如快件、急件、速递等；

（4）邮件。

5.1.4　为进出港的货物提供必要设备。

5.1.5　送交货物时收取收据。

5.1.6　监控货物的运输。

5.1.7　采取适当措施，防止承运方的集装板、集装箱、网、绳、固定环等财物或设备在服务方监管过程中被盗或被非法使用。如有任何财物破损或丢失，立即通知承运方。

5.2　出港货物

5.2.1　检查出港货物的体积、重量及其包装是否符合运输规定。

5.2.2　根据承运方航班的可用载量，制定装载计划，对出港货物进行配载、货物组板、出库点交。

5.2.3　准备好散装货物和集装货物，计算出货物的实际重量，合理安排运出。

5.2.4　准备货物舱单，按规定分发货物舱单和货运单的有关各联。

5.3　进港货物

5.3.1　接受货物舱单及货运单等随机文件。

5.3.2　按货物舱单核对进港货物。

5.3.3　对进港货物进行分拣，留机场等待提取、转港或送市区等待提取。

5.3.4　填写到达货通知书，以邮函或电话方式通知收货人或指定的代理人货物已到。

5.4　转港货物

5.4.1　接收转港货物。

5.4.2　对转港货物进行分拣、出库。

5.4.3　准备转港货物舱单及相应的货运单。

5.5　邮件

5.5.1　接收、查对当地邮局交运的出港邮件并做好邮件安检工作。

5.5.2　填写航空邮运结算单及准备邮件舱单。

5.5.3　对出港邮件点数出库等待装机。

5.5.4　按邮件舱单接收并查对进港邮件。

5.5.5　通知邮局提取进港邮件。

5.5.6　处理转港邮件。

5.5.7　协助处理并及时向承运方和/或邮局通报邮件的不正常运输、邮件查询和损坏赔偿事宜。

5.5.8　为进出港邮件提供存放场所和进行相关的处理。

5.5.9　按规定期限保管邮件运输的有关业务文件和单据。

5.5.10　向承运方和/或邮局反馈有关信息。

5.6　不正常情况处理

5.6.1　涉及到不正常情况，破损或危险品或其他特货运输，立即采取适当措施。

5.6.2　向承运方报告货物运输中发现的任何不正常情况。

5.6.3　处理货物丢失、查询和破损等事宜。

5.6.4　（1）向承运方通报投诉或索赔；

（2）处理索赔事宜。

5.6.5　当发生收货人拒收货物或拒付运费时，立即采取适当行动。

第六节　客梯、装卸和地面运输服务

6.1　客梯服务

6.1.1　提供或安排：

（1）客梯；

（2）机组梯。

6.1.2　提供或安排候机厅与飞机间的旅客、机组的摆渡车服务。

6.2　装卸服务

6.2.1　提供并操作装卸设备，包括：宽体机的装卸设备与操作、非宽体机的装卸设备与操作。

6.2.2　对行李、货物、邮件和文件进出库及装卸，一般分为：

（1）散装件的装卸作业；

（2）集装箱、板的装卸作业；

（3）特种货物的装卸作业；

（4）按承运方要求临时调整舱位的装卸作业。

6.2.3　操作机内装载系统，对已装舱的行李、货物及邮件进行固定，并关闭锁牢货舱门。

6.3　地面运输服务

6.3.1　组织和安排行李、货物及邮件、空集装器或其他在飞机与候机楼、仓库、不同候机楼之间的地面运输并为所有货物，特别是贵重、易碎货物在装卸和运输中采取必要的保护措施。

第七节　飞机服务

7.1　内部清洁

7.1.1　按照承运方的要求，并在有具体规定时，在承运方授权人员的监督下，清洁并整理：

（1）驾驶舱或机组休息间；

（2）客舱、门厅及过道；

（3）盥洗间、服务间；

（4）厨房的设备并清理垃圾箱；

（5）座位。

7.1.2　具体项目包括：

（1）倒烟灰盒；

（2）清除纸屑、碎片等垃圾；

（3）清除椅背口袋内及行李架上的废弃物；

（4）擦拭小桌；

（5）清洁并整理桌椅和旅客服务设施；

（6）清扫地板；

（7）擦拭服务间和盥洗间；

（8）清除因呕吐、食物、饮料等造成的污物；

（9）折叠并放好毛毯。

（10）更换或补充头片枕套、"安全须知"、"服务意见卡"、"清洁袋"，整理安全带。

（11）分发由承运方提供的客舱用品(旅客耳机、杂志、清洁袋、拖鞋等)及盥洗间用品。

7.2　盥洗间服务

7.2.1　提供并操作盥洗间清洁车，排空、清洁、冲刷盥洗间并加填除臭药水。

7.2.2　更换盥洗间的垃圾袋。

7.2.3　操作排放污水，加满厕所用水并添加除臭药水、关闭好口盖。

7.3　供水服务

7.3.1　提供并操作加水车，将水箱加满饮用水，水质应符合饮用的标准。

第八节　飞机勤务

8.1　一般勤务

8.1.1　进离停机坪引导

在飞机进、出港时提供引导。

8.1.2　飞机停靠：

（1）放置、移开轮档；

（2）安装、取下飞机起落架锁销、发动机堵盖、空速管套、操纵面夹板、尾撑杆或飞机系留索。

8.1.3　停机坪与驾驶舱通话

在推（拖）飞机、发动机起动或其他目的时进行停机坪与驾驶舱通话。

8.1.4　发动机起动

提供发动机起动所需的动力源，负责（或监督）停放、移开并操作合适的起动设备。

8.1.5　安全措施

在发动机起动时，提供、放置、移开并操作合适的灭火设备和其他保护措施。

8.1.6　地面电源

提供、接通并操作飞机适用的电源车。

8.1.7　推（拖）飞机

放置、移开适用的拖车、拖把。

8.1.8　飞机外部清洁：

（1）对驾驶舱风档玻璃的外部清洁；

（2）对飞机随机梯进行合理的清洁；

（3）擦去发动机吊舱和起落架舱过多的滑油；

（4）合理清洁机翼、操纵面、发动机吊舱和起落架舱。

8.1.9　冷却和加温

按照承运方的要求，提供、接通并操作适用的空调设备。

8.1.10　除冰、雪、霜

提供、放置、移开并操作除冰、雪、霜装置，清除飞机外表上的冰、雪、霜。

8.2　例行工作

8.2.1　飞机起飞前 15 分钟到达现场，落实各项地面准备工作。

8.2.2　查看《飞行记录本》，并向机组了解飞机的技术状态。

8.2.3　按照承运人提供的工作单进行航线检查并签字。

8.2.4　将检查中发现的小故障填入飞行记录本。

8.2.5　飞机离港前，完成飞机起飞前检查。

8.2.6　飞机起飞后 15 分钟后离开现场。

8.3　飞机放行

8.3.1　在承运方的授权下，按照承运方的标准在放行记录本上签字放行。

附件2　2008年国内典型航线运价信息

起飞地	目的地	航程/km	经济舱票价/元	航线类型	起飞地	目的地	航程/km	经济舱票价/元	航线类型	起飞地	目的地	航程/km	经济舱票价/元	航线类型
福州	厦门	236	250	1	长沙	三亚	1319	1230	1	北京	合肥	825	990	2
西安	延安	261	380	1	哈尔滨	呼和浩特	1330	1430	1	上海虹桥	晋江	832	910	2
西安	汉中	263	500	1	福州	青岛	1332	1300	1	北京	南阳	842	800	2
武汉	宜昌	264	440	1	南京	贵阳	1332	1300	1	广州	宜昌	844	960	2
合肥	黄山	276	410	1	福州	济南	1348	1110	1	广州	黄山	846	960	2
贵阳	铜仁	294	400	1	大连	西安	1367	1140	1	北京	南京	856	1010	2
济南	青岛	299	480	1	成都	石家庄	1374	1130	1	北京	银川	871	1090	2
长沙	张家界	314	580	1	沈阳	郑州	1376	1290	1	北京	乌兰浩特	875	850	2
福州	武夷山	322	310	1	宁波	太原	1381	1350	1	北京	常州	878	960	2
大连	青岛	325	540	1	厦门	济南	1387	1230	1	上海浦东	大连	879	1060	2
杭州	温州	330	630	1	哈尔滨	济南	1394	1130	1	上海虹桥	厦门	895	960	2
长春	延吉	355	580	1	武汉	海口	1400	1350	1	深圳	景德镇	900	850	2
重庆	贵阳	357	490	1	大连	南昌	1409	1340	1	北京	长春	904	960	2
厦门	武夷山	361	590	1	成都	合肥	1410	1210	1	广州	安庆	907	940	2

续附件 2

起飞地	目的地	航程/km	经济舱票价/元	航线类型	起飞地	目的地	航程/km	经济舱票价/元	航线类型	起飞地	目的地	航程/km	经济舱票价/元	航线类型
乌鲁木齐	库尔勒	366	580	1	杭州	贵阳	1413	1410	1	上海虹桥	烟台	908	790	2
桂林	贵阳	376	630	1	福州	贵阳	1414	1130	1	上海虹桥	郑州	909	800	2
重庆	张家界	376	580	1	福州	南宁	1421	1380	1	北京	西安	923	1050	2
成都	重庆	377	380	1	成都	济南	1421	1360	1	深圳	贵阳	934	940	2
大连	天津	405	750	1	西安	南宁	1429	1440	1	广州	黄岩	945	1060	2
晋江	温州	422	630	1	重庆	杭州	1433	1360	1	深圳	温州	949	960	2
海口	南宁	427	610	1	重庆	三亚	1440	1310	1	深圳	武汉	950	980	2
武汉	郑州	444	510	1	重庆	福州	1441	1530	1	广州	义乌	956	1100	2
天津	太原	456	540	1	长沙	青岛	1446	1380	1	北京	南通	958	950	2
武汉	恩施	457	660	1	大连	温州	1447	1360	1	长沙	上海虹桥	959	890	2
重庆	宜昌	479	740	1	西安	宁波	1461	1380	1	北京	哈尔滨	978	960	2
天津	青岛	479	660	1	成都	海口	1464	1530	1	广州	重庆	979	1180	2
厦门	温州	485	640	1	成都	珠海	1466	1460	1	深圳	黄山	982	930	2
西安	银川	490	600	1	重庆	厦门	1481	1450	1	上海虹桥	威海	987	760	2
海口	珠海	497	680	1	海口	温州	1487	1480	1	广州	杭州	995	1050	2
武汉	南京	499	730	1	沈阳	宁波	1494	1700	1	广州	合肥	1003	1040	2

续附件2

起飞地	目的地	航程/km	经济舱票价/元	航线类型
贵阳	南宁	507	650	1
南宁	贵阳	507	650	1
杭州	南昌	513	630	1
福州	宁波	516	690	1
大连	济南	518	910	1
西安	太原	520	660	1
西安	兰州	529	600	1
成都	贵阳	554	630	1
南京	青岛	557	780	1
南京	南昌	561	660	1
济南	合肥	564	660	1
重庆	西安	568	700	1
沈阳	延吉	572	740	1
南京	济南	591	800	1
南昌	宁波	606	550	1
宁波	南昌	606	550	1

起飞地	目的地	航程/km	经济舱票价/元	航线类型
重庆	温州	1501	1410	1
温州	海口	1509	1480	1
成都	呼和浩特	1523	1350	1
成都	南京	1525	1540	1
西安	敦煌	1527	1680	1
沈阳	杭州	1527	1590	1
郑州	南宁	1533	1260	1
重庆	晋江	1534	1500	1
重庆	天津	1535	1450	1
南京	银川	1538	1650	1
沈阳	合肥	1541	1300	1
青岛	张家界	1543	1560	1
厦门	青岛	1559	1500	1
长春	南京	1568	1460	1
武汉	三亚	1573	1600	1
桂林	兰州	1576	1560	1

起飞地	目的地	航程/km	经济舱票价/元	航线类型
北京	上海浦东	1010	1130	2
北京	齐齐哈尔	1015	1110	2
北京	武汉	1034	1080	2
上海虹桥	洛阳	1041	890	2
北京	上海虹桥	1042	1130	2
上海虹桥	汕头	1063	990	2
广州	南阳	1064	1060	2
广州	宁波	1067	1190	2
广州	宜宾	1077	1130	2
上海虹桥	石家庄	1094	990	2
广州	上海浦东	1097	1280	2
北京	杭州	1100	1150	2
北京	延吉	1122	1130	2
深圳	杭州	1131	1260	2
上海虹桥	天津	1134	1030	2
深圳	合肥	1139	1190	2

续附件 2

起飞地	目的地	航程/km	经济舱票价/元	航线类型	起飞地	目的地	航程/km	经济舱票价/元	航线类型	起飞地	目的地	航程/km	经济舱票价/元	航线类型
南京	温州	607	710	1	杭州	南宁	1581	1550	1	广州	南充	1141	1160	2
南宁	珠海	612	690	1	重庆	青岛	1594	1360	1	北京	宜昌	1150	1300	2
厦门	珠海	615	690	1	桂林	济南	1600	1690	1	广州	南京	1150	1180	2
重庆	桂林	621	730	1	西安	温州	1609	1530	1	上海浦东	张家界	1154	1330	2
成都	西安	653	630	1	福州	太原	1613	1400	1	上海浦东	丹东	1155	1090	2
福州	南昌	657	450	1	成都	天津	1620	1540	1	广州	达县	1160	1000	2
天津	郑州	660	600	1	沈阳	西安	1629	1500	1	广州	上海虹桥	1181	1280	2
长沙	贵阳	668	600	1	成都	郑州	1637	1590	1	广州	郑州	1185	1350	2
西安	西宁	672	650	1	乌鲁木齐	兰州	1653	1600	1	北京	牡丹江	1187	1190	2
海口	桂林	677	780	1	福州	大连	1655	1510	1	上海虹桥	张家界	1191	1330	2
沈阳	青岛	677	680	1	济南	贵阳	1659	1630	1	北京	兰州	1193	1340	2
杭州	晋江	678	760	1	海口	合肥	1677	1710	1	北京	宁波	1203	1180	2
武汉	杭州	680	710	1	厦门	石家庄	1682	1700	1	上海浦东	沈阳	1231	1300	2
合肥	青岛	684	800	1	温州	三亚	1682	1610	1	北京	海拉尔	1234	1150	2
晋江	南昌	686	660	1	武汉	沈阳	1686	1460	1	深圳	襄樊	1234	1090	2
西安	张家界	687	690	1	福州	西安	1686	1450	1	北京	南昌	1239	1300	2

续附件 2

起飞地	目的地	航程/km	经济舱票价/元	航线类型	起飞地	目的地	航程/km	经济舱票价/元	航线类型	起飞地	目的地	航程/km	经济舱票价/元	航线类型
西安	宜昌	688	840	1	福州	天津	1687	1540	1	成都	广州	1261	1300	2
长沙	重庆	688	740	1	成都	青岛	1712	1510	1	上海虹桥	锦州	1269	1060	2
长春	大连	694	580	1	厦门	西安	1725	1640	1	广州	徐州	1279	1250	2
厦门	南昌	697	610	1	青岛	汕头	1727	1590	1	深圳	南京	1286	1380	2
成都	张家界	700	800	1	海口	宁波	1741	1550	1	上海虹桥	太原	1286	1200	2
沈阳	天津	706	690	1	哈尔滨	郑州	1747	1500	1	广州	南通	1287	1200	2
合肥	温州	707	840	1	南京	哈尔滨	1752	1650	1	北京	西宁	1304	1450	2
成都	兰州	709	940	1	长沙	大连	1756	1450	1	北京	武夷山	1305	1350	2
武汉	西安	711	690	1	成都	杭州	1757	1600	1	北京	佳木斯	1326	1190	2
郑州	南昌	713	860	1	成都	汕头	1759	1600	1	上海浦东	西安	1329	1260	2
厦门	杭州	741	900	1	乌鲁木齐	银川	1761	1350	1	上海虹桥	万县	1350	1500	2
郑州	青岛	743	850	1	成都	福州	1765	1660	1	北京	长沙	1367	1210	2
长沙	杭州	752	800	1	南京	海口	1783	1850	1	上海浦东	深圳	1367	1400	2
晋江	舟山	760	880	1	杭州	银川	1785	1580	1	广州	绵阳	1380	1330	2
长沙	福州	760	700	1	成都	厦门	1786	1780	1	深圳	常州	1382	1460	2
武汉	温州	765	800	1	沈阳	温州	1799	1650	1	深圳	郑州	1385	1410	2

续附件2

起飞地	目的地	航程/km	经济舱票价/元	航线类型
武汉	宁波	773	750	1
长沙	南京	778	840	1
长沙	晋江	782	810	1
福州	合肥	784	730	1
乌鲁木齐	阿克苏	786	1000	1
长沙	厦门	792	860	1
桂林	南昌	799	730	1
成都	宜昌	803	790	1
合肥	晋江	813	860	1
长沙	温州	820	850	1
武汉	太原	821	980	1
合肥	太原	822	1000	1
厦门	舟山	823	730	1
厦门	合肥	823	860	1
宁波	青岛	823	790	1
武汉	福州	832	780	1

起飞地	目的地	航程/km	经济舱票价/元	航线类型
杭州	三亚	1801	1750	1
成都	温州	1825	1530	1
海口	杭州	1833	1540	1
成都	晋江	1839	1650	1
成都	宁波	1850	1540	1
海口	西安	1852	1730	1
海口	郑州	1859	1740	1
厦门	天津	1859	1490	1
长春	杭州	1867	1750	1
厦门	大连	1878	1640	1
宁波	三亚	1891	1880	1
长春	西安	1926	1340	1
重庆	大连	1928	1580	1
青岛	贵阳	1951	1510	1
南京	三亚	1956	1830	1
石家庄	南宁	1992	1690	1

起飞地	目的地	航程/km	经济舱票价/元	航线类型
广州	盐城	1402	1200	2
上海虹桥	桂林	1406	1300	2
成都	深圳	1436	1410	2
北京	南充	1439	1310	2
广州	连云港	1445	1250	2
北京	常德	1446	1190	2
北京	张家界	1447	1340	2
上海浦东	珠海	1458	1400	2
北京	温州	1463	1550	2
广州	西安	1475	1490	2
北京	重庆	1484	1560	2
上海虹桥	珠海	1486	1400	2
广州	柳州	1518	1460	2
上海虹桥	太原	1562	1430	2
上海虹桥	贵阳	1567	1600	2
广州	济南	1567	1590	2

续附件 2

起飞地	目的地	航程/km	经济舱票价/元	航线类型	起飞地	目的地	航程/km	经济舱票价/元	航线类型	起飞地	目的地	航程/km	经济舱票价/元	航线类型
杭州	济南	835	850	1	长沙	沈阳	2002	1650	1	长春	上海浦东	1592	1600	2
武汉	济南	839	860	1	西安	三亚	2009	1810	1	北京	成都	1602	1440	2
杭州	郑州	839	840	1	成都	大连	2013	1810	1	北京	福州	1616	1550	2
长沙	宁波	845	740	1	郑州	三亚	2016	1860	1	北京	晋江	1638	1640	2
大连	太原	849	940	1	哈尔滨	宁波	2018	1730	1	上海虹桥	呼和浩特	1643	1350	2
成都	西宁	852	990	1	杭州	哈尔滨	2051	1900	1	广州	石家庄	1644	1560	2
武汉	晋江	854	890	1	长春	武汉	2060	1710	1	北京	厦门	1648	1710	2
杭州	青岛	856	900	1	武汉	哈尔滨	2122	1700	1	深圳	济南	1675	1630	2
重庆	南宁	860	940	1	海口	兰州	2130	2110	1	深圳	西安	1703	1700	2
武汉	厦门	864	940	1	温州	兰州	2137	1880	1	上海虹桥	济南	1733	1350	2
天津	合肥	864	900	1	沈阳	张家界	2176	2060	1	广州	潍坊	1735	1740	2
南京	晋江	868	850	1	福州	兰州	2214	1940	1	上海虹桥	南宁	1735	1660	2
厦门	桂林	874	860	1	成都	沈阳	2224	2050	1	北京	宜宾	1740	1560	2
南京	大连	876	930	1	厦门	沈阳	2230	1900	1	成都	上海浦东	1744	1610	2
西安	济南	877	880	1	南京	太原	2236	2000	1	上海浦东	海口	1754	1660	2
大连	哈尔滨	878	840	1	海口	济南	2241	2030	1	上海浦东	哈尔滨	1755	1760	2

续附件2

起飞地	目的地	航程/km	经济舱票价/元	航线类型
西安	呼和浩特	882	830	1
海口	汕头	885	930	1
南京	石家庄	894	850	1
西安	合肥	902	1060	1
宁波	汕头	907	900	1
杭州	汕头	909	960	1
青岛	太原	913	690	1
郑州	银川	923	940	1
西安	贵阳	925	840	1
成都	桂林	926	980	1
重庆	郑州	926	880	1
沈阳	石家庄	929	840	1
海口	贵阳	930	930	1
南京	厦门	931	980	1
厦门	南京	931	980	1
南京	天津	934	880	1

起飞地	目的地	航程/km	经济舱票价/元	航线类型
厦门	兰州	2253	2000	1
海口	西安	2276	2050	1
乌鲁木齐	温州	2323	2010	1
哈尔滨	南昌	2326	1980	1
济南	三亚	2373	2140	1
三亚	太原	2423	2140	1
成都	乌鲁木齐	2456	2040	1
福州	哈尔滨	2531	1990	1
海口	青岛	2561	2130	1
长春	厦门	2570	1910	1
海口	呼和浩特	2593	2290	1
长春	成都	2605	2040	1
成都	哈尔滨	2647	2280	1
厦门	哈尔滨	2754	2300	1
乌鲁木齐	郑州	2778	2180	1
沈阳	海口	3162	2530	1

起飞地	目的地	航程/km	经济舱累价/元	航线类型
深圳	太原	1762	1550	2
成都	上海虹桥	1776	1610	2
广州	天津	1788	1700	2
北京	广州	1789	1700	2
北京	桂林	1794	1790	2
北京	汕头	1816	1830	2
上海浦东	银川	1818	1500	2
北京	贵阳	1841	1730	2
上海虹桥	银川	1855	1500	2
广州	青岛	1887	1780	2
上海虹桥	兰州	1894	1750	2
上海浦东	宜昌	1910	1080	2
上海虹桥	三亚	1927	1890	2
广州	兰州	1934	1890	2
上海虹桥	延吉	1935	1760	2
上海虹桥	三亚	1955	1890	2

续附件2

起飞地	目的地	航程/km	经济舱票价/元	航线类型
贵阳	南昌	960	880	1
南京	太原	969	880	1
天津	西安	974	960	1
南	南昌	978	1180	1
长沙	汕头	979	900	1
西安	南昌	980	1010	1
重庆	南昌	980	990	1
大连	牡丹江	980	980	1
重庆	兰州	995	1090	1
成都	银川	997	1110	1
长沙	西安	999	890	1
郑州	宁波	1004	1080	1
长沙	成都	1014	910	1
长春	青岛	1017	800	1
乌鲁木齐	呼和浩特	1018	1200	1
郑州	兰州	1031	1010	1
乌鲁木齐	南昌	3256	2340	1
长沙	乌鲁木齐	3275	2090	1
乌鲁木齐	福州	3701	2490	1
上海虹桥	宁波	162	420	2
上海浦东	宁波	195	420	2
上海浦东	舟山	197	430	2
广州	梅县	224	580	2
广州	赣州	265	490	2
北京	东营	272	630	2
上海虹桥	黄岩	320	650	2
北京	呼和浩特	334	500	2
上海浦东	黄山	356	580	2
广州	桂林	372	660	2
上海虹桥	黄山	384	580	2
广州	汕头	396	660	2
广州	湛江	403	730	2
广州	银川	1964	1890	2
深圳	天津	1988	1850	2
上海浦东	西宁	2000	1850	2
上海浦东	齐齐哈尔	2004	1850	2
北京	深圳	2019	1750	2
深圳	青岛	2023	1830	2
北京	珠海	2049	1940	2
广州	西宁	2077	1630	2
深圳	呼和浩特	2119	1980	2
北京	南宁	2123	2050	2
广州	威海	2131	1830	2
深圳	烟台	2188	1850	2
广州	大连	2206	2050	2
深圳	大连	2342	2040	2
北京	湛江	2372	2140	2
广州	沈阳	2427	2310	2

续附件 2

起飞地	目的地	航程/km	经济舱票价/元	航线类型	起飞地	目的地	航程/km	经济舱票价/元	航线类型	起飞地	目的地	航程/km	经济舱票价/元	航线类型
成都	郑州	1046	950	1	上海虹桥	合肥	406	490	2	北京	海口	2433	2250	2
武汉	天津	1047	950	1	深圳	湛江	414	740	2	北京	乌鲁木齐	2527	2410	2
厦门	海口	1048	1100	1	北京	太原	415	590	2	北京	三亚	2606	2310	2
南京	西安	1049	1080	1	上海虹桥	温州	422	700	2	长春	广州	2815	2440	2
成都	南宁	1057	1030	1	北京	烟台	429	690	2	广州	哈尔滨	2863	2540	2
长沙	湛江	1059	850	1	北京	大连	432	710	2	广州	齐齐哈尔	2900	2540	2
福州	张家界	1060	1190	1	广州	厦门	442	660	2	长春	深圳	3045	2490	2
成都	武汉	1065	910	1	上海浦东	潍坊	443	650	2	深圳	哈尔滨	3063	2460	2
乌鲁木齐	喀什	1073	1230	1	北京	温州	455	700	2	上海虹桥	乌鲁木齐	3547	2800	2
重庆	太原	1081	940	1	长沙	包头	475	590	2	广州	乌鲁木齐	3681	2840	2
南昌	青岛	1085	1280	1	长沙	广州	477	690	2	昆明	大理	262	430	3
青岛	南昌	1085	1280	1	广州	柳州	488	630	2	昆明	昭通	291	540	3
重庆	合肥	1086	1110	1	广州	晋江	495	780	2	成都	九寨沟	304	700	3
武汉	南宁	1091	1090	1	上海虹桥	连云港	495	530	2	昆明	丽江	346	530	3
沈阳	太原	1092	1000	1	北京	青岛	506	710	2	昆明	保山	361	550	3
桂林	西安	1117	1090	1	北京	威海	508	660	2	昆明	贵阳	446	440	3

续附件 2

起飞地	目的地	航程/km	经济舱票价/元	航线类型	起飞地	目的地	航程/km	经济舱票价/元	航线类型	起飞地	目的地	航程/km	经济舱票价/元	航线类型
青岛	温州	1128	1090	1	广州	海口	514	700	2	昆明	芒市	457	660	3
南昌	南宁	1128	1050	1	广州	北海	514	690	2	昆明	宣威	478	510	3
南宁	南昌	1128	1050	1	上海虹桥	徐州	519	600	2	昆明	中旬	481	700	3
武汉	青岛	1132	1000	1	深圳	厦门	524	790	2	成都	泸州	521	710	3
长沙	太原	1137	1180	1	深圳	海口	525	690	2	昆明	西昌	526	460	3
杭州	石家庄	1138	890	1	深圳	北海	526	800	2	昆明	南宁	632	630	3
武汉	大连	1140	1300	1	北京	长治	528	640	2	成都	攀枝花	705	710	3
大连	宁波	1142	1150	1	北京	沈阳	551	700	2	成都	昆明	714	700	3
长沙	海口	1146	1100	1	上海浦东	青岛	555	740	2	成都	丽江	726	880	3
郑州	温州	1152	1210	1	深圳	桂林	572	660	2	昆明	桂林	818	840	3
长沙	济南	1155	1190	1	深圳	晋江	577	930	2	昆明	海口	1039	1040	3
重庆	珠海	1161	1210	1	上海虹桥	武夷山	587	660	2	长沙	昆明	1110	950	3
成都	太原	1166	1140	1	北京	连云港	602	690	2	昆明	宜昌	1127	1130	3
海口	常德	1169	1080	1	北京	徐州	607	690	2	昆明	三亚	1212	1190	3
西安	青岛	1170	1180	1	广州	武夷山	620	890	2	昆明	西安	1238	1050	3
杭州	大连	1175	1150	1	北京	郑州	621	690	2	成都	拉萨	1304	1500	3

续附件 2

起飞地	目的地	航程/km	经济舱票价/元	航线类型	起飞地	目的地	航程/km	经济舱票价/元	航线类型	起飞地	目的地	航程/km	经济舱票价/元	航线类型
杭州	天津	1178	1100	1	北京	延安	627	850	2	昆明	武汉	1313	1310	3
重庆	南京	1201	1280	1	广州	南昌	632	730	2	昆明	兰州	1364	1410	3
哈尔滨	青岛	1201	950	1	广州	福州	654	830	2	昆明	南昌	1402	1180	3
杭州	珠海	1209	1210	1	广州	常德	660	730	2	昆明	汕头	1519	1460	3
长春	济南	1210	960	1	上海虹桥	南昌	667	710	2	昆明	郑州	1596	1260	3
杭州	太原	1216	1150	1	上海虹桥	福州	672	780	2	昆明	合肥	1658	1660	3
厦门	三亚	1221	1050	1	广州	南宁	673	730	2	重庆	拉萨	1658	1630	3
南京	桂林	1222	1110	1	深圳	南宁	682	890	2	昆明	厦门	1682	1590	3
南京	沈阳	1228	1460	1	北京	洛阳	686	860	2	昆明	太原	1751	1640	3
福州	郑州	1229	1180	1	广州	三亚	687	800	2	昆明	南京	1759	1750	3
沈阳	常州	1236	1230	1	深圳	三亚	698	890	2	昆明	杭州	1855	1830	3
厦门	贵阳	1236	1090	1	长沙	深圳	707	730	2	昆明	常州	1855	1600	3
青岛	延吉	1238	1190	1	广州	温州	713	1050	2	昆明	福州	1863	1710	3
天津	宁波	1242	1240	1	上海浦东	烟台	725	790	2	昆明	温州	1923	1790	3
杭州	桂林	1252	1210	1	广州	贵阳	734	860	2	昆明	济南	1971	1880	3
重庆	海口	1267	1180	1	深圳	福州	736	990	2	昆明	青岛	2264	1810	3

续附件2

起飞地	目的地	航程/km	经济舱票价/元	航线类型	起飞地	目的地	航程/km	经济舱票价/元	航线类型	起飞地	目的地	航程/km	经济舱票价/元	航线类型
厦门	郑州	1268	1210	1	广州	武汉	742	930	2	昆明	沈阳	2809	2280	3
天津	南昌	1278	1300	1	上海虹桥	青岛	743	740	2	昆明	深圳	1196	1240	4
郑州	贵阳	1284	950	1	深圳	武夷山	756	840	2	广州	昆明	1300	1260	4
杭州	西安	1296	1130	1	广州	张家界	757	860	2	广州	大理	1558	1540	4
重庆	常州	1297	1160	1	广州	景德镇	764	900	2	广州	丽江	1641	1790	4
重庆	济南	1302	1100	1	深圳	南昌	768	850	2	深圳	丽江	1653	1630	4
青岛	牡丹江	1303	1260	1	北京	盐城	777	980	2	北京	昆明	2154	1810	4
成都	南昌	1304	1200	1	上海虹桥	济南	791	760	2	北京	丽江	2234	2410	4
海口	南昌	1306	1190	1	上海虹桥	武汉	816	810	2	北京	拉萨	2882	2430	4

第七章　飞机引进方式经济性评价

　　飞机是航空公司的重要资产，其本身价值高昂，具有很高的风险性。飞机引进方式一旦确定，调整余地和空间很小，调整成本很大，如经营租赁期一般都在 3～8 年，融资租赁期一般都在 10 年以上。不管是经营租赁还是融资租赁都有严格的合同限制，调整均要付出很高的成本，如果是自有资金或贷款购买，飞机的退出成本更高。飞机的引进方式直接决定航空公司的财务成本及经营风险，是航空公司战略层面的决策要素，因此，在飞机引进环节对引进方式进行科学客观的经济性评价事关公司的经营成败，具有举足轻重的现实意义和作用。本章正是基于该问题展开讨论和分析，安排如下：首先是飞机引进方式概述，接着介绍飞机引进的组织流程，在此基础上探讨了基于费用现值法的飞机引进方式评价方法，最后是利用这种方法对现实案例进行研究。

第一节　飞机引进方式概述

　　在航空公司飞机机队构成中，主要有两种方式：一种是自行拥有，另一种是租赁。前者主要来源于自有资金购买与贷款购买，后者又主要包括融资租赁与经营租赁两种方式。飞机自有的方式由来已久，而飞机租赁却始于 20 世纪 60 年代。1960 年，美国联合航空公司首次以杠杆租赁的方式租赁了一架民用运输飞机，此时，租赁开始作为一种引进飞机的新方式出现，从而开创了现代飞机租赁的历史。在本节中，主要详细讨论飞机引进的不同方式及各自的特点。

一、世界主要航空公司飞机引进结构

　　飞机的引进方式主要有自有资金购买、贷款购买、经营租赁和融资租

赁四种方式。前两种公司拥有飞机的所有权，后两种公司仅拥有飞机的使用权而非所有权。在飞机租赁的方式尚未出现以前，航空公司主要采取前两种方式，直到 20 实际 60 年代，美国联合航空首次租赁一架民用运输飞机之后，租赁开始作为新的引进方式在市场上出现，并越来越受到航空公司的青睐。到 20 世纪 70 年代末到 80 年代初，飞机租赁已经为世界上大多数航空公司所接受，成为世界性的飞机融资的重要手段。

随着飞机租赁越来越被世界上大多数航空公司所接受，航空公司飞机的引进结构发生了很大的变化。与 1986 年相比，1999 年全球全部采用租赁飞机运营的航空公司的比重由 15% 上升到 40%，而同期，全部使用自有飞机运营的航空公司的比重由 41% 下降到 15%。飞机租赁在航空公司的飞机引进中的比例越来越高，而采用自有方式在飞机引进中的比例有所下降。以下分析了美国、欧洲、日本等世界主要国家航空公司飞机的机队构成情况。

1. 美国主要航空公司飞机引进结构

美国是世界上经济最发达的国家，经济总量超过全球的三分之一。因而，美国租赁业在全球也最为发达，其飞机租赁交易量在全球也名列前茅。1980 年，在美国引进飞机的构成中，有 21% 的飞机是通过租赁实现的。而到了 1988 年，飞机租赁引进的飞机所占的比例提高到了 50%，而到了 1990 年，这一比例提高到了 52%，租赁飞机的比重首次超过了公司自有的飞机。2002 年，美国飞机租赁交易额超过了 200 亿美元，接近飞机融资额的 60%。表 7.1 列示了 2002 年美国主要航空公司的飞机的机队构成情况。

表 7.1 2002 年美国主要航空公司机队构成情况

航空公司	机队总数	平均机龄（年）	公司拥有飞机		租赁飞机			
			架数	比重（%）	融资租赁	经营租赁	合计	比重（%）
美利坚	819	11	468	57	70	281	351	43
美联航	567	9	267	47	59	241	300	53
美西北	575	15.1	324	56	18	233	251	44
三角航	831	9	473	56.9	45	313	358	43.1
大陆航	579	5.8	145	25	—	—	434	75
合众航	413	9.3	161	39	—	—	252	61
美西南	375	9.2	278	74	7	90	97	26
西部航	143	—	5	3.5	5	133	138	96.5
合 计	4 302	—	2121	49.3	204	1 291	2 181	50.7

表 7.1 列出了美国前 10 大航空公司中的 8 家航空公司截至 2002 年 12 月 31 日的机队构成情况。从表中的数据看出，在美国的前八大航空公司中，飞机租赁这种引进方式所占的比重比较大，许多公司这一比例已经超过了 50%，最高的美国西部航空公司，飞机租赁所占的比重达到了 96%。同时，我们还发现，在美国的主要航空公司中，经营租赁引进的飞机大大超过融资租赁引进的飞机，由此可见，经营租赁这种表外租赁方式目前比较受美国航空公司的欢迎。

2. 欧洲主要航空公司飞机引进结构

20 世纪 80 年代以前，欧洲的航空公司以国有为主，新、老飞机的自购比例相当高，租赁的飞机占有的比例不大。20 世纪 80 年代中后期，随着全球空运业放松管制政策的实施以及航空公司私有化步伐的扩大，租赁飞机数量逐渐增多。与美国相比，欧洲国家航空公司租赁飞机的比重稍低。其主要原因：一是欧洲主要航空公司都是国有控股，因而政府给予了较好的财政资助和政策优惠；二是欧洲金融市场十分发达，为航空公司提供了良好的融资便利，航空公司可供选择的融资渠道较多。表 7.2 列示了欧洲主要航空公司机队构成情况。

表 7.2　2003 年欧洲主要航空公司机队构成情况

航空公司	机队总数	平均机龄（年）	公司拥有飞机		租赁飞机			
			架数	比重（%）	融资租赁	经营租赁	合计	比重（%）
英航	330	7.5	210	63.6		120	120	36.4
汉莎	344	8.3	296	86	41	7	48	14
法航	367	—	135	36.8	66	166	232	63.2
KLM	219	9.5	82	37.4	72	65	137	62.6
SAS	314	—	113	36	20	181	201	64
合计	1 574	—	836	53	199	539	738	47

表 7.2 列示了欧洲主要航空公司的飞机引进结构。可以发现，不同公司各种飞机引进结构所占比重很不相同。在这些主要航空公司中，公司拥有飞机比重最高的是汉莎，所占比例达到 86%，所占比重最低的是 SAS，所占比重仅为 36%。就整体而言，大部分航空公司的拥有飞机的比重不超过 50%，而租赁飞机的比重在 50% 以上。

3. 日本主要航空公司飞机引进结构

日本开展飞机租赁业务最早始于 1978 年。1978—1979 年，日本的租赁公司开始利用日本银行的低息固定利率贷款购买国外制造的飞机，然后再出租给国外用户，以武士租赁方式出租飞机 31 架，总金额达 9.34 亿美元。1980年 12 月以后，日本放宽了外汇与外贸管制。在 1981—1984 年，日本的租赁公司先后与 16 个国家的航空公司达成租赁交易。这一时期主要以经营租赁方式进行飞机租赁交易。据统计，在 1981—1984 年，达成飞机租赁交易价值达 35 ~ 40 亿美元。日本的航空公司的飞机机队构成情况如下。

表 7.3　日本主要航空公司的飞机机队构成情况

航空公司	机队总数	平均机龄（年）	公司拥有飞机		租赁飞机			
			架数	比重（%）	融资租赁	经营租赁	合计	比重（%）
JAL	286	—	191	66.8	—	—	95	33.2
ANA	166	—	86	51.8	—	—	80	48.2
合计	452	—	277	61.3	—	—	175	38.3

在表 7.3 中，仅列出了日本的两大航空公司：JAL 与 ANA，可以发现，在这两大公司的飞机机队构成情况中，公司自行拥有飞机所占的比重均高于租赁飞机。可见，在日本，租赁飞机的比重要低于日本与欧洲。

二、飞机引进的主要方式

当前，航空公司所利用的飞机引进的方式主要有四种：自行购买、贷款购买、融资租赁与经营租赁。这四种方式均有其各自的特点与限制条件。例如自行购买，会要求企业有充沛的现金流；贷款购买与融资租赁，可以缓解企业自身资金紧张的压力，但也同时提高了企业财务报表中的资产负债比率；而经营租赁尽管灵活方便，也没有前面三种方式的缺点，但经营租赁的成本却很高。航空公司往往会根据自身的不同特点和要求进行不同的选择。下面将详细介绍这四种不同的方式。

1. 自行购买

所谓自行购买，是指企业利用自有资金自行购买飞机的情况。企业的自有资金主要来源于留存收益、折旧和公积金转增股本等等，由于我国航空运输业折旧率偏低，盈利能力较弱，留存收益较少，航空公司自有资金数量不足，加之飞机本身价格昂贵，运用自有资金购买飞机在航空公司所占比例不大，我国民航目前自有资金的比重尚不足 10%。

航空公司自行购买飞机的优点有：在企业现金流充裕的情况下，自行购买飞机，没有偿还贷款与租金的压力，不会导致企业的资产负债比率上升，也不会提升企业的财务风险。而且操作简单；不需涉及第三方，无需担保人，只要付清了款项就可以拥有飞机的所有权和使用权，航空公司对购买的飞机有充分的支配和处置权。

自行购买的缺点有：由于飞机金额巨大，自行购买飞机会导致企业大量现金流量的流出。特别是当企业的现金流不太充裕，或者企业有其他更好的投资机会时，自行购买飞机容易导致企业资金周转不畅，或丧失其他更好的投资机会。

2. 贷款购买

所谓贷款购买，是指企业向银行或者其他非银行金融机构借入长期项目贷款进而购买飞机的情况。这些银行或非银行金融机构主要包括：

（1）银行。银行是资金借贷双方的中介。许多大型跨国银行过去一直经营着航空航天业的融资业务，有些甚至还设有专门的业务部门。在 1990 年以前，美国的一些大型银行，如花旗银行、大通曼哈顿银行等，在飞机融资领域的排行榜上一直名列前茅。但 20 世纪 90 年代以后，一些日本的银行开始崛起，如富士银行、住友银行及三菱信托银行等。而近些年来，一些日本的银行又逐渐被欧美的一些银行所取代。

（2）出口信贷机构。多数贸易出口大国都设有自己的出口信贷机构。这一机构为银行放贷提供支持或者补充，尤其是在银行不愿意承担全额风险的时候。一些出口信贷机构还参与了航空公司的飞机融资活动。如美国进出口银行。美国进出口以长期担保的形式为飞机融资提供官方支持，最高可提供飞机价值 85% 的贷款担保。美国进出口银行同时也提供贷款和补贴。

（3）政府融资机构。一些政府融资机构也为航空公司提供贷款。如欧洲投资银行（EIB）、欧洲复兴开发银行等。EIB 是航空公司和机场的一个重要融资渠道，是一家非盈利性的独立公共机构。2004 年 EIB 为爱尔兰航空公司购买 A320 飞机提供融资贷款 166 百万欧元。

贷款购买的优点有：在企业经营状况和财务状况良好的情况下，可以充分利用财务杠杆，对机队进行投资扩充，这有利于航空公司的长期发展；购买回来的飞机不用考虑使用期限；购买方式从投入的总资金上看低于租赁，而且操作简单；不需涉及第三方，无需担保人，只要付清了款项就可以拥有飞机的所有权和使用权，因此，航空公司对购买的飞机有充分的支配权和处置权。

贷款购买的缺点是：一次性的资金投入很可能造成资金筹集上的困难，也可能造成航空公司资金流动上的不畅通，还可能导致航空公司资金的闲置和浪费。而且，采用贷款购买方式还会影响航空公司的财务状况，使资产负债率和负债与股东权益比上升。

3. 融资租赁

融资租赁又称金融租赁，是飞机租赁的基本方式之一，是出租人把飞机所有权以外的全部经营责任都转让给承租人，承租人负责飞机的维修、纳税和保险等。租期接近于飞机的使用寿命，在租期内支付的租金加上飞机的期末残值足以使出租人收回飞机的投资并取得投资收益。租期结束时，承租人可以选择购买、续租或退租飞机，是一种融物形式的完全支付的长期的飞机融资方式。融资租赁的经营模式如图 7.1 所示。

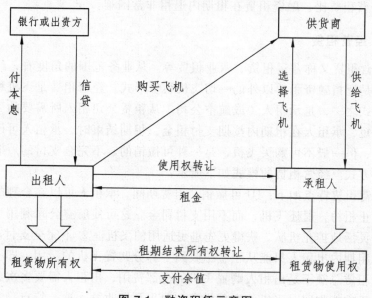

图 7.1　融资租赁示意图

　　融资租赁特点有三个方面，分别是：① 涉及的当事人多，交易结构复杂，使用成套协议，构成三边或多边交易。一项飞机的融资租赁交易至少有三个当事人：出租人、承租人和飞机制造商，最多时可达 7 个当事人，在交易商构成三边甚至多边交易。② 拟租赁飞机的型号、数量由承租人自己选定，出租人只负责按用户要求融资购买飞机，对于飞机的缺陷和交付延迟等赔偿的权利，均转让给承租人，但承租人不得拖欠或拒付租金。③ 完全支付。指在租期内，飞机只供某个特定的承租人使用，承租人支付的租金总额加上期末购买值足以抵偿出租人购买飞机的一切成本（购价及其他费用），其他费用由利息和手续费构成。这意味着出租人只需出租飞机一次即可收回对飞机的投资和预期利润。

　　融资租赁的优点主要体现在以下几点：① 融资租赁为航空公司提供了迅速而灵活的资金融通渠道。通过全额的资金融通，缓解了航空公司资金不足的压力。② 可以防止飞机陈旧化风险，使折旧更加合理。③ 可以避免通货膨胀的影响。

　　融资租赁的缺点包括：① 与贷款购买和经营租赁比，融资租赁的交易结构十分复杂，涉及的当事人众多，交易费用较高，尤其是在杠杆租赁结构下。② 由于飞机的所有权不属于承租人，在某些方面限制了航空公司使用飞机，主要指对飞机的处置权，如对飞机的技术改造、出售、抵押等。③ 与经营租赁比，融资租赁在租期内退租非常困难。

4. 经营租赁

　　经营租赁又称营运租赁、营业租赁等。从业务范围的角度看，经营租赁飞机是泛指融资租赁以外的一切飞机租赁形式。经营租赁是飞机租赁的基本形式之一，是承租人（或航空公司）从租赁公司租入所需要的飞机，租期较短，承租人在租期内按期支付租金，租期结束时，承租人可以续租或退租，但一般不可购买飞机，是一种可撤销的、不完全支付的短期的飞机融资方式。经营租赁的模式如下所示：

　　经营租赁特点如下：① 可撤销。租赁期间，承租人可以在合理的范围内，终止租约，退还飞机，而不用支付罚金。这可使航空公司利用经营租赁方式灵活地扩充机队，获得更先进更适用的飞机。② 不完全支付。是指在一次租期内出租人只能从租金中收回一部分购置飞机的费用，即一次租期内的租赁总额不是出租人购置飞机的全部费用，出租人需要多次出租同一架飞机方能收回对飞机的全部投资和取得预期收益。这一特点隐含着出

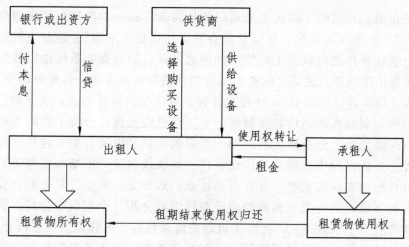

图 7.2 经营租赁示意图

租人的风险较大,因而租金通常也较高。③租期较短。经营租赁飞机的租期十分灵活,可长可短,从短短数月至几年,一般为 3～5 年,远小于飞机的使用寿命。租期结束时,承租人可以要求续租或退租,但不可购买飞机。

经营租赁的优势主要体现在以下两个方面:①经营租赁在交易结构上十分灵活,能较好地实现航空公司的经营策略。经营租赁的灵活性表现在交易结构简单、飞机交付时间短、租期短、租期内可以退租或更换飞机等,这种灵活性使得航空公司能较好地制定其经营策略。②经营租赁飞机不影响航空公司的财务状况。作为资产负债表外的租赁,经营租赁的租金直接计入航空公司营运成本,因此不会增加航空公司的负债,不提高资产负债率,对航空公司再融资不构成影响,这对改善航空公司的财务状况是十分有利的。

经营租赁的最大缺点是租赁成本较高。另外,投入经营租赁市场的新飞机较少,限制了航空公司对飞机的选择。

第二节 飞机引进组织流程

一、概 述

一般而言,航空公司引进飞机与飞机制造商之间会存在各种各样的联系。这种联系可以是非正式的,飞机制造商仅仅是向航空公司进行一些产品介绍。并试图了解航空公司的各种需求，这一阶段称为"观望介绍阶段"。根据具体情况，航空公司会发出"信息征求书"，这是飞机制造商与潜在客户之间较为正式的一种沟通方式，制造商会系统地回答航空公司提出的问题。之后，航空公司会向飞机制造商发出一份重要的文件，称为"投标建议征求书"，这份文件标志着飞机销售活动的正式开始。航空公司和制造商此刻均需要制定一个工作进度安排，分清工作的主次。双方还需要确定分析研究的内容、所需要的信息以及分析的详尽程度。另外，分析过程中所涉及的假设条件，如航线网络、市场和机型等，对于分析的结果非常重要，双方应当达成一致意见。航空公司一般会要求所有的飞机制造商采取相同的假设条件进行分析。个别航空公司，例如阿联酋航空（Emirates），允许飞机制造商采取各自的假设条件进行分析，目的是希望制造商能够展现其产品的最佳性能，而不是局限于航空公司设定的假设条件中。大航空公司一般只要求飞机制造商提供一些最基本的数据，如油耗、飞机价格和维护成本等，分析工作则由自己的人员来完成。小航空公司由于缺乏这方面的人员和技术，无法进行这些复杂的分析计算，飞机制造商就会扮演重要角色。对于各个飞机制造商相互对立、矛盾的分析结果，航空公司应当进行交叉核对、分析，或者聘用独立的咨询机构以获取更为客观的参考意见。

在整个飞机销售过程中，机队规划人员应负责航空公司内部的协调网络，组织安排飞机销售商的讲解介绍。其层面应该有多种：工作层面的接触对于保证获得正确的分析假设条件非常重要；给予高层的产品介绍可以让决策者们及时了解最新情况；有时还需要给航空公司的投资者或董事会进行同样的介绍。一般而言，接触的层次越高，介绍的详尽程度就越低。

一旦完成了机型评估并取得了各方的同意，飞机制造商便会提出一份方案建议书，写明订购飞机的机型、数量、交付日期、条件和价格等内容。有时在飞机评估分析结束之前，制造商就会提出方案建议书。在此之后，航空公司将进行内部评审，并在规定的时限内做出决策。如果提出的方案得到认可，买卖双方将会签订购机意向书或谅解备忘录，以便锁定生产机位。购机意向书或谅解备忘录签订以后，双方仍需就一些细节和商务条款继续协商，直至最终签署购机合同或购机协议。

由于自由资金引进飞机程序比较简单，以下就融资租赁及经营租赁飞机引进的业务流程进行详细说明。

二、融资租赁飞机的业务流程

融资租赁是出租人把飞机所有权以外的全部经营责任都转让给承租人，承租人负责飞机的维修、纳税和保险等。从上一节可以看到，融资租赁过程涉及出租人、承租人、飞机供应商、投资银行等多方参与者，在我国的特殊体制下，还会涉及中国民用航空总局和国家发改委等国家行政部门。现将我国飞机融资租赁的业务流程进行简要总结如下：

1. 申请飞机引进（购买）批文

航空公司根据自身战略发展的需要，向中国民航总局提出引进飞机的申请，由民航总局经过审查、选型和综合平衡，然后上报国家发改委批准。如获同意，国家发改委将出具同意航空公司引进一定数量飞机的批文。

2. 订购飞机

一般在飞机交付前 2～3 年，根据国家发改委的飞机引进批文，由航空公司直接或通过中国航空器材公司统一对外谈判。并与飞机制造商签订飞机购买合同。

3. 申请外债批文

飞机交付前 1.5 年左右，航空公司需要根据资金市场情况和自身融资需要，向国家发改委申请飞机引进的外债批文，获得境外融资租赁或境外银行直接贷款的额度。由于发改委的审批需要较长时间(至少半年)，且最终批复存在不确定性，航空公司为避免在与境外金融机构签订融资合同后由于没有外债批文而无法履行合同的情况发生，一般需要在飞机交付前 1.5 年就着手外债批文的申请。

4. 对外融资招标或报价邀请

在飞机交付前一年左右，航空公司就所购买的飞机进行融资招标或是报价邀请。招标书或报价邀请书中需要明确订购飞机的有关信息，如飞机和发动机的型号与架数；飞机的规格、交付日期；飞机融资金额以及融资方式（如贷款或融资租赁结构）等。

5. 融资方案评估

航空公司根据各银行、投资人和租赁公司提供的融资建议书，将各主要条款列出并作一一比较，对各建议书进行全面评估，评估内容包括融资成本、结构和潜在风险、融资期限、货币和汇率风险以及报价方资信等。如果标的物金额较多或飞机架数较多，需要经过 2 ~ 3 轮，逐步缩小考虑的范围，并一一与报价方谈判，选出一个经济、安全、可靠的方案，并签订融资意向书。该项工作一般应在飞机交付前半年左右完成。

6. 签署有关融资合同

根据最终选定的融资方/投资方和融资意向书，航空公司聘请在国际上有影响并具有飞机租赁经验的律师事务所，一道审阅出租方起草的融资租赁文件并与融资方/投资方进行谈判。融资租赁文件的审阅应是全面的，避免由于少数条款的疏漏而给航空公司带来不必要的或没有预测到的风险和损失。谈判一般要经过多轮，前期可通过电子邮件和电话会议等方式进行谈判，当各方立场较接近或时间较紧迫时，各方还须进行面对面的谈判来解决尚存的关键问题。在解决了所有问题、确定合同文本的结构和内容后，各方正式签订融资租赁有关的合同，包括租赁合同、贷款合同等。

7. 融资合同的登记

在签订融资租赁合同后的巧日内，航空公司必须到当地外汇管理局办理外债登记和提款登记手续，取得外债登记证。

8. 飞机交付

在预计交机前数个工作日，航空公司须根据合同约定向出租人发出飞机交付日期的通知；出租人随即向融资方和投资人发出"提款通知"，约定提款的金额和时间；融资方和投资人依提款通知中的时间和金额，提供资金给出租人。在飞机交付日，通过融资方、投资人、出租人、航空公司、飞机制造商以及各方律师都在线的电话会议，航空公司确认飞机达到可交付状态，出租人将飞机价款支付给飞机制造商，飞机交付出租人，同时，出租人将飞机租赁给航空公司，将飞机作为贷款担保抵押给融资方。由此，租赁正式开始。

三、经营租赁飞机的业务流程

经营租赁是承租人（或航空公司）从租赁公司租入所需要的飞机，租期较短，承租人在租期内按期支付租金，租期结束时，承租人可以续租或退租，但一般不可购买飞机，是一种可撤销的、不完全支付的短期的飞机融资方式。经营租赁与融资租赁具有明显区别，其涉及的参与者较少，一般包括出租人、承租人，在我国特殊体制下，还包括中国民用航空总局和国家发改委等相关行政部门。现将我国飞机经营租赁业务流程简要总结如下：

1. 对租赁飞机进行选型并提出申请

航空公司应根据中国民航总局最新颁布的有关各航空公司购买、租赁飞机的规定与程序，综合考虑本公司满足市场需要、进行技术创新、提高整体经营管理水平以及加强财务融资能力等方面的因素之后，再确定所选机型、发动机，并提出飞机租赁申请

2. 租赁方案的招标、接受建议书

航空公司可先对方案进行招标询价与评价工作，然后再选出受托出在公司签订有条件的交易意向书，最后，待批准后便可进入下一阶段的商务谈判等工作。

3. 商务谈判经济技术条件的评价

航空公司在收到建议书后，必须立即组织包括财务、规划、机务及飞行部门派出的专业人员参加的评估小组对各出租人提出的方案进行综合评价。

4. 签订有条件的交易意向书

航空公司与出租人在对出租人报价方案进行互相磋商并在商务、技术、一般法律等问题上达成共识后，双方便可准备拟定有条件的意向书。

5. 商务谈判

如果经营租赁飞机的申请已被国家批准，航空公司则可通知律师及公司财务、机务等部门准备开展租赁合同的一系列谈判签约工作。交易双方的所有权力与义务都将在此阶段明确下来，并将在整个租期内法定地约束双方。

6. 签订协议

对航空公司来说，飞机经营租赁交易中的交易结构远比不上飞机融资租赁交易结构那么复杂。飞机经营租赁交易中航空公司只是租用飞机的使用权，而并不用理会飞机的融资与期末残值处理等具体事项。因此，最主要的应签订的协议即为飞机租赁协议。但有时也避免不了还要包括一些双方就有关商务问题达成的一系列附属函件，如由于出租人对飞机进行再融资时航空公司以后所签订的一些对原租赁合同的修改及补充协议，以及日后航空公司愿续租飞机时所签的续租协议等。

7. 履　约

航空公司在与出租人就租赁合同之相关文本达成协议并签署完毕后，便应严格履行合同条款，进行飞机的接收、营运管理工作。

8. 租约终止，交还飞机

航空公司在租期结束或与出租人协商可提前终止租约时，应严格按合同有关返机条件与要求，积极完成各项大修检查及适航检查任务，按时将飞机飞至交机地点，接收出租人的返机检查工作，最后将飞机归还给出租人。

第三节　飞机引进方式评价方法

不同的飞机引进方式会对航空公司的运营成本构成影响，因此在选择飞机引进方式时有必要对各种引进方式进行经济评价。由于不论采用哪种方式引进飞机都不会对运营收入构成影响，因此在对各种飞机引进方式进行经济性评价时，只需要分析各种方式对飞机使用成本的影响，主要采用的方法有费用现值比较法和费用年值比较法。费用现值比较法也称为现值比较法，是以基准收益率分别计算各飞机引进方式的费用现值（PC）并进行比较，这种方法可视为净现值法的一个特殊情况，它是以所计算出来的费用现值最少的飞机引进方案为最优方案。费用年值比较法是指通过计算各飞机引进方案等额费用年值（AC）来进行方案比较和选择的一种方法，首先测算项目计算期内所有相关费用的现值，再按事先选定的基准收益率，折算为每年等额的费用（称为等额费用年值），并选择等额费用年值最小的方案作为最优方案。

一、概　述

正如前文所述，对于相同机型飞机的引进，航空公司更加关心不同引进方式的成本费用，因此在介绍了净现值法的基础上引入费用现值和费用年值概念对引进方式进行评价。

1. 净现值法

净现值法是一种评价投资方案的方法，其实质是通过计算项目投资回报期内未来净现金流的现值与初始投资额现值的差（即净现值），并依据净现值的大小来评价项目投资方案的优劣，一般要求确保投资回报期内的净现值为正值。净现值的计算公式如下：

$$NPV = \sum_{k=1}^{n} \frac{CF_k}{(1+r)^k} - I \qquad (7.1)$$

式中：CF_k ——第 k 期发生的净现金流量；

　　　n ——项目投资的回报期；

　　　r ——折现率；

　　　I ——初始投资额现值。

净现值法所依据的原理是：假设预定的现金流入在年底肯定可以实现，并把原始投资看成是按一定的折现率借入的，当净现值为正数时偿还本息后该项目仍有剩余收益，当净现值为零时偿还本息后一无所获，当净现值为负数时该项目收益不足以偿还本息。即如果 $NPV \geq 0$，投资方案可行；$NPV < 0$，投资方案不可行。

净现值法具有广泛的适用性，其应用的一个主要问题是如何确定折现率，简单说来，有两种办法：一是根据企业的资本成本来确定；二是根据企业要求的最低必要报酬率来确定。折现率的确定直接影响投资项目的取舍及选择。

2. 费用现值法

费用现值是指用净现值指标评价投资方案的经济效果，要求用货币单位计算项目的收益，如销售收入额、成本节约额等。但是有些项目的收益难以用货币直接计算，如安全保障、环境保护、劳动条件改善等。对于这类项目，若各备选方案能够满足相同的需要，则只需比较它们的投资与经营费用。费用现值的计算公式如下：

$$PC = \sum_{t=1}^{n}(I+C-S_v-W)^t \times (P/F, \ r, \ t)$$

$$= \sum_{t=1}^{n}CO_t \times (P/F, \ r, \ t) \tag{7.2}$$

式中：PC——费用现值；

I——全部投资，包括固定资产和流动资金；

C——年运营成本；

S_v——期末固定资产残值；

W——期末回收流动资金；

CO_t——各年净现金流出量

(P/F, r, t)——复利现值系数；

n——项目投资回收期。

　　进一步地，我们可以计算费用年值。费用年值是费用现值的一种延伸，适合于年限不同项目的比较评价。费用现值法是将投资回收期内所有年份的成本费用折算为现值，是成本费用的总量指标，但是投资回收期的长短明显会对费用现值产生影响。一般来说，在基准折现率一致的情况下，投资回收期越长，费用现值越大，反之则越小，这给比较多个年限不同项目的优劣带来困难，因此我们引入费用年值法。本质上讲，计算费用现值是计算费用年值的第一步，其计算公式如下：

$$AC = \frac{PC}{(P/A, \ r, \ n)} \tag{7.3}$$

式中：AC——费用年值；

PC——费用现值；

(P/A, r, n)——年金现值系数；

n——项目投资回收期。

　　利用费用年值可以评价年限不同的项目之间的优劣，一般说来，费用年值越小，则该投资项目越优。

二、评价方法介绍

　　飞机引进方式的评价方法是基于概述里已经介绍过的净现值法和费用现值法。本节对不同的飞机引进方式分别展开分析，包括：自有资金购买引进方式评价、贷款购买引进方式评价、融资租赁引进方式评价、经营租赁引进方式评价。

1. 自有资金引进方式评价

（1）自有资金购买方式的成本构成。

① 飞机购买价格。

② 预付款利息。航空公司在订购飞机时，需向飞机制造厂商支付预付款，由于飞机制造商并不向航空公司支付利息费用，因此，在经济评价时必须考虑预付款的利息。其中预付款总额根据飞机畅销程度的不同通常为飞机价格的 20%～30%；飞机预付款的支付周期、支付次数以及每次支付的比例没有固定的模式，视飞机订购时间以及飞机制造进度而定。

③ 飞机进口环节税费。按中华人民共和国海关总署规定，航空公司在进口飞机时必须缴纳关税和进口环节增值税；同时，由于我国航空公司的飞机进口常常由进口代理商代为采购，因此，航空公司还需支付飞机进口报关手续费给进口代理商。飞机进口关税税率和进口环节增值税率分别按优惠税率 1% 和 6% 计算。飞机进口报关手续费原则上不超过飞机总价的 2.6%。

$$进口关税 = 飞机购买价格 \times 关税税率$$
$$增值税 = 飞机购买价格 \times (1 + 关税税率) \times 增值税税率$$
$$报关手续费 = (关税 + 增值税) \times 报关手续费率$$

④ 飞机保险费。飞机保险的主要险种包括机身一切险(含零备件保险)、机身战争险、法定责任险、免赔额保险等。机身一切险费率为机队价值的 0.121 4%，零备件一切险费率为 0.040 5%；旅客责任险保险费按照航空公司的收益客公里计算；货物邮件责任险按每千元收入 0.404 美元计费；机身战争险按飞机价值的 0.045 5% 计收；免赔额保险费率为：宽体飞机每架 9 225 美元，窄体飞机每架 4 612.5 美元。飞机保险为年度保险，保险费分四期支付。

$$飞机保险费 = 机身一切险 + 责任险 + 机身战争险 + 免赔额保险$$

⑤ 折旧期末残值。

$$折旧期末残值 = 飞机总值 \times 折旧期末残值率$$

⑥ 年节省所得税。根据相关规定，民航企业所得税税率实缴 18%，因此：

年节省所得税＝每年计提折旧额×所得税税率

（2）自有资金购买方式的费用现值。

费用现值＝(飞机购买价格＋预付款利息＋飞机进口环节税费)＋
(飞机保险费/4)×(P/A，投资收益率/4，折旧期×4)－
折旧期末残值×(P/F，投资收益率，折旧期)－
年节省所得税×(P/A，投资收益率，折旧期)

2. 贷款购买引进方式评价

（1）贷款购买方式的成本构成。

① 飞机购买价格。

② 预付款利息。计算方法与自有资金购买方式相同。预付款可由自有资金支付，也可用贷款支付。

③ 一次性交易费用。贷款购买时，借款人有可能须向贷款人支付一次性交易费用，如承诺费。

④ 二手飞机评估费。如果购买的飞机为旧飞机，则航空公司还需承担二手飞机评估费。

⑤ 飞机进口环节税费。计算方法与自有资金购买方式相同。

⑥ 银行年担保费。费率通常为飞机价值的 0.2%～0.3%。

银行年担保费＝飞机价格×担保费率

⑦ 飞机保险费。计算方法与自有资金购买方式相同。

⑧ 折旧期末残值。计算方法与自有资金购买方式相同。

⑨ 每年计提折旧额。计算方法与自有资金购买方式相同。

⑩ 年节省所得税。它包括两部分：一部分是年计提折旧额所节省的所得税，计算方法与自有资金购买方式相同；另一部分是贷款利息所节省的所得税，其中年贷款利息额取决于采用何种还贷方式。

贷款利息所节省的所得税＝年贷款利息额×所得税税率

（2）贷款购买方式的费用现值和费用年值。

费用现值＝(飞机购买价格＋预付款利息＋一次性交易费用＋
二手飞机评估费＋飞机进口环节税费)＋
银行年担保费×(P/A，贷款利率，贷款期)＋

(飞机保险费/4)×(*P/A*，贷款利率/4，4×折旧期) −
折旧期末残值×(*P/F*，贷款利率，折旧期) −
年计提折旧额节省所得税×(*P/A*，贷款利率，折旧期) −
年贷款利息节省所得税×(*P/A*，贷款利率，贷款期)

3. 融资租赁引进方式评价

（1）融资租赁方式的成本构成。

① 每期固定租金。融资租赁飞机的租金一般每半年支付一次，期末支付。数额在租赁合同中规定。

② 租金预扣所得税。按照我国税法规定，外国出租人从我国承租人处取得的租金收入必须征收 20% 的租金预扣所得税。目前融资租赁飞机租金预扣所得税按租金利息的 10% 征收。在支付每期租金时，向国家税务总局缴纳。

③ 预付款利息。计算方法与自有资金购买方式相同。预付款可由自有资金支付，也可用贷款支付。

④ 安排费用。安排费用是租赁交易成功后支付给安排人的报酬。在实际的飞机租赁交易中，安排费用既可以按飞机价格的一定比例一次性支付，也可以打入租金总额，随租金分期支付。

⑤ 前期费用。是租赁双方在租赁交易开始之前发生的联络费用，如差旅费、电讯费等。按飞机租赁交易的惯例，如果租赁交易最终没有成功，则租赁双方各自承担该项费用；如果租赁交易成功，则将前期费用打入租赁成本，或一次性支付，或由租金分期支付。

⑥ 管理费用。在融资租赁飞机交易中，出租人购买飞机所需的资金大部分通过银团贷款获得。管理费是支付给银团贷款中的牵头银行的费用，一般按飞机价格的一定比例计算。

⑦ 出租人注册费。融资租赁交易中的出租人常常是一家特殊目的公司（SPC），它是专门为该项租赁交易而临时设立的，因此，需要由承租人承担注册费。

⑧ 代理费。代理费是支付给银团贷款中的代理银行的费用。

⑨ 律师费。由于融资租赁交易十分复杂，法律条文众多，因此需要聘请专职律师起草和审核租赁协议。律师费就是支付给这些专职律师的报酬。

⑩ 飞机进口环节税费。可以按照飞机价格计算，也可以按照租金计算。若按照飞机价格计算，则为一次性支付，公式与自有资金购买方式相同。若按照租金计算，则为分期支付，其公式为：

$$每期关税 = 每期租金 \times 关税税率$$
$$每期增值税 = 每期租金 \times (1 + 关税税率) \times 增值税税率$$
$$报关手续费 = (关税 + 增值税) \times 报关手续费率$$

⑪ 每期节省所得税。

$$每期节省所得税 = 每期租金 \times 所得税税率$$

⑫ 银行年担保费。计算方法与贷款购买方式相同。

⑬ 飞机保险费。计算方法与自有资金购买方式相同。

⑭ 期末购买值。在融资租赁租期结束后，承租人可以按照约定的期末购买值购买该架飞机。期末购买值比例没有明确规定，视租赁方式的不同和租赁双方谈判的结果而定。本书中设定为32%。

$$期末购买值 = 飞机购买价格 \times 期末购买值比例$$

（2）融资租赁方式的费用现值。

① 租期结束后购买的情况。

$$
\begin{aligned}
费用现值 = &(每期固定租金 + 租金预扣所得税 + 飞机进口环节税费 - \\
&租期内每期节省所得税) \times (P/A, 贷款利率/2, 2 \times 租期) + \\
&(管理费用 + 代理费 + 银行年担保费) \times (P/A, 贷款利率, 租期) + \\
&(安排费用 + 前期费用 + 出租人注册费 + 律师费 + 预付款利息) + \\
&期末购买值 \times (P/F, 贷款利率, 租期) + \\
&(飞机保险费/4) \times (P/A, 贷款利率/4, 4 \times 折旧期) - \\
&租期结束后年节省所得税 \times (P/A, 贷款利率, (折旧期 - 租期)) \times \\
&(P/F, 贷款利率, 租期) - 折旧期末残值 \times \\
&(P/F, 贷款利率, 折旧期)
\end{aligned}
$$

② 租期结束后不购买的情况。

租期结束后，如果承租人不购买该架飞机，则与租期结束后购买的方式比较，承租人有可能承担残值差额的风险，但租期结束后的一切费用项目都不再会发生。另外由于租期一般短于折旧期，在计算费用现值时，以折旧期作为共同分析期。

$$
\begin{aligned}
费用现值 = &[(每期固定租金 + 租金预扣所得税 + 飞机进口环节税费 - \\
&租期内每期节省所得税) \times (P/A, 贷款利率/2, 2 \times 租期) + \\
&(管理费用 + 代理费 + 银行年担保费) \times (P/A, 贷款利率, 租期) +
\end{aligned}
$$

(飞机保险费/4)×(P/A，贷款利率/4，4×租期)+(安排费用+前期费用+出租人注册费+律师费+预付款利息)]×

(A/P，贷款利率，租期)×(P/A，贷款利率，折旧期)

4. 经营租赁引进方式评价

（1）经营租赁方式的成本构成。

① 每期固定租金。经营租赁飞机租金一般每月支付一次，期初支付。具体数值在租赁合同中规定。

② 飞机协议价格。是指出租人以报价当时同类飞机及其新旧程度在世界飞机市场的经济价格为基础，加上出租人从飞机制造厂商或前任承租人那里将飞机重新租给新的承租人整个过程中发生的成本支出后，再按105%~115%的幅度定出新的承租人将面临的飞机成本价值。

③ 租金预扣所得税。计算方法与融资租赁方式相同。

④ 一次性交易费用。是租赁双方在租赁交易过程中发生的相关费用，如差旅费、电讯费等，由承租人一次性支付。

⑤ 定金初始投资。定金是飞机租赁公司为防止承租人在租赁期内违约或过劳使用飞机而向承租人收取的费用。按国际惯例，定金的数额通常为3个月租金，于租赁开始日由承租人随首期租金一起支付给出租人。租期结束时，如果承租人未违约，则出租人全额退还定金(不含利息)，但若承租人发生违约事件，则定金有可能部分甚至全部收不回。

⑥ 小时架次费用。出租人一般根据世界各大航空公司同类飞机平均每一起降飞行小时数的比率来要求承租人，从而减少飞机的起落次数，延长飞机的经济使用寿命。承租人若达不到出租人的比率要求，则需要每月底按其实际比率与出租人要求比率的架次差别并按出租人规定的架次征收费用计算出每月应支付给出租人的小时/架次比费用。

⑦ 大修理基金。是在租期内储备以备将来定期应进行的飞机、发动机、起落架及主要零部件大修理所需的资金。承租人对飞机大修理基金的处理一般有两种选择：一种是承租人承担大修理基金费用。承租人可选择采用按飞机每月实际飞行小时并按出租人规定的每小时大修费率计得每月大修费，按月付给出租人，而飞机返机条件中承租人不再承诺进行任何单独的属于大修理基金支出范围内的各项飞机、发动机修理项目。另一种是承租人不承担大修理基金费用。承租人也可考虑不用支付大修理基金。然而，出租人为保证其飞机价值与重新投入市场的可靠性和可行性，在承租人要

求不支付大修理基金的情况下，出租人必将从其他方面如月租金、飞机返机条件等方面谋求经济补偿。

⑧ 返机大修理费。在承租人不支付大修理基金的情况下，承租人必须承担返机前的大修理任务，由此产生返机大修理费。如果承租人支付了大修理基金，则返机前不再承担大修理任务，但需承担必要的返机维护成本。

⑨ 租期末定金收回。租期结束时，如果承租人没有违约事件发生，则出租人将全额退还定金，但不计利息。

⑩ 银行年担保费。费率通常为 0.2% ~ 0.3%。

$$银行年担保费 = 飞机协议价格 \times 担保费率$$

⑪ 飞机保险费。计算方法与自有资金购买方式相同。

⑫ 飞机进口环节税费。计算方法与融资租赁方式相同。

⑬ 每期节省所得税。计算方法与融资租赁方式相同。

（2）经营租赁方式的费用现值。

经营租赁的租期较短，明显短于折旧期，因此在计算费用现值时，以折旧期作为共同分析期。

$$
\begin{aligned}
费用现值 = &[(每期固定租金 + 租金预扣所得税 + 飞机进口环节税费 - \\
&每期节省所得税) \times (F/P, 贷款利率/12, 1) \times \\
&(P/A, 贷款利率/12, 12 \times 租期) + 银行年担保费 \times \\
&(P/A, 贷款利率, 租期) + (飞机保险费/4) \times \\
&(P/A, 贷款利率/4, 4 \times 租期) + (一次性交易费用 + \\
&定金初始投资) + (返机大修理费 - 租期末定金收回) \times \\
&(P/F, 贷款利率, 租期) + (小时架次费用 + \\
&大修理基金) \times (P/A, 贷款利率/12, 12 \times 租期)] \times \\
&(A/P, 贷款利率, 租期) \times (P/A, 贷款利率, 折旧期)
\end{aligned}
$$

三、小　结

本节对飞机引进方式的经济性评价方法进行了较为深入的探讨和分析。航空公司一方面需要确定引进的机型，同时还需要确定飞机引进的方式。由于飞机引进方式直接决定航空公司的财务成本和经营风险，因此具有举足轻重的作用和意义。本节首先介绍了基础的评价方法——净现值和费用现值法，在此基础上对四种引进模式分别分析，主要从成本构成、折旧期限和费用现值的角度展开，在其他条件一定的情况下，费用现值越小，则该种引进方式越优。

第四节　案例分析

假设国内某初具规模的航空公司 A 公司，目前经营状况良好，现金流充沛。公司适用的所得税率为 18%。现公司经过对国内航空市场进行充分的调查与研究后，发现国内某些地区的客、货运输紧张，存在供不应求的局面，为缓解该地区供不应求的状况，公司对在该地区新增航班的经济性做了详细分析，财务分析显示，新增航班能够增加公司在该地区的市场份额，增强公司的盈利能力。同时，新航线的开辟在一定程度上能促使公司在竞争中继续保持不断发展的势头，最后实现公司创造经济效益、赚取利润的目的。因而，公司董事会决定尽快增加运力，引进 1 架 B737-300 飞机。于是，公司派出相关人员进行调查了解，收集资料，发现可引进的方式有以下四种方案：

（1）自行购买。公司向财务部门了解到，该公司目前有充足的现金流，若自行向波音公司购买，则该飞机的购买价格为 3 000 万美元，并且，波音公司要求，在订购飞机时，需向波音公司支付预付款，预付款总额为飞机总价的 20%。该预付款分四次支付，每半年支付一次。该飞机于 2010 年 1 月 1 日交付。如果这笔资金不用于购买飞机，则公司打算将这笔资金用于其他投资，预计投资率为 5%。该飞机的进口环节各项税率为：关税税率 1%，增值税率 6%，报关手续费 2%。飞机保险费为年度保险，每季度支付一次。

（2）贷款购买。如果公司不打算用自有资金购买，也可以选择向银行贷款。公司在对多家银行进行了解协商后，发现日本富士银行给予的条件最为优惠。日本富士银行的贷款条件是：不动产抵押贷款，贷款金额为 3 000 万美元，贷款利率为年利率 6%，利息每年支付一次，到期偿还本金，贷款年限为 10 年。无一次性交易费用。

（3）融资租赁。花旗银行组成的银团愿意为公司提供融资租赁方式，具体租赁条件为：出租人愿意为公司出租一架全新的 B737-300 飞机，飞机于 2010 年 1 月 1 日交接。飞机租期 10 年，租金于每半年支付一次，于每期期末支付，每期支付租金 171.16 万美元。若租期结束后，公司选择购买，则期末购买值为 960 万美元。

（4）经营租赁。公司也可以采取经营租赁的方式。具体条件为：经营租赁的租期 8 年，每期租金 28 万美元，租金于每月初支付，每年租金预扣所得税 2.8 万美元。该飞机的定金初始投资为 84 万美元，返机大修理费 120 万美金，小时架次费用 0.1，一次性交易费用 2 万美元。

以上方案的各项费用支出如下表所示：

表 7.4　各种方式引进 B737-300 飞机时的相关数据

（单位：万美元）

项目＼引进方式	自有资金购买	贷款购买	融资租赁	经营租赁	项目＼引进方式	自有资金购买	贷款购买	融资租赁	经营租赁
飞机价格	3 000	3 000			预付款比例	20%	20%	20%	
预付款支付次数	4 次	4 次	4 次		预付款支付周期	24 个月	24 个月	24 个月	
投资收益率	5.00%				贷款利率		6.00%		
贷款年限(年)		10			贷款比例		100%		
二手飞机评估费	0	0			一次性交易费用		0		2
年银行担保费		0			每期固定租金			171.16	28
租期(年)			10	8	每期预扣所得税			6.2	2.8
安排费用			30		前期费用			4	
年管理费用			36		出租人注册费			1.5	
年代理费			1		律师费			5	
年银行担保费			6	8.25	期末购买值			960	
定金初始投资			84		小时/架次费用				0.1
返机大修理费			120		大修理基金				0
组期末定金收回			84		飞机保险费	20	20	20	20

要求：根据以上条件，结合企业自身状况，选择最优的飞机引进方式。

分析思路：在本案例中，给出了飞机引进的四种方式以及各自的条件，根据本章第三节的知识，要选择最优的飞机引进方式，关键是需要计算不同引进方式下各年发生的总的费用的现值与平均每年的费用年值，其次再将各种不同方式下的费用现值与费用年值进行比较，费用现值或费用年值最低的引进方式，意味着在这种引进方式下，企业发生的各项费用是最低的，因而也就是最优的，这便是所应该选取的飞机引进方式。在下面的小节中，将以本案例为例，详细介绍各种引进方式下的费用现值的计算。

一、自行购买（方案）

费用现值的计算，主要是将自购方式下各年发生的费用支出按照一定的贴现率将其折现到期初，在本例中，费用贴现的期初为 2010 年 1 月 1 日。自购方式下的各项费用发生明细如下：

1. 自有资金购买方式下各项费用支出

自有资金购买方式下的成本构成的理论分析，已经在本章 7.3 中有详细论述。在本节中，主要介绍本案例中在自有资金购买方式下的发生的各项费用组成。在自有资金方式下发生的各项费用主要有：

（1）期初飞机的购买价格。在自行购买方式下，企业需于 2010 年 1 月 1 日向波音公司支付飞机价款 3 000 万美元。

（2）预付款利息。按照合同规定，公司需在飞机交付前一年，向波音公司支付预付款，预付款金额为飞机价格的 20%，即 600 万美元。由于预付款是在飞机交付前一年支付，因而这一年的利息构成了自有资金方式下发生的费用支出。预付款利息的计算如下：

$$600 \times 5\% = 30 \text{（万美元）}$$

（3）进口环节税费。公司需在购买飞机时一次性缴纳飞机进口环节税费。主要包括关税、增值税以及报关手续费。其中关税税率 1%，增值税税率 6%，报关手续费 2%。各项税费的计算如下：

$$进口关税 = 买价 \times 关税税率 = 3\ 000 \times 1\% = 30$$
$$增值税 = 飞机购买价格 \times (1 + 关税税率) \times 增值税税率$$

$$= (3\ 000 + 30) \times 6\%$$
$$= 181.8$$

报关手续费 $= ($关税 $+$ 增值税$) \times$ 报关手续费率
$$= (30 + 181.8) \times 2\%$$
$$= 4.236$$

飞机进口环节税费合计 $= 30 + 181.8 + 4.236 = 216.04$

（4）飞机保险费。飞机的保险费为年度保险，分四次支付。它的计算方式，在上一节中已有论述。在本例中，假设该飞机的年度保险为 20 万美元。每季度末支付一次，每次支付 5 万美元。

2. 自有资金购买方式下各项费用节约

（1）飞机折旧节省所得税。由于我国《税法》规定，企业自行购买的飞机，需提取折旧，且折旧额允许在缴纳所得税前进行抵扣。假设公司的折旧政策与税法规定的一致，飞机折旧年限为 15 年，残值率为 5%，按直线法提取折旧，则其计算方式如下：

固定资产原值 $=$ 飞机买价 $+$ 预付款利息 $+$ 飞机进口环节税费；
$$= 3\ 000 + 30 + 216.04 = 3\ 246.04$$

每年折旧 $=$ 固定资产原值 $\times (1 -$ 残值率$)/$使用年限
$$= 3\ 246.04 \times (1 - 5\%)/15 = 205.58$$

每年折旧节省所得税 $=$ 每年折旧额 $\times$ 所得税率
$$= 205.58 \times 18\% = 37.0$$

（2）残值。采取自购方式引进飞机，飞机的所有权属于航空公司，因而飞机报废时的残值收入构成了购买飞机成本的抵减项目。残值的计算为：

残值 $=$ 固定资产原值 $\times$ 残值率 $= 3\ 246.04 \times 5\% = 162.30$

自有资金购买方式下各项费用发生的金额、日期如表 7.5 所示。

自行购买飞机费用现值 $=($飞机购买价格 $+$ 预付款利息 $+$ 飞机进口环节税费$) +$
$$($飞机保险费$/4) \times (P/A,\ 投资收益率/4,\ 折旧期 \times 4) -$$
$$折旧期末残值 \times (P/F,\ 投资收益率,\ 折旧期) -$$
$$年节省所得税 \times (P/A,\ 投资收益率,\ 折旧期)$$
$$= (3\ 000 + 30 + 216.04) + 5 \times (P/A,\ 1.25\%,\ 60) -$$
$$162.30 \times (P/F,\ 5\%,\ 15) - 37 \times (P/A,\ 5\%,\ 15)$$

$$= 3\ 246.04 + 210.17 - 78.07 - 384.05 = 2\ 994.09$$

表 7.5　自有资金购买方式下各项费用发生的金额及日期

（单位：万美元）

项　目	金　额	贴现率（%）	现金流发生日期	注　释
飞机购买价格	3 000	0	0	发生在 2010.01.01，设定为期初 0 期
预付款利息	30	0	0	同上
飞机进口环节税费	216.04	0	0	同上
飞机保险费	5	1.25	1～60	每季度末发生，在飞机使用年限内，共计 15 年×4＝60
折旧节省所得税	37.0	5	1～15	每年末发生，在飞机折旧年限内，共 15 次
折旧期末残值	162.30	5	第 15 年年末	在飞机报废时发生

二、贷款购买（方案）

如果公司没有充足的现金流自行购买飞机，但又愿意拥有飞机的所有权，这时企业可以选择向银行贷款购买。下面我们将对贷款购买方式下费用现值或年值进行计算。

1. 贷款购买方式下各项费用支出

（1）贷款利息的支付与每年本金的偿还。在贷款方式下，尽管银行会先贷款给航空公司，但在贷款年限内，公司必须每年支付利息，且到期日偿还本金。利息与本金的现值构成了企业购买飞机的价款。这一金额的现值为 3 000 万美元。

（2）预付款利息，金额 30 万美元。与自行购买方式相同。

（3）一次性交易费用。在本例中，富士银行给出了最优惠条件，无一次性交易费用，因而其金额为 0。

（4）二手飞机评估费。本例中，由于贷款方式购买引进的飞机为全新的。故没有二手飞机评估费，其金额为 0。

（5）银行年担保费。在本例中，没有银行年担保费，故其金额为 0。

（6）飞机保险费。与自行购买方式下的保险费相同，金额为 5 万美元。

2. 贷款购买方式下各项费用节约

（1）飞机折旧节省所得税。由于是购买飞机，飞机的所有权属于企业，税法要求提取折旧，并且折旧费用可以在缴纳所得税前抵扣。金额仍然为37.101 2 美元。其计算方式参照"自有资金购买方式下各项费用节约"的飞机折旧节省所得税。

（2）年贷款利息节省所得税。企业向银行贷款，每年需向银行支付利息。按照税法的规定，企业向银行贷款支付的利息，允许在交纳所得税前抵扣。因而贷款利息可以节省所得税。其计算方式如下：

$$每年支付给银行的利息 = 贷款本金 × 利率 = 3\,000 × 6\% = 180$$
$$贷款利息节省所得税 = 利息 × 所得税率 = 180 × 18\% = 32.4$$

（3）残值。与"自购"一样，飞机的所有权属于航空公司，因而飞机报废时的残值收入构成了购买飞机成本的抵减项目。残值金额162.30。

贷款购买方式下各项费用发生的金额及时间如表7.6所示。

表 7.6　贷款购买方式下各项费用发生的金额及日期

（单位：万美元）

项　　目	金额	贴现率（%）	现金流发生日期（年）	注释
飞机购买价格	3 000	0	0	发生在 2010.01.01，设定为期初 0 期
预付款利息	30	0	0	同上
飞机进口环节税费	216.04	0	0	同上
一次性交易费用	0	0	0	同上
二手飞机评估费	0	0	0	同上
飞机保险费	5	1.5	1～60	每季度末发生，在飞机使用年限内，共计 15 年×4＝60
利息节省所得税	32.4	6	1～10	贷款年限为 10 年，利息每年末支付一次
银行年担保费	0	6	1～10	
折旧节省所得税	37.0	6	1～15	每年末发生，在飞机折旧年限内，共15 次
折旧期末残值	162.30	6	第 15 年年末	在飞机报废时发生

费用现值＝(飞机购买价格＋预付款利息＋一次性交易费用＋

二手飞机评估费＋飞机进口环节税费)＋

银行年担保费×(P/A，贷款利率，贷款期)＋

(飞机保险费/4)×(P/A，贷款利率/4，4×折旧期)－

折旧期末残值×(P/F，贷款利率，折旧期)－

年计提折旧额节省所得税×(P/A，贷款利率，折旧期)－

年贷款利息节省所得税×(P/A，贷款利率，贷款期)

＝(3 000＋30＋216.04＋0)＋5×(P/A，6%/4，4×15)－

162.30×(P/F，6%，15)－32.4×(P/A，6%，10)＋

37.0×(P/A，6%，15)

＝3 246.04＋196.90－67.72－238.47＋359.35

＝3 496.1

三、融资租赁（方案）

融资租赁引进方式下，在租赁期结束时，企业可以选择购买飞机，也可以选择不购买飞机。首先我们计算租期结束购买飞机的情况

1. 租期结束购买飞机

在公司租期结束购买飞机的情况下，企业所发生的费用包括以下部分：

（1）飞机交付初期发生的费用。

根据上一节我们知道，尽管在融资租赁方式下，不需要在飞机交付日向飞机制造商立刻支付飞机的购机款，但仍然需要支付跟融资租赁相关的一些安排经费，这些费用包括：

① 安排费用。在本例中，在租赁成功后，公司支付给安排人的费用为30万美元。

② 前期费用。本例中，公司为租赁而发生的差旅费、通讯费等前期费用合计4万美元。

③ 出租人注册费。本例中的出租人是由花旗银行等银团组成的一家特殊目的公司，其注册费为1.5万美元。

④ 律师费。由于进行融资租赁，需聘请专业的律师进行相关咨询。本例中的律师费为5万美元。

⑤ 预付款利息。在融资租赁方式下，公司仍然需要向波音公司支付订购飞机的预付款项，预付款利息为 38.45 万美元。

（2）融资租赁下每半年支付/节省的费用。

① 每半年支付的租金。在本例中，公司向出租方每半年支付租金 171.16 万美元，总共支付 10 年，共 20 次。

② 租金预扣所得税。按照我国《税法》规定，外国出租人从我国承租人处取得的租金收入必须征收租金预扣所得税。本例中，租金预扣所得税为 6.2。

③ 飞机进口环节税费，按照我国《税法》规定，在融资租赁方式下引进飞机时，仍然需要缴纳关税、增值税以及报关手续费。本例中，我们按租金计算融资租赁引进方式下的进口环节税费：

$$每期关税 = 每期租金 \times 关税税率 = 171.16 \times 1\% = 1.71$$

$$每期增值税 = 每期租金 \times (1 + 关税税率) \times 增值税税率$$
$$= (171.16 + 1.71) \times 6\%$$
$$= 10.37$$

$$报关手续费 = (关税 + 增值税) \times 报关手续费率$$
$$= (1.711\,6 + 10.372\,3) \times 2\%$$
$$= 0.24$$

$$飞机进口环节税费 = 1.711\,6 + 10.372\,3 + 0.241\,7 = 12.33$$

④ 租期内每期节省所得税。按照我国《税法》规定，公司所交纳的租金作为费用，允许在缴纳所得税前扣除。因而：

$$租期内每期节省所得税 = 每期租金 \times 所得税税率$$
$$= 171.16 \times 18\% = 30.81$$

（3）融资租赁引进方式下每年发生的费用。

① 管理费用。公司支付给银团贷款中牵头银行的费用，每年 36 万美元。

② 代理费。公司支付给代理银行的费用。每年 1 万美元。

③ 银行年担保费。本例中为 6 万美元。

（4）其他费用支出/节省。

① 保险费。每季度支付，与自行购买方式相同，金额 5 万美元。

② 租期结束后飞机的购买费用。本例中，合同约定，租期结束后若企业自行购买，则需支付飞机的购买价款 960 万美元。

③ 租期结束后年节省所得税。融资租赁期结束后，企业选择购买飞机。

因而租期结束后，公司已经拥有了飞机的所有权，需要对飞机提取折旧。按照《税法》规定，企业折旧允许税前抵扣。折旧节省所得税的金额为37.0万美元。

④ 残值。与自购一样，在租期结束后选择购买，飞机的所有权属于企业，残值收入构成了企业的一项成本节约。残值金额162.30万美元。

$$
\begin{aligned}
费用现值 =\ & (每期固定租金 + 租金预扣所得税 + 飞机进口环节税费 - \\
& 租期内每期节省所得税) \times (P/A, \ 贷款利率/2, \ 2 \times 租期) + \\
& (管理费用 + 代理费 + 银行年担保费) \times (P/A, \ 贷款利率, \ 租期) + \\
& (安排费用 + 前期费用 + 出租人注册费 + 律师费 + 预付款利息) + \\
& 期末购买值 \times (P/F, \ 贷款利率, \ 租期) + \\
& (飞机保险费/4) \times (P/A, \ 贷款利率/4, \ 4 \times 折旧期) - \\
& 租期结束后年节省所得税 \times (P/A, \ 贷款利率, \ (折旧期 - 租期)) \times \\
& (P/F, \ 贷款利率, \ 租期) - 折旧期末残值 \times (P/F, \ 贷款利率, \ 折旧期) \\
=\ & (30 + 30 + 4 + 5 + 1.5) + (171.16 + 6.2 + 12.33 - 30.81) \times \\
& (P/A, \ 3\%, \ 20) + (36 + 1 + 6) \times (P/A, \ 6\%, \ 10) + \\
& 960 \times (P/F, \ 6, \ 10) + 5 \times (P/A, \ 1.5\%, \ 60) - \\
& 37.0 \times (P/A, \ 6\%, \ 5) \times (P/F, \ 6\%, \ 10) - \\
& 162.3 \times (P/F, \ 6\%, \ 15) \\
& - 70.5 + 2\,363.73 + 316.48 + 536.06 + 196.9 - \\
& 155.86 - 87.03 - 67.72 \\
=\ & 3\,173.11
\end{aligned}
$$

2. 期末不购买

在融资租赁引进飞机方式下，当租期结束，承租人选择不购买飞机时，其所发生的费用与租期结束购买飞机相比，存在以下差异。

（1）与期末购买飞机时发生的费用差异，如表7.7所示。

如表7.7所示，在选择融资租赁方式下，期末不购买飞机与期末购买飞机所发生的费用的差异主要表现在：

① 飞机保险费。当在租赁期末选择购买时，租期结束后，飞机的所有权归企业，飞机可以继续使用，因而需要继续购买保险，飞机的保险费在飞机整个使用年限内（本例中为15年）支出，而当租赁期满选择不购买时，租期结束后，企业不能再使用飞机，因而租期结束后便没有了保险费。

表 7.7　融资租赁下期末购买与不购买的费用差异

（单位：万美元）

异同	项目	金额	现金流发生时期		备注
			结束后购买（年）	结束后不购买（年）	
相同点	预付款利息	30	0	0	发生在 2010.01.01，设定为期初 0 期
	安排费用	30	0	0	同上
	前期费用	4	0	0	同上
	律师费	5	0	0	同上
	出租人注册费	1.5	0	0	同上
	飞机进口环节税费	12.33	1～20	1～20	随同租金支付，每半年支付一次
	租金节省所得税	30.81	1～20	1～20	每半年一次
	租　金	171.16	1～20	1～20	每半年支付一次
	租金预扣所得税	6.2	1～20	1～20	随同租金支付，每半年支付一次
	银行年担保费	6	1～10	1～10	每年一次
	管理费用	36	1～10	1～10	每年一次
	代理费	1	1～10	1～10	每年一次
不同点	飞机保险费	5	1～60	1～40	
	租期结束后年节省所得税	37.0	11～15	无	
	折旧期末残值	162.3	第15年年末	无	
	期末购买值	960	第10年年末	无	
	飞机经营年限		15	10	前者在飞机的使用年限内，后者则在租赁年限内

② 没有租期结束后年节省所得税。在承租人选择租期结束购买飞机时，由于飞机的所有权归企业，因而租赁期结束后，飞机提取的折旧会抵

扣所得税。而当租赁期结束投资者不进行购买时，租赁期结束后，飞机不再归企业所有和使用，没有折旧，因而也不会抵税。

③ 折旧期末残值。在承租人选择租期结束购买飞机时，由于飞机的所有权归航空公司，因而飞机报废时的残值收入当然归公司所有。而在承租人选择不购买时，飞机的所有权不属于企业，没有残值收入。

④ 期末购买值。当选择租期结束购买飞机时，企业会按合同规定支付现金给出租人，本例中，其金额为 960 万美元。当选择租期结束不购买飞机时，没有这一项现金流出。

⑤ 飞机经营年限。在选择购买的情况下，由于拥有飞机的所有权，因而飞机的经营年限等于飞机的使用年限。而在选择不购买的情况下，飞机的经营年限等于飞机的租赁年限。

（2）不购买飞机条件下费用现值的计算。

前面已有论述，由于选择购买时公司经营飞机的年限为 15 年，而选择不购买飞机时公司经营飞机的年限为 10 年，为了便于两种方案的比较，我们把不购买飞机条件下的费用现值乘以(A/P，贷款利率，租期)，再乘以(P/A，贷款利率，折旧期)，折算至飞机的使用年限 15 年，其计算公式为：

费用现值 = [[(每期固定租金 + 租金预扣所得税 + 飞机进口环节税费 −

　　　　 租期内每期节省所得税)×(P/A，贷款利率/2，2×租期)+

　　　　 (管理费用 + 代理费 + 银行年担保费)×(P/A，贷款利率，租期)+

　　　　 (飞机保险费/4)×(P/A，贷款利率/4，4×租期)+(安排费用 +

　　　　 前期费用 + 出租人注册费 + 律师费 + 预付款利息)]×

　　　　 (A/P，贷款利率，租期)×(P/A，贷款利率，折旧期)

　　　 = [(171.16 + 6.2 + 12.33 − 30.81)×(P/A，3%，20)+

　　　　 (36 + 1 + 6)×(P/A，6%，10)+5×(P/A，1.5%，40)+

　　　　 (30 + 30 + 4 + 5 + 1.5)]×(A/P，6%，10)×(P/A，6%，15)

　　　 = (2 363.73 + 316.48 + 149.58 + 70.5)×(A/P，6%，10)×(P/A，6%，15)

　　　 = 3 827.17

四、经营租赁（方案）

当企业选择经营租赁方式引进飞机时，其发生的费用如下所示：

1. 飞机交付初期发生的费用

（1）一次性交易费用。由承租人一次性支付的租赁相关费用，金额为2万美元。

（2）定金初始投资。按照合同规定，承租人在飞机租赁初期需向出租方支付定金84万美元。

2. 每月初支付的费用

（1）每期固定租金。按合同规定，在租期内，承租人需每月向出租人支付固定租金28万美元。

（2）租金预扣所得税。按照《税法》规定，在支付租金时，需向国家税务总局缴纳预扣所得税，其金额为2.8万美元。

（3）飞机进口环节税费。按《税法》规定，在经营租赁方式下，公司仍然需要交付进口环节税费。其计算公式为：

$$每期关税 = 每期租金 \times 关税税率$$
$$= 28 \times 1\% = 0.28$$
$$每期增值税 = 每期租金 \times (1 + 关税税率) \times 增值税税率$$
$$= (28 + 2.8) \times 6\%$$
$$= 1.848$$
$$报关手续费 = (关税 + 增值税) \times 报关手续费率$$
$$= (0.28 + 1.848) \times 2\%$$
$$= 0.042\,6$$
$$飞机进口环节税费 = 0.28 + 1.848 + 0.0426 = 2.17$$

（4）每期节省所得税。按照税法规定，企业支付的租金，作为一项费用允许税前扣除。其计算公式为：

$$每期节省所得税 = 每期租金 \times 所得税率$$
$$= 28 \times 18\% = 5.04$$

3. 每月末支付的费用

（1）小时架次费用。每月承租人需向出租方支付的小时架次费用为0.1万美元。

（2）大修理基金。本例中，合同约定，承租人不需承担大修理基金费用。因而其金额为0。

4. 其他费用

（1）每年银行担保年费。与贷款购买方式相同，每年需向银行支付的担保费为8.25万美元。

（2）保险费。与前几种引进方式相同，每季度保险费5万美元。

（3）返机大修理费。在本例中，由于没有大修理基金，因而，承租人必须承担返机前的大修理费。预计返机大修理费金额为120万美元。

（4）租期末定金收回。本例中，初始定金84万美元，租期结束后，收回定金84万美元。

经营租赁方式下各项费用发生的金额及日期如表7.8所示。

表7.8　经营租赁方式下各项费用发生的金额及日期

（单位：万美元）

项　　目	金　　额	贴现率（%）	现金流发生日期	注　释
飞机进口环节税费	2.170 6	0.05	1～96	每月初支付
一次性交易费用	2	0	0	期初支付
飞机保险费	5	1.50	1～32	每季度支付
定金初始投资	84	0	0	期初支付
返机大修理费	120	6	8	租期结束后支付
期末定金收回	84	6	8	租期结束后支付
小时架次费用	0.1	0.05	1～96	每月末支付
大修理基金	0	0.05	1～96	每月末支付
银行年担保费	8.25	6	1～8	每年支付
租金	28	0.05	1～96	每月初支付
租金预扣所得税	2.8	0.05	1～96	每月初支付
利息节省所得税	5.04	0.05	1～96	每月初支付

费用现值 = [[(每期固定租金 + 租金预扣所得税 + 飞机进口环节税费 −

每期节省所得税) × (F/P, 贷款利率/12, 1) ×

(P/A, 贷款利率/12, 12 × 租期) + 银行年担保费 ×

(P/A, 贷款利率, 租期) + (飞机保险费/4) ×

(P/A, 贷款利率/4, 4 × 租期) + (一次性交易费用 + 定金初始投资) +

(返机大修理费 − 租期末定金收回) × (P/F, 贷款利率, 租期) +

(小时架次费用 + 大修理基金) × (P/A, 贷款利率/12, 12 × 租期)] ×

(A/P, 贷款利率, 租期) × (P/A, 贷款利率, 折旧期)

= [(28 + 2.8 + 2.18 − 5.04) × (F/P, 6%/12, 1) × (P/A, 6%/12, 96) +

8.25 × (P/A, 6%, 8) + 5 × (P/A, 1.5%, 32) + (2 + 84) +

(120 − 84) × (P/F, 6%, 8) + 0.1 × (P/A, 6%/12, 96)] ×

(A/P, 6%, 8) × (P/A, 6%, 15)

= (2 136.74 + 51.23 + 126.33 + 86 + 22.59 + 7.61) ×

(A/P, 6%, 8) × (P/A, 6%, 15)

= 3 801.35

第五节　小　结

　　飞机引进方式包括：直接购买、贷款购买、融资租赁和经营租赁。本章对这四种飞机引进方式进行了经济性评价。评价方法为费用年值法，即计算不同引进方式的费用年值（AC）来评价飞机运营周期内的平均成本，这种方法的好处是避免估算运营飞机所产生的收入。本章详细比较分析了四种常用的飞机引进方式的特点、优劣势，并建立了基于费用年值法的评价模型。最后我们利用这些模型对某公司引进 B737-300 飞机的案例进行详细分析，基于给定条件我们得出的结论是租期结束后购买的融资租赁引进方式。